高等学校"十三五"规划教材

TONGJI JISUAN YU RUANJIAN YINGYONG

统计计算与软件应用
（第 2 版）

肖华勇　主编

西北工业大学出版社

西安

【内容简介】 本书是在《统计计算与软件应用》首版的基础上修订而成的。内容包括常用概率分布的分布函数、分位数的算法及程序实现，常用随机变量产生的算法与程序实现，概率中典型问题的计算机模拟实验，参数区间估计的软件实现，以及统计中假设检验、回归分析、方差分析、方差分析应用、聚类分析、判别分析、主成分分析、因子分析、典型相关分析、时间序列分析的基本方法和软件实现等。

本书通过实际案例引导读者利用统计软件来解决实际问题，加深读者对概率知识的理解，提高对统计知识的应用能力，达到利用统计知识，结合统计软件，解决实际问题的能力。

本书可作为高等学校统计专业高年级学生学习统计软件的教材，也可供需要用统计软件解决实际问题的读者阅读、参考。

图书在版编目(CIP)数据

统计计算与软件应用/肖华勇主编．—2版．—西安：
西北工业大学出版社,2018.3
ISBN 978-7-5612-5884-2

Ⅰ.①统… Ⅱ.①肖… Ⅲ.①统计核算—高等学校—教材
②统计分析—应用软件—高等学校—教材 Ⅳ.①C81

中国版本图书馆 CIP 数据核字(2018)第 041210 号

策划编辑：杨 军
责任编辑：杨 军

出版发行：西北工业大学出版社
通信地址：西安市友谊西路127号　邮编：710072
电　话：(029)88493844　88491757
网　址：www.nwpup.com
印刷者：兴平市博闻印务有限公司
开　本：787 mm×1 092 mm　1/16
印　张：14.5
字　数：349 千字
版　次：2018 年 3 月第 2 版　2018 年 3 月第 1 次印刷
定　价：46.00 元

第 2 版前言

普通高等院校统计专业的学生到四年级已经学习了概率论、数理统计、时间序列分析、多元统计分析等专业课程。这些课程既有理论,又有实践应用,而对各种随机变量的产生,各种分布函数和分位数的计算,并没有进行介绍,但是这部分内容对实际处理问题却十分重要。本书给出了这些算法,并给出 C 语言实现程序,便于学生学习和使用。对概率中的古典概型、几何概型和大数定律等,以及统计中的区间估计和排队论模型等,只有通过计算机模拟,才能更好地弄清概念和解决问题,同时掌握利用随机试验验证理论计算的方法。本书对这些问题给出了模拟程序与方法。对各种算法只有通过自己编程实现,才能更好地掌握各种算法,深刻理解算法原理。本书给出的程序为读者提供了一种非常好的参考。

时间序列分析与多元统计分析都是应用性极强的学科,除学习有关理论外,需要通过利用专业的统计软件如 SAS,SPSS 进行相当多的实际数据处理,才能掌握专业软件的使用技巧,学会利用专业软件解决实际问题,也才能更好地理解专业书中介绍的各种处理方法,如时间序列中的 AR 模型、ARMA 模型、ARIMA 模型,多元统计中的回归分析、方差分析、主成分分析、因子分析、典型相关分析等。这些方法与理论,只有通过对实际数据的处理,对实际问题的解决,才能获得切身的感受,才能更好地学好本课程,将来在实际工作中也才能真正懂得如何解决问题。本书针对这些统计方法并结合具体实例,通过统计软件进行求解,给出详细操作步骤,同时,对结果给出详细解释,这样使读者更容易上手,对结果能真正弄懂意义。

本书在第 1 版的使用过程中,受到许多读者的喜欢。本次修订,主要增加了一些随机模拟的实例,还增加了以下内容第 4 章参数区间估计的软件实现,6.4 节线性回归的 MATLAB 实现,第 8 章方差分析应用——葡萄酒评价问题,14.5 节时间序列的典型分解模型,14.6 时间序列的灰色模型模型及预测。这样不但增强了实际应用,而且增加了程序实现,更便于读者学习和使用。

本书的特点是读者容易上手,可以帮助读者掌握统计软件和统计方法的使用。本书既可以作为统计实验课教材,也可供需要用统计软件解决实际问题的读者使用和参考,还可以供学习数学建模和参加建模竞赛的学生学习统计的方法和统计软件时阅读和参考。

本书在编写过程中,参阅了相关文献资料。在此,谨向其作者深表谢意。

由于笔者水平有限,书中不足之处在所难免,恳请广大读者指正。

肖华勇
2017 年 11 月

目　　录

第 1 章　常用分布函数、分位数算法与程序 ·················· 1
　1.1　标准正态分布的分布函数和分位数的计算 ·················· 1
　1.2　Beta 分布、T 分布、F 分布和二项分布的分布函数 ·················· 4
　1.3　$\chi^2(n)$ 分布、Poisson 分布的函数和分位数的计算 ·················· 11

第 2 章　常用随机变量产生算法与程序 ·················· 16
　2.1　$[a,b]$ 上均匀分布 ·················· 16
　2.2　正态分布 ·················· 17
　2.3　指数分布 ·················· 18
　2.4　$\chi^2(n)$ 分布、$F(m,n)$ 分布和 $T(n)$ 分布 ·················· 20
　2.5　Weibull 分布的直接抽样法 ·················· 24
　2.6　对数正态分布的变换抽样法 ·················· 26
　2.7　Cauchy 分布 ·················· 27
　2.8　二项分布 $B(n,p)$ ·················· 29
　2.9　Poisson 分布 ·················· 30
　2.10　几何分布 ·················· 32
　2.11　负二项分布 ·················· 33

第 3 章　概率中的随机模拟实验 ·················· 35
　3.1　电梯问题理论计算与模拟实验 ·················· 35
　3.2　信与信封匹配问题理论计算与模拟实验 ·················· 37
　3.3　投骰子问题理论计算与模拟实验 ·················· 43
　3.4　电力供应问题理论计算与模拟实验 ·················· 45
　3.5　销售问题理论计算与模拟实验 ·················· 47
　3.6　报童问题理论计算与模拟实验 ·················· 48
　3.7　轮船相遇问题理论计算与模拟实验 ·················· 50
　3.8　蒲丰投针问题理论计算与模拟实验 ·················· 51
　3.9　摸球问题理论计算与模拟实验 ·················· 53
　3.10　进货问题理论计算与模拟实验 ·················· 55
　3.11　矿工选门问题理论计算与模拟实验 ·················· 57
　3.12　参数矩估计的理论计算与模拟实验 ·················· 59

3.13 排队论的计算机模拟 61
3.14 中心极限定理实验 66

第 4 章 参数区间估计的软件实现 69

4.1 正态总体 X 的方差 σ^2 已知，求 μ 的置信区间 69
4.2 正态总体 X 的方差 σ^2 未知，求 μ 的置信区间 71
4.3 正态总体方差的区间估计 73
4.4 两个正态总体均值差的区间估计 75
4.5 两个正态总体方差比的区间估计 79

第 5 章 假设检验 81

5.1 正态总体均值和方差的假设检验 81
5.2 两组独立样本 Wilcoxon 秩和检验 92
5.3 分布的假设检验 94

第 6 章 回归分析 102

6.1 引言 102
6.2 回归分析方法 104
6.3 软件实现 108
6.4 线性回归的 MATLAB 实现 114

第 7 章 方差分析 118

7.1 引言 118
7.2 单因素方差分析 118
7.3 两因素方差分析 122

第 8 章 方差分析应用——葡萄酒评价问题 133

8.1 统计两组评酒员的评价结果 133
8.2 两组人员品酒的差异性分析 140
8.3 两组人员对两种酒的评分可信度分析 144

第 9 章 聚类分析 147

9.1 引言 147
9.2 层次聚类分析中的 Q 型聚类 147
9.3 层次聚类分析中的 R 型聚类 149
9.4 快速聚类分析 149
9.5 软件实现 150

第 10 章　判别分析 ········ 163

- 10.1　引言 ········ 163
- 10.2　理论方法介绍 ········ 163
- 10.3　软件实现 ········ 166

第 11 章　主成分分析 ········ 176

- 11.1　引言 ········ 176
- 11.2　理论方法介绍 ········ 176
- 11.3　软件实现 ········ 178

第 12 章　因子分析 ········ 184

- 12.1　引言 ········ 184
- 12.2　理论方法介绍 ········ 184
- 12.3　软件实现 ········ 186

第 13 章　典型相关分析 ········ 197

- 13.1　引言 ········ 197
- 13.2　理论方法介绍 ········ 198
- 13.3　软件实现 ········ 199

第 14 章　时间序列分析 ········ 202

- 14.1　引言 ········ 202
- 14.2　时间序列方法 ········ 202
- 14.3　软件实现 ········ 204
- 14.4　求解结果的解答 ········ 210
- 14.5　时间序列的典型分解模型 ········ 215
- 14.6　时间序列的灰色模型及预测 ········ 219

参考文献 ········ 224

第1章 常用分布函数、分位数算法与程序

在进行统计中的假设检验、区间估计时,经常会涉及各种分布函数和分位数的计算,然而通常教科书中并没有相关算法的介绍与实现。针对这一问题,本章介绍了常用分布函数、分位数的算法,并给出了 C 语言程序和验证结果。

1.1 标准正态分布的分布函数和分位数的计算

1. 标准正态分布函数 $\Phi(x)$ 的计算

因为 $\Phi(x)$ 是对称函数,所以只须给出 $x>0$ 时 $\Phi(x)$ 的计算方法。当 $x<0$ 时,利用 $\Phi(x)=1-\Phi(-x)$ 计算。

$\Phi(x)$ 的连分式计算法:

$$\Phi(x) \approx \begin{cases} \dfrac{1}{2}+\dfrac{f(x)x}{1}+\dfrac{-x^2}{3}+\dfrac{2x^2}{5}+\cdots+\dfrac{(-1)^n n x^2}{(2n+1)}, & 0 \leqslant x \leqslant 3 \\ 1-\dfrac{f(x)}{x}+\dfrac{1}{x}+\dfrac{2}{x}+\cdots+\dfrac{n}{x}, & x>3 \end{cases}$$

其中,$f(x)=\dfrac{1}{\sqrt{2\pi}}\mathrm{e}^{-\frac{x^2}{2}}$ 为标准正态分布的密度函数。

采用递推式表达,当 $0 \leqslant x \leqslant 3$ 时,令

$$\begin{cases} a_{n+1}=0 \\ a_k=\dfrac{(-1)^k k x^2}{(2k+1)+a_{k+1}}, \quad k=n, n-1, \cdots, 1 \end{cases}$$

则

$$\Phi(x)=\dfrac{1}{2}+\dfrac{f(x)x}{1+a_1}$$

当 $x>3$ 时,令

$$\begin{cases} a_{n+1}=0 \\ a_k=\dfrac{k}{x+a_{k+1}}, \quad k=n, n-1, \cdots, 1 \end{cases}$$

则

$$\Phi(x)=1-\dfrac{f(x)}{x+a_1}$$

当 $n=28$ 时,计算精度达到 10^{-12}。

2. 标准正态分布分位数 u_α 的计算

采用 Toda 近似公式:

$$u_\alpha \approx \left(y\sum_{i=0}^{10}b_i y^i\right)^{\frac{1}{2}}$$

其中

$$y=-\ln[4\alpha(1-\alpha)]$$

$b_0 = 0.157\ 079\ 628\ 8 \times 10$, $\quad b_1 = 0.370\ 698\ 790\ 6 \times 10^{-1}$

$b_2 = -0.836\ 435\ 358\ 9 \times 10^{-3}$, $b_3 = -0.225\ 094\ 717\ 6 \times 10^{-3}$

$b_4 = 0.684\ 121\ 829\ 9 \times 10^{-5}$, $\quad b_5 = 0.582\ 423\ 851\ 5 \times 10^{-5}$

$b_6 = -0.104\ 527\ 497\ 0 \times 10^{-5}$, $b_7 = 0.836\ 093\ 701\ 7 \times 10^{-7}$

$b_8 = -0.323\ 108\ 127\ 7 \times 10^{-8}$, $\quad b_9 = 0.365\ 776\ 303\ 6 \times 10^{-10}$

$b_{10} = 0.693\ 693\ 398\ 2 \times 10^{-12}$

该公式的最大相对误差为 1.2×10^{-8}。

C 语言实现程序：

```c
#include <stdlib.h>
#include <stdio.h>
#include <time.h>
#include <math.h>
#define Pi 3.1415926535
    double GaossUa(double af);
    double GaossPx(double x);
    double GaossFx(double x);
    double GaossFx(double x);
    void main()
    {
        double af;
        double x;
        af=0.05;
printf("标准正态分布上侧分位数 af=%6.3f,u=%9.6f\n",af,GaossUa(af));
        af=0.85;
printf("标准正态分布上侧分位数 af=%6.3f,u=%9.6f\n",af,GaossUa(af));
        x=2;
printf("标准正态分布函数 F(%5.2f)=%9.6f\n",x,GaossFx(x));
        x=-1.5;
printf("标准正态分布函数 F(%5.2f)=%9.6f\n",x,GaossFx(x));
    }
//计算标准正态分布的上侧分位数
//采用 Toda 近似公式计算(1967 年)
// af ―――输入的上侧概率分位数
// ua ―――返回上侧分位数点
//精度达到 1.2*e-8
    double GaossUa(double af)
    {
    double b[11]={0.1570796288*10,0.3706987906*1.0e-1,
                -0.8364353589*1.0e-3,-0.2250947176*1.0e-3,
                0.6841218299*1.0e-5,0.5824238515*1.0e-5,
                -0.1045274970*1.0e-5,0.8360937017*1.0e-7,
                -0.3231081277*1.0e-8,0.3657763036*1.0e-10,
```

```
                  0.6936233982 * 1.0e-12};
  double y,ua;
  int i;
  y=-log(4 * af * (1.0-af));
  ua=0.0;
    for(i=0;i<=10;i++)
    ua+=b[i] * pow(y,i);
    ua=sqrt(ua * y);   //计算公式
  if(af>0.5)    ua=-ua;
  return ua;
  }
  //标准正态分布的密度函数
  double GaossPx(double x)
{
  double f;
  f=1.0/sqrt(2.0 * Pi) * exp(-x * x/2.0);
  return f;
}
  //计算标准正态分布的分布函数
  // x－－－－输入 x
  // prob－－－－返回 P{X<=x}分布函数值
  //对 n=28,精度达到 1.0e-12
    double GaossFx(double x)
  {
    double prob,t,temp;
    int i,n,symbol;
      temp=x;
      if(x<0)
        x=-x;
      n=28;   //连分式展开的阶数
      if(x>=0&&x<=3.0)
                { //当 0<=x<=3.0 时
        t=0.0;
                 for(i=n;i>=1;i--)
                 {
                   if(i%2==1) symbol=-1;
                   else symbol=1;
                   t=symbol * i * x * x/(2.0 * i+1.0+t);
                 }
                 prob=0.5+GaossPx(x) * x/(1.0+t);
                }
      else if(x>3.0)
      { //当 x>3 时
```

```
              t=0.0;
                      for(i=n;i>=1;i--)
              t=1.0*i/(x+t);
                      prob=1-GaossPx(x)/(x+t);
    }
    x=temp;
    if(x<0)
              prob=1.0-prob;
    return prob;
}
```

该程序测试结果为

标准正态分布上侧分位数 af= 0.050,u= 1.644854

标准正态分布上侧分位数 af= 0.850,u= -1.036433

标准正态分布函数 F(2.00)= 0.977250

标准正态分布函数 F(-1.50)= 0.066807

1.2 Beta 分布、T 分布、F 分布和二项分布的分布函数

T 分布、F 分布、二项分布等分布的分布函数和分位数的计算都可以利用 Beta 分布给出。因此这里给出 Beta 分布的分布函数 $I_x(a,b)$ 和分位数 $\beta_a(a,b)$ 的算法。

1. 分布函数计算

(1)Beta 分布的分布函数 $I_x(a,b)$ 的递推算法。Beta 分布的分布函数 $I_x(a,b)$ 有以下递推公式:

$$\begin{cases} I_x(a+1,b) = I_x(a,b) - \frac{1}{a}U_x(a,b) \\ I_x(a,b+1) = I_x(a,b) + \frac{1}{b}U_x(a,b) \\ U_x(a+1,b) = \frac{a+b}{a}xU_x(a,b) \\ U_x(a,b+1) = \frac{a+b}{b}(1-x)U_x(a,b) \end{cases}$$

其中
$$U_x(a,b) = \frac{1}{B(a,b)}x^a(1-x)^b$$

利用 Beta 分布的分布函数计算 T 分布、F 分布、二项分布时,参数 a,b 的值或者是正整数,或者是 $\frac{1}{2}$ 的倍数,故这里只考虑参数是正整数或者是 $\frac{1}{2}$ 的倍数的情况下 $I_x(a,b)$ 的计算问题。这时递推公式的初值的选取只有以下 4 种情况:

1) 当 $a=\frac{1}{2}, b=\frac{1}{2}$ 时,有

$$U_x(\frac{1}{2},\frac{1}{2}) = \frac{1}{\pi}\sqrt{x(1-x)}$$

$$I_x(\frac{1}{2},\frac{1}{2}) = 1 - \frac{2}{\pi}\arctan\sqrt{\frac{1-x}{x}}$$

2) 当 $a=\frac{1}{2}, b=1$ 时,有

$$U_x(\frac{1}{2},1)=\frac{1}{2}\sqrt{x}(1-x), \quad I_x(\frac{1}{2},1)=\sqrt{x}$$

3) 当 $a=1, b=\frac{1}{2}$ 时,有

$$U_x(1,\frac{1}{2})=\frac{1}{2}x\sqrt{1-x}, \quad I_x(1,\frac{1}{2})=1-\sqrt{1-x}$$

4) 当 $a=1, b=1$ 时,有

$$U_x(1,1)=x(1-x), \quad I_x(1,1)=x$$

(2) T 分布的分布函数计算:

$$T(t\mid n)=\begin{cases}1-\frac{1}{2}I_x(\frac{n}{2},\frac{1}{2}), & t>0 \\ \frac{1}{2}I_x(\frac{n}{2},\frac{1}{2}), & t\leqslant 0\end{cases}$$

其中

$$x=\frac{n}{n+t^2}$$

(3) F 分布的分布函数计算:

$$F(x\mid m,n)=I_y(\frac{m}{2},\frac{n}{2})$$

其中

$$y=\frac{mx}{n+mx}$$

(4) 二项分布的分布函数计算。

1) 直接计算法。由二项分布的分布函数的定义计算,有

$$B(x\mid n,p)=\begin{cases}0, & x<0 \\ \sum_{k=0}^{[x]}\binom{n}{k}p^k(1-p)^{n-k}, & 0\leqslant x<n \\ 1, & x\geqslant n\end{cases}$$

2) 利用 Beta 分布的分布函数 $I_x(a,b)$ 计算,有

$$B(x\mid n,p)=I_{1-p}(n-[x],[x]+1), \quad 0\leqslant x<n$$

2. 分位数计算

(1) Beta 分布的分位数 $\beta_a(a,b)$ 的求法。方程迭代求根的二分法很适用于求 Beta 分布的分位数。因 $\beta_a(a,b)\in(0,1)$,故 $(0,1)$ 就是方程 $f(x)=I_x(a,b)-(1-\alpha)=0$ 的有根区间。把有根区间逐次二等分,最终总可以得出所要求精度的 α 分位数的近似值。此算法简单,且不必给出初始值。

(2) T 分布分位数计算。由 T 分布的分布函数与 $I_x(a,b)$ 的关系式可知:

1) 当 $0<\alpha<\frac{1}{2}$ 时,$t_\alpha>0$,且 t_α 满足:

$$T(t_\alpha\mid n)=1-\frac{1}{2}I_x(\frac{n}{2},\frac{1}{2})=1-\alpha$$

其中

$$x=\frac{n}{n+t_\alpha^2}$$

由此得 $I_x(\frac{n}{2},\frac{1}{2})$,则

$$\beta_{1-2\alpha}(\frac{n}{2},\frac{1}{2})=\frac{n}{n+t_p^2}$$

$$t_\alpha(n)=\sqrt{\frac{n}{\beta_{1-2\alpha}(\frac{n}{2},\frac{1}{2})}-n}$$

2) 当 $\alpha > \frac{1}{2}$ 时, $t_\alpha < 0$, 可由 $t_\alpha(n) = -t_{1-\alpha}(n)$ 计算。

(3) F 分布分位数计算。F 分布的 α 分位数记为 $F_\alpha(m,n)$, 满足: $F(F_\alpha|m,n)=1-\alpha$。由 F 分布函数与 Beta 分布函数的关系, 可知 F_α 满足:

$$F(F_\alpha|m,n)=I_y(\frac{m}{2},\frac{n}{2})=1-\alpha$$

其中

$$y=\frac{mF_\alpha}{n+mF_\alpha}$$

则有

$$\frac{mF_\alpha}{n+mF_\alpha}=\beta_\alpha(\frac{m}{2},\frac{n}{2})$$

故

$$F_\alpha(m,n)=\frac{n\beta_\alpha(\frac{m}{2},\frac{n}{2})}{m(1-\beta_\alpha(\frac{m}{2},\frac{n}{2}))}$$

C 语言实现程序:

```c
#include <stdio.h>
#include <stdlib.h>
#include <math.h>
#include <time.h>
#define Pi 3.1415926535
#define MaxTime 500    //定义最大迭代步数
#define eps 1.0e-10    //定义精度

double BetaFx(double x,double a,double b);
double TdistFx(double x,int Freedom);
  double FdistFx(double x,int Freedom_m,int Freedom_n);
  double BetaUa(double af,double a,double b);
  double TdistUa(double af,int Freedom);
  double FdistUa(double af,int Freedom_m,int Freedom_n);
  double BinominalFx(double x,double p,int n);
void main()
{
  double x,p,af,F;
  int m,n;
  m=10;
  n=15;
  x=2.5;
```

```
    F=FdistFx(x,m,n);
    printf("F 分布 F(%4.2f,%2d,%2d)=%6.4f\n",x,m,n,F);
      x=1.4;
      n=25;
    F=TdistFx(x,n);
    printf("T 分布 T(%4.2f,%3d)=%6.4f\n",x,n,F);
      p=0.8;
      n=120;
      x=95;
    F=BinominalFx(x,p,n);
    printf("二项分布 B(%4.2f,%4.2f,%3d)=%6.4f\n",x,p,n,F);
      m=10; n=15;
      af=0.05;
      x=FdistUa(af,m,n);
    printf("F 分布上侧分位数 F(%4.2f,%2d,%2d)=%6.4f\n",af,m,n,x);
      n=15;
      af=0.05;
      x=TdistUa(af,n);
    printf("T 分布上侧分位数 T(%4.2f,%2d)=%6.4f\n",af,n,x);
}
double BetaFx(double x,double a,double  b)
  {
      int m,n;
            double I,U;
            double ta,tb;
            m=(int)(2*a);
            n=(int)(2*b);
      //以下给定初始值
            if(m%2==1&&n%2==1)
              {
                ta=0.5;
                tb=0.5;
        U=sqrt(x*(1.0-x))/Pi;
                I=1.0-2.0/Pi*atan(sqrt((1.0-x)/x));
              }
                else if(m%2==1&&n%2==0)
                  {
                ta=0.5;
                tb=1;
        U=0.5*sqrt(x)*(1.0-x);
                I=sqrt(x);
              }
                else if(m%2==0&&n%2==1)
```

```
            {
                ta=1;
                tb=0.5;
      U=0.5*x*sqrt(1.0-x);
                I=1.0-sqrt(1.0-x);
            }
        else if(m%2==0&&n%2==0)
            {
                ta=1;
                tb=1;
                U=x*(1.0-x);
                I=x;
            }
        while(ta<a)
            {
    I=I-U/ta;
            U=(ta+tb)/ta*x*U;
            ta+=1;
            }
            while(tb<b)
            {
             I=I+U/tb;
             U=(ta+tb)/tb*(1.0-x)*U;
             tb+=1;
            }
    return I;
    }
//计算 T 分布 t(n)在 x 处分布函数值
//Freedom  － － － － －自由度
  double TdistFx(double x,int Freedom)
    {
            double t,prob;
            t=Freedom/(Freedom+x*x);
             if(x>0)
            prob=1.0-0.5*BetaFx(t,Freedom/2.0,0.5);
             else
            prob=0.5*BetaFx(t,Freedom/2.0,0.5);
            return prob;
    }
//计算 F 分布 F(m,n)在 x 处分布函数值
//Freedom_m  － － － － －第一自由度
//Freedom_n  － － － － －第二自由度
```

```
double FdistFx(double x,int Freedom_m,int Freedom_n)
{
        double y,prob;
        if(x<=0) return 0.0;
         y=Freedom_m * x/(Freedom_n+Freedom_m * x);
         prob=BetaFx(y,Freedom_m/2.0,Freedom_n/2.0);
         return prob;
}
//计算二项分布的分布函数
//p－－－－二项分布参数
//n－－－－二项分布
//返回 P{X<=x}
 double BinominalFx(double x,double p,int n)
{
  double prob;
  if(x<0) prob=0.0;
  else if(x>=n) prob=1.0;
  else   prob=BetaFx(1.0-p,n-int(x),int(x)+1);
  return prob;
}
//计算 Beta 分布参数为 a,b(要求为 1/2 的整数倍),上侧分位概率为 af 的上侧分位数
//a 为第一参数
//b 为第二参数
//af －－－－上侧分位概率
//返回上侧分位数

   double BetaUa(double af,double a,double b)
   {
             int times=0;
             double x1,x2,xn;
             double f1,f2,fn,ua;
             x1=0.0;
             x2=1.0;
             f1=BetaFx(x1,a,b)-(1.0-af);
             f2=BetaFx(x2,a,b)-(1.0-af);
              while(fabs((x2-x1)/2.0)>eps)
              {
             xn=(x1+x2)/2.0;
             fn=BetaFx(xn,a,b)-(1.0-af);
             if(f1 * fn<0)      x2=xn;
             else if(fn * f2<0)       x1=xn;
             f1=BetaFx(x1,a,b)-(1.0-af);
             f2=BetaFx(x2,a,b)-(1.0-af);
```

```
                times++;
                if(times>MaxTime) break;
                    }
    //    printf("times=%5d\n",times);
        ua=xn;
                return ua;

}
//计算 T 分布 t(n)的上侧分位数
//Freedom  －－－－－自由度
//af －－－输入的上侧概率分位数
//返回上侧分位数 ua
double TdistUa(double af,int Freedom)
{
            double ua,tbp;
            if(af<=0.5)
                {
            tbp=BetaUa(1-2*af,Freedom/2.0,0.5);
            ua=sqrt(Freedom/tbp-Freedom);
                }
            else if(af>0.5)
                {
    tbp=BetaUa(1-2*(1.0-af),Freedom/2.0,0.5);
            ua=-sqrt(Freedom/tbp-Freedom);
                }
            return ua;
}
//计算 F 分布 F(m,n)的上侧分位数
//Freedom_m  －－－－－第一自由度
//Freedom_n  －－－－－第二自由度
//af －－－输入的上侧概率分位数
//返回上侧分位数 ua
double FdistUa(double af,int Freedom_m,int Freedom_n)
{
            double ua,tbp;
            tbp=BetaUa(af,Freedom_m/2.0,Freedom_n/2.0);
            ua=Freedom_n*tbp/(Freedom_m*(1.0-tbp));
            return ua;
}
```

程序测试结果：
F 分布 F(2.50,10,15)=0.9469
T 分布 T(1.40, 25)=0.9131
二项分布 B(95.00,0.80,120)=0.4457

F 分布上侧分位数 $F(0.05,10,15)=2.5437$
T 分布上侧分位数 $T(0.05,15)=1.7531$

1.3 $\chi^2(n)$ 分布、Poisson 分布的函数和分位数的计算

1. 分布函数的计算

(1) $\chi^2(n)$ 分布的分布函数 $H(x\mid n)$ 的递推算法。$\chi^2(n)$ 分布的分布函数 $H(x\mid n)$ 的递推计算公式为

$$\begin{cases} H(x\mid n) = H(x\mid n-2) - 2f(x\mid n) \\ f(x\mid n) = \dfrac{x}{n-2} f(x\mid n-2) \end{cases} \quad (n=3,4,\cdots)$$

其中,$f(x\mid n) = \dfrac{1}{2^{n/2}\Gamma(n/2)} x^{\frac{n}{2}-1} \mathrm{e}^{-\frac{x}{2}}$。

递推初值为

$$\begin{cases} H(x\mid 1) = 2\Phi(\sqrt{x}) - 1, \quad f(x\mid 1) = \dfrac{1}{\sqrt{2\pi x}} \mathrm{e}^{-\frac{x}{2}} \\ H(x\mid 2) = 1 - \mathrm{e}^{-\frac{x}{2}}, \quad f(x\mid 2) = \dfrac{1}{2} \mathrm{e}^{-\frac{x}{2}} \end{cases}$$

(2) Poisson 分布的分布函数计算。Poisson 分布的分布函数与 $\chi^2(n)$ 分布的分布函数有关系式

$$P(X\mid \lambda) = 1 - H(2\lambda \mid 2([x]+1)), \quad x \geqslant 0$$

2. 分位数的计算

$\chi^2(n)$ 分布的 α 分位数记为 $\chi^2_\alpha(n)$(或简记为 χ^2_α)。现在介绍 χ^2_α 的算法。

(1) $\chi^2_\alpha(n)$ 始分位数的计算。

1) 当 $n=1$ 时,由 $H(x\mid 1) = 2\Phi(\sqrt{x}) - 1 = 1-\alpha$,得 $\Phi(\sqrt{x}) = 1-\alpha/2$,则 $\sqrt{\chi^2_\alpha} = u_{\alpha/2}$,所以 $\chi^2_\alpha(1) = (u_{\alpha/2})^2$。

2) 当 $n=2$ 时,这时 $\chi^2(2)$ 分布就是 $\lambda = \dfrac{1}{2}$ 的指数分布 $e(\dfrac{1}{2})$。由 $H(x\mid 2) = 1 - \mathrm{e}^{-\frac{x}{2}} = 1-\alpha$,得 $\chi^2_\alpha(2) = -2\ln\alpha$。

3) 当 $n \geqslant 3$ 时,$\chi^2_{\alpha/2}(n) \approx n\left[1 - \dfrac{2}{9n} + u_\alpha \sqrt{\dfrac{2}{9n}}\right]^3$。其中,$u_\alpha$ 是标准正态分布的 α 分位数。

将此值作为 $\chi^2_\alpha(n)$ 的初始值,对分布函数方程 $H(x\mid n) - (1-\alpha) = 0$ 利用牛顿法迭代计算求解,提高精度。

C 语言实现程序:

```
#include <stdio.h>
#include <stdlib.h>
#include <math.h>
#include <time.h>
 #define Pi 3.1415926535
  #define MaxTime   500      //定义最大迭代步数
  #define eps   1.0e-10      //定义精度
```

```c
double KaFangFx(double x,int Freedom);
double PoissonFx(double x,double p);
double KaFangUa0(double af,int Freedom);
double KaFangUa(double af,int Freedom);

double Gama(int n);
double KaFangPx(double x,int Freedom);
double GaossFx(double x);
double GaossUa(double af);
double GaossPx(double x);

void main()
{
    double af,F;
    double x,lp;
    int n;

    n=12;
    x=13.5;
    F=KaFangFx(x,n);
    printf("卡方分布 K(%4.2f,%2d)=%6.4f\n",x,n,F);

    lp=15;
    x=21;
    F=PoissonFx(x,lp);
    printf("Poisson 分布 P(%4.2f,%4.2f)=%6.4f\n",x,lp,F);

    af=0.05;
    n=16;
    x=KaFangUa(af,n);
    printf("卡方分布上侧分位数 K(%4.2f,%2d)=%6.4f\n",af,n,x);

}


//计算卡方分布的分布函数
// x－－－－－－输入 x
//Freedom－－－－－自由度
//prob－－－－－返回概率 P{X<=x}

double KaFangFx(double x,int Freedom)
{
    int k,n;
```

```
    double f,h,prob;

    k=Freedom%2;
    if(k==1)
    {
      f=exp(-x/2.0)/sqrt(2*Pi*x);
      h=2.0*GaossFx(sqrt(x))-1.0;
      n=1;
      while(n<Freedom)
      {
        n=n+2;
        f=x/(n-2.0)*f;
        h=h-2.0*f;
      }
    } // end k
    else
    {
      f=exp(-x/2.0)/2.0;
      h=1.0-exp(-x/2.0);
      n=2;
      while(n<Freedom)
      {
        n=n+2;
        f=x/(n-2.0)*f;
        h=h-2.0*f;
      }
    } //end else
    prob=h;
    return prob;
}
//计算 Poisson 分布的分布函数
//p   ———Poisson 分布的参数
//返回 P{X<=x}的概率
double PoissonFx(double x,double p)
{
  double prob;
  prob=1.0-KaFangFx(2*p,2*(int(x)+1));

  return prob;
}
//计算卡方分布的上侧分位数
// af ———输入的上侧概率分位数
// Freedom ————自由度
//当 n>2 时为初始值
```

```c
double KaFangUa0(double af,int Freedom)
 {
  double ua,p,temp;
  if(Freedom==1)
  {
      p=1.0-(1.0-af+1.0)/2.0;   //转化为分位数
      temp=GaossUa(p);
      ua=temp*temp;
  }
  else if(Freedom==2)
  {
      ua=-2.0*log(af);
  }
  else
  {
    temp=1.0-2.0/(9.0*Freedom)+sqrt(2.0/(9.0*Freedom))*GaossUa(af);
    ua=Freedom*(temp*temp*temp); //近似值
  }
    return ua;
 }

}//计算卡方分布的上侧分位数
}// af － － －输入的上侧概率分位数
}// Freedom － － － －自由度
//当 n＞2 时为初始值
    double KaFangUa(double af,int Freedom)
{
  int times;
  double ua,x0,xn;
  x0=KaFangUa0(af,Freedom);
  printf("x0=%12.8f\n",x0);
if(Freedom==1||Freedom==2)
{
 ua=x0;
}
  else
{ //采用牛顿法迭代计算
    times=1;
    xn=x0-(KaFangFx(x0,Freedom)-1+af)/KaFangPx(x0,Freedom);
    while(fabs(xn-x0)>eps)
    {
       x0=xn;
       xn=x0-(KaFangFx(x0,Freedom)-1+af)/KaFangPx(x0,Freedom);
       times++;
```

```
        if(times>MaxTime) break;
    }
// printf("times=%5d\n",times);
    ua=xn;
  }
  return ua;
}

//计算卡方分布的密度函数
  double KaFangPx(double x,int Freedom)
    {
        double p,g;
        if(x<=0) return 0.0;
        g=Gama(Freedom);
        p=1.0/pow(2.0,Freedom/2.0)/g*exp(-x/2.0)*pow(x,Freedom/2.0-1.0);
        return p;
    }
//计算 Gama 函数 Gama(n/2)
double Gama(int n)
  {
    double g;
    int i,k;
    k=n/2;
        //计算 Gama(n/2)
        if(n%2==1)   //n 不能被 2 整除情况
        {
            g=sqrt(Pi)*0.5;
            for(i=1;i<k;i++)
                g*=(i+0.5);
        }
        else    //n 被 2 整除情况
        {
            g=1.0;
            for(i=1;i<k;i++)
                g*=i;
        }
        return g;
  }
```

该程序中,标准正态分布的上侧分位数 double GaossUa(double af),标准正态分布的密度函数 double GaossPx(double x),标准正态分布的分布函数 double GaossFx(double x)见 1.1 节。

程序测试结果:

卡方分布 K(13.50,12)=0.6662

Poisson 分布 P(21.00,15.00)=0.9469

卡方分布上侧分位数 K(0.05,16)=26.2962

第 2 章 常用随机变量产生算法与程序

在进行计算机随机模拟中,经常需要产生服从各种分布的随机变量。通常教材中并没有相关算法的介绍与实现。针对这一问题,本章介绍了均匀分布、正态分布、指数分布、$\chi^2(n)$ 分布、$F(m,n)$ 分布、$T(n)$ 分布、Weibull 分布、对数正态分布、Cauchy 分布、二项分布 $B(n,p)$、Poisson 分布、几何分布以及负二项分布等分布的随机变量产生算法,并给出了完整的 C 语言实现程序。

2.1 $[a,b]$ 上均匀分布

已知 $[a,b]$ 上均匀分布的随机变量 ξ 的密度函数为

$$f(x) = \begin{cases} \dfrac{1}{b-a}, & x \in [a,b] \\ 0, & \text{其他} \end{cases}$$

根据公式,$R = \int_a^\xi \dfrac{1}{b-a} \mathrm{d}x = \dfrac{\xi - a}{b - a}$。即得抽样公式

$$\xi = (b-a)R + a$$

为了得到 $U(a,b)$ 随机数,先产生均匀随机数 $r_i, r_i \sim U(0,1)$。令 $\xi_i = (b-a)r_i + a$,则 $\{\xi_i\}$ 为 $[a,b]$ 区间上的均匀分布随机数。

C 语言实现程序:

```c
#include <stdio.h>
#include <stdlib.h>
#include <math.h>
#include <time.h>
#define Pi 3.1415926
#define eps 0.00000001
bool    UnionRandom(int n,double a,double b,double *x);
void main()
{
    int i,n;
    double *x;
    double a,b;
    n=200;
    x=(double *)malloc(n*sizeof(double));
    printf("产生均匀随机数.\n");
    a=10;
    b=25;
```

```
UnionRandom(n,a,b,x);
for(i=0;i<n;i++)
printf("%5.4f ",x[i]);
printf("\n");


if(x) free(x);
}
//产生[a,b]区间 n 个均匀随机数
bool   UnionRandom(int n,double a,double b,double * x)
  {
      int i;
      double u;
      if(x==NULL) return false;
      srand(time(NULL));
      for(i=0;i<n;i++)
      {
      u=1.0 * rand()/RAND_MAX;
      x[i]=a+(b-a) * u;
      }
      return true;
  }
```

2.2 正态分布

正态分布是最重要、最常用的一种概率分布。正态随机数还可以用来产生其他分布的随机数。当 $U \sim N(0,1)$ 时，$X = \sigma U + \mu \sim N(\mu, \sigma^2)$。这里只介绍产生标准正态随机数的方法。

1. 基于中心极限定理的近似抽样法

设 $r_1, \cdots, r_n$ 为均匀随机数，近似抽样公式为

$$U = \sum_{i=1}^{6} r_i - 6$$

或

$$U = \sum_{i=1}^{6} (r_{2i} - r_{2i-1})$$

则 U 近似服从标准正态分布 $N(0,1)$。

2. Box 和 Muller 提出的变换抽样法

设 r_1, r_2 为均匀随机数，变换抽样公式为

$$\begin{cases} U_1 = \sqrt{-2\ln r_1} \cos 2\pi r_2 \\ U_2 = \sqrt{-2\ln r_1} \sin 2\pi r_2 \end{cases}$$

由两个独立的均匀随机数，利用变换公式可得两个独立的 $N(0,1)$ 随机数。

C 语言实现程序：

```
#define Pi 3.1415926
```

```
#define eps 0.00000001
bool   GaossRandom(int n,double * x);
void main()
{
int i,n;
 double  * x;
 n=200;
 x=(double * )malloc(n * sizeof(double));
 printf("产生标准正态随机数.\n");
 GaossRandom(n,x);
 for(i=0;i<n;i++)
 printf("%5.4f ",x[i]);
 printf("\n");
 if(x) free(x);
}


//产生 n 个标准正态分布随机变量
 //n－－－－－输入个数
 //x－－－－ 返回随机变量数组
  bool   GaossRandom(int n,double * x)
  {
      int i;
      double r1,r2;
      if(x==NULL) return false;
      srand(time(NULL));
      for(i=0;i<n;i++)
      {r1=1.0 * rand()/RAND_MAX;
       r2=1.0 * rand()/RAND_MAX;
       while(r1<eps) { r1=1.0 * rand()/RAND_MAX; printf(".");}
       x[i]=sqrt(-2.0 * log(r1)) * cos(2.0 * Pi * r2);
      }
      return true;
  }
```

2.3 指 数 分 布

指数分布 $e(\lambda)$(λ 为参数) 的密度函数为

$$f(x) = \begin{cases} \lambda e^{-\lambda x}, & x \geqslant 0(\lambda > 0) \\ 0, & x < 0 \end{cases}$$

指数分布在随机模拟中有着广泛的应用,如随机事件发生的时间间隔,机器的寿命,电子元件的寿命,系统的稳定时间以及随机服务系统中顾客到达的时间间隔等一般都是服从指数

第 2 章 常用随机变量产生算法与程序

分布的。

用变换抽样法产生 $e(\lambda)$ 随机数的方法如下：

指数分布的分布函数为

$$F(x) = \begin{cases} 1-e^{-\lambda x}, & x > 0 \\ 0, & x \leqslant 0 \end{cases}$$

其反函数为

$$X = -\frac{1}{\lambda}\ln(1-F)$$

从而得到产生随机数的方法：设 $R \sim U(0,1)$，则产生 $e(\lambda)$ 随机数的变换抽样公式为

$$X = -\frac{1}{\lambda}\ln R$$

C 语言实现程序：

```c
#include <stdio.h>
#include <stdlib.h>
#include <math.h>
#include <time.h>

#define Pi 3.1415926
#define eps 0.00000001
bool ExponentRandom(int n,double la,double * x);

void main()
{
    int i,n;
    double la, * x;
    n=200;
    x=(double * )malloc(n * sizeof(double));
    printf("产生指数分布随机数.\n");
    la=0.2;
    ExponentRandom(n,la,x);
    for(i=0;i<n;i++)
    printf("%5.4f ",x[i]);
    printf("\n");
    if(x) free(x);
}
//产生指数分布随机变量
bool ExponentRandom(int n,double la,double * x)
{
    double r;
    int i;
    if(x==NULL) return    false;
    if(la<=0)    return    false;
```

```
        srand(time(NULL));
        for(i=0;i<n;i++)
        {
            r=1.0*rand()/RAND_MAX;
            while(r<eps) r=1.0*rand()/RAND_MAX;
            x[i]=-log(r)/la;
        }
        return true;
    }
```

2.4 $\chi^2(n)$ 分布、$F(m,n)$ 分布和 $T(n)$ 分布

1. $\chi^2(n)$ 随机数的直接抽样法

$\chi^2(n)$ 随机数的直接抽样法的算法如下：

(1) 产生 $X_1, X_2, \cdots, X_n \sim N(0,1)$ 相互独立；

(2) 令 $X = X_1^2 + X_2^2 + \cdots + X_n^2$，并输出分布为 $\chi^2(n)$ 的随机数 X。

C 语言实现程序：

```c
#include <stdio.h>
#include <stdlib.h>
#include <math.h>
#include <time.h>

#define Pi 3.1415926
#define eps 0.00000001
bool  KaFangRandom(int Freedom,int n,double *x);
void main()
{
    int i,n,Freedom;
    double *x;
    n=200;
    x=(double *)malloc(n*sizeof(double));
    printf("产生卡方随机数.\n");
    Freedom=13;
    KaFangRandom(Freedom,n,x);
    for(i=0;i<n;i++)
    printf("%5.4f ",x[i]);
    if(x) free(x);
}

//产生 n 个自由度为 Freedom 的卡方分布随机变量
  bool  KaFangRandom(int Freedom,int n,double *x)
    {
```

```
    int i,k,j,m;
    double u,y;
    double r1,r2;
    if(Freedom<1||n<1) return false;
     srand(time(0));
     k=Freedom/2;
     for(i=0;i<n;i++)
     {
        u=1.0;
       for(j=0;j<k;j++)
       {
         m=rand();
         while(m==0) m=rand();
         u*=1.0*m/RAND_MAX;   //k 个 U[0,1]随机数之积
       }
       y=-log(u);

       if(Freedom%2==0) x[i]=2.0*y;
       else if(Freedom%2==1)
       {
         m=rand();
         while(m==0) m=rand();
         r1=1.0*m/RAND_MAX;
         r2=1.0*rand()/RAND_MAX;
         u=sqrt(-2.0*log(r1))*cos(2*Pi*r2); // u 服从 N(0,1)
         x[i]=2.0*y+u*u;
       }
       // end else
     }
       //end i
     return true;
}
```

2. $F(m,n)$ 随机数的变换抽样法

利用 $F(m,n)$ 分布与 $\chi^2(n)$ 分布的关系，算法如下：

(1) 产生 $Y_1 \sim \chi^2(m), Y_2 \sim \chi^2(n)$，且 Y_1 与 Y_2 独立；

(2) 令 $X = \dfrac{Y_1/m}{Y_2/n}$，并输出分布为 $F(m,n)$ 的随机数 X。

C 语言实现程序：

```
#include <stdio.h>
#include <stdlib.h>
#include <math.h>
#include <time.h>
```

```c
#define Pi 3.1415926
#define eps 0.00000001
bool FdistRandom(int Freedom_m,int Freedom_n,int n,double * x);

void main()
{
 int i,n,Freedom_m,Freedom_n;
 double * x;
 n=200;
 x=(double * )malloc(n * sizeof(double));
 printf("产生 F 分布随机数.\n");
 Freedom_m=13;
 Freedom_n=21;
 FdistRandom(Freedom_m,Freedom_n,n,x);
 for(i=0;i<n;i++)
 printf("%5.4f ",x[i]);
 printf("\n");

 if(x) free(x);
}

//产生 n 个 F(Freedom_m,Freedom_n)的随机变量
 bool FdistRandom(int Freedom_m,int Freedom_n,int n,double * x)
 {
  int i;
  bool err;
  double * y=NULL;
  if(Freedom_m<1||Freedom_n<1) return  false;
  if(x==NULL) return false;
  y=(double * )malloc(n * sizeof(double));
  err=KaFangRandom(Freedom_m,n,x);   //产生 n 个自由度为 Freedom_m 的
                                      //卡方分布的随机变量
  if(err! =true) return false;
   err=KaFangRandom(Freedom_n,n,y);  //产生 n 个自由度为 Freedom_n 的
                                      //卡方分布的随机变量
  if(err! =true) return false;
   for(i=0;i<n;i++)
   {
    if(y[i]<eps) { printf("."); y[i]=eps;}
    x[i]=x[i] * Freedom_n/y[i]/Freedom_m;
   }
   if(y) free(y);
   return true;
```

}

3. $T(n)$ 随机数的变换抽样法

$T(n)$ 随机数一般是利用 $N(0,1)$ 随机数和 $\chi^2(n)$ 随机数经变换公式产生。算法如下：

(1) 产生 $u \sim N(0,1)$；

(2) 产生 $Y \sim \chi^2(n)$，且 Y 与 u 独立；

(3) 令 $X = \dfrac{u}{\sqrt{Y/n}}$，并输出分布为 $T(n)$ 的随机数 X。

C 语言实现程序：

```c
#include <stdio.h>
#include <stdlib.h>
#include <math.h>
#include <time.h>

#define Pi 3.1415926
#define eps 0.00000001
bool TdistRandom(int Freedom, int n, double * x);
void main()
{
    int i, n, Freedom;
    double * x;
    n = 200;
    x = (double *)malloc(n * sizeof(double));
    printf("产生 T 分布随机数.\n");
    Freedom = 13;
    TdistRandom(Freedom, n, x);
    for(i=0; i<n; i++)
    printf("%5.4f ", x[i]);
    printf("\n");

    if(x) free(x);
}
//产生 n 个自由度为 Freedom 的 T 分布随机变量
    bool TdistRandom(int Freedom, int n, double * x)
    {
        int i, k, j, m;
        double u, y, KaFang;
        double r1, r2;
    if(Freedom<1 || n<1) return false;
    srand(time(0));
    k = Freedom/2;
    for(i=0; i<n; i++)
    {
```

```
        u=1.0;
        for(j=0;j<k;j++)
        {
          m=rand();
          while(m==0) m=rand();
          u*=1.0*m/RAND_MAX;   //k 个 U[0,1]随机数之积
        }
        y=-log(u);
        if(Freedom%2==0) KaFang=2.0*y;
        else if(Freedom%2==1)
        {
        m=rand();
        while(m==0) m=rand();
        r1=1.0*m/RAND_MAX;
        r2=1.0*rand()/RAND_MAX;
        u=sqrt(-2.0*log(r1))*cos(2*Pi*r2); // u 服从 N(0,1)
        KaFang=2.0*y+u*u;
        } // end else
        if(KaFang<eps) {printf(".");KaFang=eps;}
        m=rand();
        while(m==0) m=rand();
        r1=1.0*m/RAND_MAX;
        r2=1.0*rand()/RAND_MAX;
        u=sqrt(-2.0*log(r1))*cos(2*Pi*r2); // u 服从 N(0,1)
        x[i]=u/sqrt(KaFang/Freedom);
      } //end i
      return true;
  }
```

2.5 Weibull 分布的直接抽样法

Weibull 分布(记为 $W(m,a)$)的密度函数为

$$f(x)=\frac{m}{a}x^{m-1}\mathrm{e}^{-\frac{x^m}{a}}, \quad x>0, m>0, a>0$$

分布函数为 $F(x)=1-\mathrm{e}^{-\frac{x^m}{a}}(x>0)$,其反函数 $F^{-1}(r)=[-a\ln(1-r)]^{\frac{1}{m}}$,故 Weibull 分布的直接抽样法如下:

(1) 生成 $r \sim U(0,1)$;

(2) 令 $X \sim [-a\ln r]^{\frac{1}{m}}$,并输出服从 $W(m,a)$ 的随机数 X。

C 语言实现程序:

```
#include <stdio.h>
#include <stdlib.h>
```

```c
#include <math.h>
#include <time.h>
   bool WeibullRandom(double m,double a,int n,double *x);
void main()
{
  int i,n;
  double *x;
  double m,a;
  n=200;
  x=(double *)malloc(n*sizeof(double));
  printf("产生 Weibull 分布随机数.\n");
  m=3.6;
  a=1.3;
WeibullRandom(m,a,n,x);

for(i=0;i<n;i++)
  printf("%6.4f ",x[i]);
  printf("\n");

  if(x) free(x);
}
   //产生 n 个服从 Weibull 分布的随机变量
   //m---Weibull 分布的参数,m>0
   //a---Weibull 分布的参数,a>0
   //n---产生随机变量个数
   //x[n]---返回随机变量
   bool WeibullRandom(double m,double a,int n,double *x)
   {
    int i,k;
    double u;

    if(a<0||m<0||n<1) return false;

    srand(time(0));
    for(i=0;i<n;i++)
    {
     k=rand();
     while(k==0) k=rand();
     u=1.0*k/RAND_MAX;
     x[i]=pow(-1.0*a*log(u),1.0/m);
    }
    return true;
   }
```

2.6 对数正态分布的变换抽样法

利用对数正态分布与正态分布的关系,具体算法如下:
(1) 产生 $U \sim N(0,1)$;
(2) 计算 $Y = \sigma U + \mu$;
(3) 令 $X = e^Y$,并输出服从对数正态分布(记为 $LN(\mu, \sigma^2)$)的随机数 X。

C 语言实现程序:

```c
#include <stdio.h>
#include <stdlib.h>
#include <math.h>
#include <time.h>
#include <stdio.h>
#include <stdlib.h>
#include <math.h>
#include <time.h>
#define Pi 3.1415926
#define eps 0.00000001
//产生 n 个服从对数正态分布的随机变量
  bool LogGaossRandom(double u,double sigma,int n,double * x);
void main()
{
int i,n;
double * x;
double u,sigma;
n=200;
x=(double * )malloc(n * sizeof(double));
printf("产生对数正态分布随机数.\n");
u=4.5;
sigma=2;
LogGaossRandom(u,sigma,n,x);
for(i=0;i<n;i++)
printf("%6.4f ",x[i]);
printf("\n");
if(x) free(x);
}
//产生 n 个服从对数正态分布的随机变量
  bool LogGaossRandom(double u,double sigma,int n,double * x);
void main()
{
int i,n;
double * x;
```

```
    double u,sigma;
    n=200;
    x=(double * )malloc(n * sizeof(double));
    printf("产生对数正态分布随机数.\n");
    u=4.5;
    sigma=2;
    LogGaossRandom(u,sigma,n,x);
    for(i=0;i<n;i++)
     printf("%6.4f ",x[i]);
    printf("\n");
    if(x) free(x);
}

//产生 n 个服从对数正态分布的随机变量
 bool LogGaossRandom(double u,double sigma,int n,double * x)
  {
     int i,k;
     double r1,r2,U;
     if(sigma<0||n<=1) return false;
     srand(time(0));
     for(i=0;i<n;i++)
     {
       k=rand();
       while(k==0) k=rand();
       r1=1.0 * k/RAND_MAX;
       r2=1.0 * rand()/RAND_MAX;
       U=sqrt(-2.0 * log(r1)) * cos(2 * Pi * r2);
       x[i]=exp(u+sigma * U);
      }
     return true;
  }
```

2.7 Cauchy 分布

Cauchy 分布的密度函数为

$$f(x)=\frac{1}{\pi(1+x^2)}, \quad x\in(-\infty,\infty)$$

算法一:Cauchy 分布的直接抽样法。

Cauchy 分布的分布函数为 $F(x)=\frac{1}{\pi}\arctan x+\frac{1}{2}$,其反函数 $F^{-1}(r)=\tan(\pi r-\frac{\pi}{2})$,故 Cauchy 分布的直接抽样法如下:

(1) 生成 $r\sim U(0,1)$;

(2) 令 $X = \tan(\pi r - \frac{\pi}{2})$，并输出服从 Cauchy 分布的随机数 X。

算法二：Cauchy 分布的变换抽样法。

利用 Cauchy 分布与正态分布的关系，有以下抽样法：

(1) 生成 $X_1, X_2 \sim N(0,1)$;

(2) 令 $X = \dfrac{X_1}{X_2}$，并输出服从 Cauchy 分布（记为 $C(0,1)$）的随机数 X。

C 语言实现程序：

```c
#include <stdio.h>
#include <stdlib.h>
#include <math.h>
#include <time.h>
#define Pi 3.1415926
#define eps 0.00000001
  bool CauchyRandom(int n,double * x);
 void main()
{
 int i,n;
 double * x;
 n = 200;
 x = (double * )malloc(n * sizeof(double));
 printf(" 产生 Cauchy 分布随机数.\n");
 CauchyRandom(n,x);
for(i = 0;i < n;i ++)
 printf("%6.4f ",x[i]);
 printf("\n");

 if(x) free(x);
}
// 采用直接抽样法产生 n 个 Cauchy 分布的随机变量
  //X = tan(Pi * r - Pi/2)
  // 其中 r 为[0,1] 上均匀分布
  bool CauchyRandom(int n,double * x)
  {
      int i,k;
      double u;
    if(n < 1) return    false;
        srand(time(NULL));
        for(i = 0;i < n;i ++)
        {
            k = rand();
            while(k == 0 || k == RAND_MAX) k = rand();
            u = 1.0 * k/RAND_MAX;
```

```
        x[i] = tan(Pi * u - Pi/2.0);
    }
    return true;
}
```

2.8 二项分布 $B(n,p)$

二项分布的分布律为

$$P\{X=k\}=C_n^k p^k (1-p)^{n-k}, \quad k=0,1,\cdots,n$$

1. 0-1分布的抽样法

当 $n=1$ 时的二项分布就是 0-1 分布。算法如下：

(1) 产生 $r \sim U(0,1)$；

(2) 若 $r \leqslant p$，令 $X=1$；否则令 $X=0$，那么由此产生的 X 为 0-1 分布随机数。

2. 二项分布的变换抽样法（称为 BU 算法）

若 $X_1, X_2, \cdots, X_n \sim 0-1$ 分布，且相互独立，则

$$X = \sum_{i=1}^n X_i \sim B(n,p)$$

C 语言实现程序：

```c
#include <stdio.h>
#include <stdlib.h>
#include <math.h>
#include <time.h>
bool BinominalRandom(int N,double p,int n,int * x);
void main()
{
 int i,n,N;
 int * x;
 double p;
 n=200;
 x=(int * )malloc(n * sizeof(int));
 printf("产生二项分布随机数.\n");
 N=120;
 p=0.7;
 BinominalRandom(N,p,n,x);
 for(i=0;i<n;i++)
   printf("%5d ",x[i]);
 printf("\n");
 if(x) free(x);
}
//产生 n 个二项分布 B(N,p)的随机变量
//N-----贝努利实验次数
```

```
//p————参数,每次实验发生的概率
//x[n]————返回的随机变量数组
bool   BinominalRandom(int N,double p,int n,int * x)
{
    int i,k,sum;
    double u;
    if(p<=0) return false;
    if(x==NULL) return false;
    srand(time(NULL));
    for(i=0;i<n;i++)
    {
        sum=0;
        for(k=0;k<N;k++)
        {
            u=1.0 * rand()/RAND_MAX;
            if(u<=p) sum++;      //当 u<=p 时,事件 A 发生,统计 N 次实验中 A 发生的次数
        }
        x[i]=sum;
    }
    return true;
}
```

2.9 Poisson 分布

Poisson 分布(记为 $P(\lambda)$)的分布律为

$$P\{X=k\}=\frac{\lambda^k e^{-\lambda}}{k!}, \quad \lambda>0; \quad k=0,1,2,3,\cdots$$

可以证明:若 $R_1,R_2,\cdots,R_n$ 独立同分布 $U(0,1)$,令 $X_n=R_1R_2\cdots R_n=\prod_{i=1}^{n}R_i$,则 X_n 的密度函数为

$$f(x)=\frac{(-\ln x)^{n-1}}{(n-1)!}, \quad 0<x<1$$

利用这一性质可得以下算法:
(1) 产生 $r_1,r_2,\cdots \sim U(0,1)$;
(2) 若 $r_1<e^{-\lambda}$,令 $X=0$;
(3) 若整数 k 满足:$r_1r_2\cdots r_k \geq e^{-\lambda} > r_1r_2\cdots r_k r_{k+1}$,令 $X=K$,则 $X\sim P(\lambda)$。
C 语言实现程序:

```
#include <stdio.h>
#include <stdlib.h>
#include <math.h>
#include <time.h>
bool PoissonRandom(double p,int * x,int n);
```

```c
void main()
{
  int i,n;
  double p;
  int *x;
  n=200;
  x=(int *)malloc(n*sizeof(int));
  printf("产生 Poisson 分布随机数.\n");
  p=15.6;
  PoissonRandom(p,x,n);
  for(i=0;i<n;i++)
  printf("%6d ",x[i]);
  printf("\n");
  if(x) free(x);
}
/* 产生参数为 p 的 Poisson 分布随机数 */
// n－－－－随机变量个数
//x[n]－－数组
bool PoissonRandom(double p,int *x,int n)
  {
  int i,k;
  double t,u,s;
  if(p<=0||n<1) return false;
  if(x==NULL) return false;
  srand(time(NULL));
  for(i=0;i<n;i++)
  {
  s=0;
  k=-1;
  while(s<1.0)
  {
  u=rand();
  while(u==0)   u=rand(); /* 防止 u=0 */
  u=1.0*u/RAND_MAX; /* 产生[0,1]均匀分布随机数 */
  t=-1.0/p*log(u); /* 产生负指数分布的随机数 */
  s+=t;
  k++;
  }
  x[i]=k;
  }
  return true;
}
```

2.10 几何分布

几何分布(记为 $G(p)$)的概率分布为
$$P\{X=k\}=q^{k-1}p, \quad k=1,2,3,\cdots$$
用直接抽样法可得算法如下：
(1) 产生 $r \sim U(0,1)$；
(2) 令 $X = \left[\dfrac{\ln r}{\ln(1-p)}\right]$，并输出服从 $G(p)$ 的随机数 X。

C 语言实现程序：

```c
#include <stdio.h>
#include <stdlib.h>
#include <math.h>
#include <time.h>

#define Pi 3.1415926
#define eps 0.00000001
bool GeometryRandom(double p,int n,int *x);
void main()
{
    int i,n;
    double p;
    int *x;
    n=200;
    x=(int *)malloc(n*sizeof(int));
    printf("产生几何分布随机数.\n");
    p=0.2;
    GeometryRandom(p,n,x);
    for(i=0;i<n;i++)
        printf("%6d ",x[i]);
    printf("\n");
    if(x) free(x);
}

//产生 n 个参数为 p 的几何分布的随机变量
bool GeometryRandom(double p,int n,int *x)
{
    int i,k;
    double u;
    if(p<=0||p>=1) return false;
    if(x==NULL) return false;
    srand(time(NULL));
```

```
    for(i=0;i<n;i++)
    {
      k=rand();
      while(k==0) k=rand();
      u=1.0*k/RAND_MAX;
      x[i]=1+int(log(u)/log(1.0-p));
    }
    return true;
  }
```

2.11 负二项分布

负二项分布(记为 $B^-(r,p)$)的概率分布为
$$P\{X=k\}=C_{r+k-1}^{r-1}p^r(1-p)^k, \quad k=0,1,2,\cdots$$
表示第 r 次成功发生在第 $r+k$ 次实验。

设 $X \sim B^-(r,p)$,令 $Y=X+r$,$P\{Y=m\}=C_{m-1}^{r-1}p^r(1-p)^{m-r}(m=r,r+1,\cdots)$,称 Y 服从帕斯卡分布。如果 $Y_1,Y_2,\cdots,Y_r$ 服从几何分布且相互独立,则 $Y=\sum_{i=1}^{r}Y_i$ 服从帕斯卡分布,从而 $Y-r=X \sim B^-(r,p)$。利用这一性质,负二项分布 $Y-r=X \sim B^-(r,p)$ 的抽样法如下:

(1) 产生 $Y_1,Y_2,\cdots,Y_r \sim G(p)$(几何分布),相互独立;

(2) 令 $X=\sum_{i=1}^{r}Y_i-r$,并输出服从 $B^-(r,p)$ 的随机数 X。

C 语言实现程序:
```
#include <stdio.h>
#include <stdlib.h>
#include <math.h>
#include <time.h>
#define Pi 3.1415926
#define eps 0.00000001
bool NegaBinoRandom(int r,double p,int n,int *x);
void main()
{
int i,n,r;
double p;
int *x;
n=200;
x=(int*)malloc(n*sizeof(int));
printf("产生负二项分布随机数.\n");
r=12;
p=0.4;
NegaBinoRandom(r,p,n,x);
for(i=0;i<n;i++)
```

```
    printf("%6d ",x[i]);
    printf("\n");

    if(x) free(x);
}
//负二项分布
//方法：
//X=Y1+Y2+…+Yr-r
//其中 Yi 服从几何分布

    //产生负二项分布的 n 个随机变量
    //r－－－－二项分布参数,代表成功次数
    //p－－－－二项分布参数,代表每次实验成功的概率
    //n－－－－产生随机变量个数
    //x[n]－－－－返回随机变量的数组
bool NegaBinoRandom(int r,double p,int n,int * x)
{
    int z,i,k,m;
    double u;
    if(p<=0||p>=1) return false;
    if(x==NULL) return false;
    srand(time(NULL));
    for(z=0;z<n;z++)
    {
        m=0;
        for(i=0;i<r;i++)
        {
            k=rand();
            while(k==0) k=rand();
            u=1.0*k/RAND_MAX;
            m+=1+int(log(u)/log(1.0-p));
        }
        x[z]=m-r;
    }
    return true;
}
```

第 3 章 概率中的随机模拟实验

对概率论中的一些具体问题进行计算机模拟,具有下述优点:

(1)可以帮助建立概率模型。有的概率问题开始时往往不知如何下手,如果把计算机模拟过程考虑清楚了,可以帮助建立概率的理论模型与计算。

(2)可以验证模型的正确性。通过模拟值与理论值进行比较,可以在很大程度上验证所建立的概率理论模型是否正确,增强对所建概率模型的信心。

(3)可以培养解决实际问题的能力。通过计算机模拟,可以培养动手能力和解决实际问题的能力。因为有的问题理论上很难求解,这时往往只能通过计算机模拟。有的问题理论计算很复杂,而计算机模拟则容易得到一个满意的结果。

本章主要介绍几个古典概型的模拟实验、参数估计的模拟实验、中心极限定理实验。程序语言主要采用 C 语言,只有中心极限定理实验为作图和简化起见采用 MATLAB 编制。

3.1 电梯问题理论计算与模拟实验

问题 有 r 个人在一楼进入电梯,楼上共有 n 层。设每个乘客在任何一层楼出电梯的概率相同,试建立一个概率模型,求直到电梯中的人下完为止,电梯需停次数的数学期望,并对 $r=10, n=7$ 进行计算机模拟验证。

分析 把电梯作为考虑对象,电梯每层要么停要么不停,只有这两种情况。而停与不停是随机的,因此可把电梯每层停与不停用一个随机变量表示,从而可定义一个随机变量序列为

$$\xi_i = \begin{cases} 0, & \text{楼上第 } i \text{ 层电梯不停} \\ 1, & \text{楼上第 } i \text{ 层电梯要停} \end{cases}$$

$\xi_i = 0$ 时当且仅当第 i 层电梯没有一个人出电梯,每个人在第 i 层不出电梯的概率为 $1 - \frac{1}{n}$,而每个人出与不出电梯又是独立的,因此所有 r 个人都不出电梯的概率为

$$P(\xi_i = 0) = (1 - \frac{1}{n})^r$$

则

$$P(\xi_i = 1) = 1 - (1 - \frac{1}{n})^r$$

ξ_i 的数学期望为

$$E\xi_i = 1 - (1 - \frac{1}{n})^r$$

记 $\xi = \xi_1 + \xi_2 + \cdots + \xi_n$,则 ξ 为电梯停的次数。

ξ 的数学期望为

$$E\xi = E\xi_1 + E\xi_2 + \cdots + E\xi_n = n\left[1 - (1 - \frac{1}{n})^r\right]$$

计算机模拟算法思想：为用 C 语言编程方便，考虑楼上 n 层的序号记为 $0,1,2,\cdots,n-1$，该记法不影响结果。定义整型数组 $x[n]$，并将其 n 个元素的初始值置 0。计算机随机产生 $0\sim n-1$ 的 r 个随机整数，若该数为 i，则令 $x[i]=1$，表示第 i 层电梯有人要下，从而电梯在该层要停；当有多人在第 i 层要下时，仍用 $x[i]=1$ 表示。统计数组 $x[n]$ 中为 1 的元素个数，即为该次模拟实验电梯要停的次数。总共模拟实验 N 次，求其平均值，就是电梯所停次数的模拟值。

下面是 C 语言程序，采用标准 C 编制，可在 Turbo C 2.0, Borland C++ 3.0 或 Visual C++ 6.0 下运行。

```c
#include <stdio.h>
#include <stdlib.h>
#include <time.h>
#include <math.h>

/* 电梯问题 */
#define N 5000  /* 模拟总次数 */
#define m 10    /* 总共人数 */
#define n 7     /* 总共层数 */

void main()
{
    int i,j,k;
    int x[n];
    double p,q,total,num,err;
    p=pow(1.0-1.0/n,m); /* 指定层不停的概率 */
    q=1-p;  /* 指定层要停的概率 */
    total=n*q; /* 需停层数的理论值 */
    srand(time(NULL));  /* 初始化随机种子数 */
    num=0;
    for(k=0;k<N;k++)
    {
        for(i=0;i<n;i++)
            x[i]=0;
        for(j=0;j<m;j++)
        {
            i=rand()%n; /* 模拟第 j 个人在哪一层出电梯 */
            x[i]=1;  /* 第 j 个人若在第 i 层停则令该层为 1 */
        }
        for(i=0;i<n;i++)
            if(x[i]==1) num++;   /* 统计一次实验中停的层数 */
    }  /* 完成总共模拟次数 */
    num=num*1.0/N;     /* 需停次数的模拟计算值 */
    err=fabs(total-num)/total; /* 计算相对误差 */
    printf("电梯需停次数的期望值=%7.4f  模拟值=%7.4f 相对误差=
```

```
           %8.4f%%\n", total,num, err * 100);
}
```
某两次运行结果如下：

第一次结果：

    电梯需停次数的期望值 = 5.5016 模拟值 = 5.5262 相对误差 = 0.4473%

第二次结果：

    电梯需停次数的期望值 = 5.5016 模拟值 = 5.5128 相对误差 = 0.2037%

从模拟结果来看，期望值与模拟值很接近，相对误差在 0.5% 以内，可以验证该该理论模型与计算的正确性。

MATLAB 程序如下：

```
N=10000；%模拟次数
m=10；%总共人数
n=7；%电梯层数

p=(1.0-1.0/n)^m；% 指定层不停的概率
q=1-p；%指定层要停的概率
total=n*q；%计算停次数的理论值

num=0；%统计停次数
for k=1:N

s=0；
x=zeros(1,n)；
for j=1:m
r=randint(1,1,[1,n])；%产生 1--n 的随机整数,表示第 j 人在第 r 层停
x(r)=1；
end
num=num+sum(x)；%统计该词模拟所停次数
end
Aver=sum(num)/N；
err=abs(total-Aver)/total；%计算相对误差
fprintf('电梯需停次数的期望值=%7.4f  模拟值=%7.4f 相对误差=%8.4f%%\n', total,Aver, err * 100);
```

某次模拟结果：

  电梯需停次数的期望值= 5.5016 模拟值= 5.5132 相对误差= 0.2110%

3.2 信与信封匹配问题理论计算与模拟实验

问题 某人先写了 n 封投向不同地址的信，再写 n 个标有这 n 个地址的信封，然后在每个信封内装入一封信，试求：

(1) 至少有一封信放对的概率。

(2) 放对信封数的数学期望。

(3) 对 $n=10$ 时以上两个问题进行计算机模拟验证。

分析 (1) 记 A_i: 第 i 封信与信封匹配, B: 至少有一封信与信封匹配, 则 $B = A_1 \cup A_2 \cup \cdots \cup A_n$。

容易得到

$$P(A_i) = \frac{(n-1)!}{n!} = \frac{1}{n}$$

$$P(A_i A_j) = \frac{(n-2)!}{n!} = \frac{1}{n(n-1)}$$

$$P(A_i A_j A_k) = \frac{(n-3)!}{n!} = \frac{1}{n(n-1)(n-2)}$$

$$\vdots$$

$$P(A_1 A_2 \cdots A_n) = \frac{1}{n}$$

由一般加法公式,有

$$P(A_1 \cup A_2 \cup \cdots \cup A_n) = \sum_{i=1}^{n} P(A_i) - \sum_{i<j}^{n} P(A_i A_j) + \sum_{i<j<k}^{n} P(A_i A_j A_k) + \cdots + (-1)^{n-1} P(A_1 A_2 \cdots A_n)$$

可得

$$P(B) = P(A_1 \cup A_2 \cup \cdots \cup A_n) = C_n^1 \frac{1}{n} - C_n^2 \frac{1}{n(n-1)} + C_n^3 \frac{1}{n(n-1)(n-2)} - \cdots + (-1)^{n-1} \frac{1}{n!} =$$

$$1 - \frac{1}{2!} + \frac{1}{3!} - \cdots + (-1)^{n-1} \frac{1}{n!}$$

由

$$e^{-x} = 1 - x + \frac{x^2}{2!} - \frac{x^3}{3!} + \frac{x^4}{4!} - \cdots + (-1)^n \frac{x^n}{n!} + \cdots$$

令 $x=1$, 则

$$1 - e^{-1} = 1 - \frac{1}{2!} + \frac{1}{3!} - \cdots + (-1)^{n-1} \frac{1}{n!} + \cdots$$

故

$$\lim_{n \to \infty} P(B) = \sum_{n=1}^{\infty} (-1)^{n-1} \frac{1}{n!} = 1 - \frac{1}{e} = 0.632\,120\,54$$

(2) 记 $\xi_i = \begin{cases} 0, & \text{第 } i \text{ 封信与地址不匹配} \\ 1, & \text{第 } i \text{ 封信与地址匹配} \end{cases}$, 则 $P(\xi_i = 1) = \frac{1}{n}$, $P(\xi_i = 0) = 1 - \frac{1}{n}$。

ξ_i 的数学期望为

$$E\xi_i = 1 \frac{1}{n} + 0(1 - \frac{1}{n}) = \frac{1}{n}$$

记 $\xi = \xi_1 + \xi_2 + \cdots + \xi_n$, 则 ξ 为 n 封信总共放对的信件数。

ξ 的数学期望为

$$E\xi = E\xi_1 + E\xi_2 + \cdots + E\xi_n = n \frac{1}{n} = 1$$

计算机模拟算法思想:每一次模拟,关键是产生一个 $1 \sim n$ 的随机全排。若第 i 个位置为

i,表示该封信放对了,否则表示没有放对。由此可计算第 k 次模拟放对的信件数 m_k。定义序列 a_k 如下:

若 $m_k \geqslant 1$,则令 $a_k = 1$,表示第 k 次模拟至少放对一封信;

若 $m_k = 0$,则令 $a_k = 0$,表示第 k 次模拟一封信也没有放对。

设总共进行 N 次模拟,则模拟得到的放对信件数平均值 $M = \dfrac{\sum\limits_{i=1}^{i=N} m_k}{N}$。至少有一封放对的次数为 $\sum\limits_{k=1}^{N} a_k$,至少有一封放对的频率为 $V = \dfrac{\sum\limits_{k=1}^{N} a_k}{N}$,该频率值即为至少有一封信放对的概率模拟值。

要完成计算机模拟,关键是如何产生 $1 \sim n$ 的一个随机全排。一个最简单的思路是先产生一个 $1 \sim n$ 的随机整数 i_1,再产生一个随机整数 i_2。若 $i_2 \neq i_1$ 则满足要求,否则再产生一个新的随机整数,直到不同于 i_1 为止。若已产生了 $1 \sim n$ 的 k 个随机整数,则要求产生的第 $k+1$ 个整数不同于前面的 k 个随机整数。结果越到后面速度越慢,因此该算法效率比较低。下面介绍两种有效的算法。

算法一:随机交换法。该算法的思想是先将序号 $1, 2, \cdots, n$ 赋予整型数组 x,然后对 x 中各元素随机交换一定次数。这里交换的次数是随机的,如 1 000 次或 3 000 次不等,从而在数组 x 中得到一个随机全排列。每交换一个随机次数,就得到一个新的随机全排列。算法如下:

(1) 定义一个 n 维的数组 x,并将 $1, 2, \cdots, n$ 分别赋值于 x。

(2) 产生一个随机整数 k,用作控制交换的总次数。

(3) 在每次交换前产生两个随机自然数 i 和 j,满足 $1 \leqslant i \leqslant n, 1 \leqslant j \leqslant n$;然后交换 $x[i]$ 和 $x[j]$。

重复执行步骤(3) k 次,顺序输出数组 x 中的元素得到 $1, 2, \cdots, n$ 的一个随机全排。

该算法中由于交换的总次数是随机的,而在每次交换中,交换的两个位置也是随机的,因而能实现数组中元素的随机全排。由于每次交换的位置是随机的,因此不妨把该算法称做随机交换法。

本节程序即采用该算法,交换次数固定为 1 000 次。

算法二:随机选取法。该算法的思想是先将序号 $1, 2, \cdots, n$ 赋予整型数组 x,每次从 x 中随机选取一个数,然后再从剩下的数中随机选取一个,重复 $n-1$ 次,就可以实现 x 中元素的随机全排。具体算法如下:

(1) 定义一个 n 维的数组 x,并将 $1, 2, \cdots, n$ 分别赋值于 x。

(2) 置 $k = n$,产生一个介于 $1 \sim k$ 之间的随机整数 i,将 $x[k]$ 与 $x[i]$ 交换。

(3) 若 $k > 1$,则将 $k-1$ 赋予 k,并重复(2);若 $k = 1$,则结束程序。

通过以上步骤,也实现了对数组 x 中元素的随机全排。由于该算法每次从剩下元素中随机选取一个元素,因而不妨把该算法称做随机选取法。

对上面两种算法,相比较而言,随机选取法的效率更高些,它的总交换次数固定为 $n-1$ 次。

若在本程序中要采用该算法,只需要把程序中的产生随机全排的函数 Disturb(int x[n])

改写如下：
```
void Disturb(int x[n])
{
int i,j,k,temp;
k=n;
for(j=0;j<k;j++)
{
i=rand()%k;
temp=x[i];
x[i]=x[k-1]; /* C语言中下标从0开始,因此第k个数下标为k-1 */
x[k-1]=temp;
k--;

}
```

下面是计算机模拟的C语言程序：

```
#include <stdio.h>
#include <stdlib.h>
#include <time.h>
#include <math.h>
/* 信与信封匹配问题 */
#define N 2000  /* 模拟次数 */
#define n 10    /* 定义信的件数 */
void DisTurb(int x[n]);
int Right(int x[n]);
double GetJie(int m);
void main()
{
 int i,x[n],k;
 int num=0;
 double aver,s,sum;
 srand(time(NULL));  /* 初始化随机种子数 */
 for(i=0;i<n;i++)
    x[i]=i+1;       /* 先指定一种排列 */
    s=0;
 for(i=0;i<N;i++)
    {
        DisTurb(x); /* 获得信与信封的一种随机匹配 */
        k=Right(x); /* 获得该次实验放对的信件数 */
        num+=k;     /* 统计总共放对的信件数 */
        if(k>=1) s+=1; /* 统计至少放对一封信的次数 */
    }
    aver=num*1.0/N; /* 计算平均每次放对的信的件数 */
    s=s*1.0/N;      /* 计算N次实验中至少放对一封信的频率值 */
```

```
    printf("放对信件数的期望值=1.0    模拟值=%8.6f \n",aver);
      sum=0.0;
    for(i=1;i<=n;i++)
    { /* 计算至少放对一封信的理论概率值 */
        if(i%2==1) sum+=GetJie(i);
        else sum-=GetJie(i);
    }
    printf("至少放对一封信的频率值=%10.8f 概率值=%10.8f 极限值=%10.8f\n",s,sum,1.0-exp(-1));
}
void DisTurb(int x[n]) /* 产生 n! 的一个随机排列 */
{
  int i,i1,i2,k;
  for(i=0;i<1000;i++)
  { /* 对 n! 的一个排列再随机交换 1000 次 */
      i1=rand()%n;
      i2=rand()%n;
      k=x[i1];
      x[i1]=x[i2];
      x[i2]=k;
  }
}
    int Right(int x[n]) /* 计算放对的信件数 */
{
    int i,k;
    k=0;
    for(i=0;i<n;i++)
        if(x[i]==i+1) k++;
    return k;
}
    double GetJie(int m) /* 计算 1/m! */
{
    double s;
    int i;
    s=1.0;
    for(i=1;i<=m;i++)
    s=s*i;
    s=1.0/s;
    return s;
}
```

某两次运行结果如下：

第一次结果：

放对信件数的期望值 = 1.0   模拟值 = 0.9795

至少放对一封信的频率值＝0.6235　概率值＝0.63212054　极限值＝0.63212056
第二次结果：
放对信件数的期望值＝1.0　模拟值＝1.013
至少放对一封信的频率值＝0.6435　概率值＝0.63212054　极限值＝0.63212056

从模拟结果来看，放对信件数的期望值与模拟值很接近；至少放对一封信的概率值与频率很接近。因此该模拟验证了理论计算的正确性。

MATLAB 程序如下：

```
N=3000;  %模拟次数
n=10;    %信件数

x=zeros(1,n);  %每次模拟产生信件的随机排列


Total1=0; %统计放对信件数
Total2=0; %统计至少放对1封次数
for k=1:N

    for i=1:n
        x(i)=i;   %给定初始顺序
    end

    for Times=1:1000
      k1=floor(1+n*rand(1,1));
      k2=floor(1+n*rand(1,1));
      temp=x(k1);
      x(k1)=x(k2);     %将 x 中置乱
      x(k2)=temp;
    end

    s=0;
    for i=1:n
        if x(i)==i s=s+1; end  %该次实验放对的信件数
    end
    Total1=Total1+s;    %统计总共放对信件数
  if s>0 Total2=Total2+1;  end   %统计至少放对1封的次数
end

Aver1=Total1/N; %平均放对信件数
Aver2=Total2/N; %至少放对1封频率

fprintf('放对信件数的期望值=1.0  模拟值=%8.4f \n',Aver1);
fprintf('至少放对一封信的频率值=%10.4f 极限值=%10.8f\n',Aver2,1.0-exp(-1));
```

某次模拟结果:

放对信件数的期望值=1.0 模拟值=1.0107

至少放对一封信的频率值=0.6400 极限值=0.63212056

3.3 投骰子问题理论计算与模拟实验

问题 一颗骰子投 4 次至少得到一个六点与两颗骰子投 24 次至少得到一个双六点,这两个事件哪一个概率更大?

这是一个典型的古典概率问题,它是德梅尔(Demel)向巴斯卡(Pascal)提出的问题之一,在概率发展史上颇有名气。

分析与求解 记 A:一颗骰子投 4 次至少得到一个六点,B:两颗骰子投 24 次至少得到一个双六点,则 $\bar{A}$ 表示一颗骰子投 4 次没有出现一个六点,$\bar{B}$ 表示两颗骰子投 24 次没有出现一个双六点。

由于每次实验是独立的,一颗骰子投 1 次不出现六点的概率为 $\frac{5}{6}$,投 4 次不出现六点的概率 $P(\bar{A})=(\frac{5}{6})^4$,从而一颗骰子投 4 次至少得到一个六点的概率为

$$P(A)=1-(\frac{5}{6})^4=0.5177$$

由于每次实验是独立的,投 1 次双骰子不出现双六点的概率为 $\frac{35}{36}$,投 24 次双骰子不出现双六点的概率 $P(\bar{B})=(\frac{35}{36})^{24}$,从而一两颗骰子投 24 次至少得到一个双六点的概率为

$$P(B)=1-(\frac{35}{36})^{24}=0.4915$$

从而事件 A 的概率比事件 B 的概率大。

下面是 C 语言源程序,其中函数 Make_4_Time() 完成一颗骰子投 4 次的模拟实验,若得到一个六点则返回 1,否则返回 0;函数 Make_24_Time() 完成两颗骰子投 24 次的模拟实验,得到一个双六点则返回 1,否则返回 0。

```
#include <stdio.h>
#include <time.h>
  int Make_4_Time();
  int Make_24_Time();
  #define N 10000    /* 定义总实验次数  */
main()
{
int i,j,k,s1,s2;
float p1,p2;
srand(time(0)); /*  初始化随机种子数  */
  s1=0;
  for(i=0;i<N;i++)
    s1+=Make_4_Time();  /* 计算进行 N 次模拟中出现六点的次数  */
```

```
    p1=1.0*s1/N;        /* 计算进行 N 次模拟中出现六点的频率 */
    s2=0;
    for(i=0;i<N;i++)
    s2+=Make_24_Time();/* 计算进行 N 次模拟中出现双六点的次数 */
    p2=1.0*s2/N; /* 计算进行 N 次模拟中出现双六点的频率 */
    printf("出现六点的频率 p1=%7.4f   出现双六点的频率 p2=%7.4f\n",p1,p2);
}

int Make_4_Time()    /* 该函数模拟一颗骰子投 4 次的实验 */
{                    /* 若一次实验得到一个六点则返回1,否则返回 0 */
  int i,x[4],k;
  for(i=0;i<4;i++)
  x[i]=1+rand()%6;   /* 模拟投 4 次骰子的实验,即产生 1 到 6 的 4 个随机整数 */
  k=0;
  for(i=0;i<4;i++)
  if(x[i]==6)   /* 判断该次实验中是否出现一个六点 */
    {
    k=1;
    break;
    }
    return k;
}
int Make_24_Time()/* 该函数模拟两颗骰子投 24 次的实验  */
{                 /* 若一次实验得到一个双六点则返回1,否则返回 0 */
 int x[24][2],i,k;
 for(i=0;i<24;i++)
   { /* 模拟投 24 次双骰子的实验 */
   x[i][0]=1+rand()%6; /* 投第一次骰子,得到1个1到6的随机整数 */
   x[i][1]=1+rand()%6; /* 投第二次骰子,得到1个1到6的随机整数 */
   }
   k=0;
   for(i=0;i<24;i++)
   if(x[i][0]==6&&x[i][1]==6)   /* 判断该次实验中是否出现一个双六点 */
     {
   k=1;
   break;
     }
      return k;
}
```

下面是连续 5 次实验出现的结果:
出现六点的频率 p1= 0.5174   出现双六点的频率 p2= 0.4934

出现六点的频率 p1＝ 0.5268　　出现双六点的频率 p2＝ 0.4933
出现六点的频率 p1＝0.5162　　出现双六点的频率 p2＝0.4877
出现六点的频率 p1＝0.5132　　出现双六点的频率 p2＝0.4883
出现六点的频率 p1＝0.5150　　出现双六点的频率 p2＝0.4890

从模拟结果来看，p1 与理论值 0.517 7 接近；p2 与理论值 0.491 4 接近。而且每次模拟，始终有 p1＞p2，这也与理论事实相同，验证了理论计算的正确性。

3.4　电力供应问题理论计算与模拟实验

问题　某车间有 200 台车床，它们相互独立工作，各车床开工率为 0.6 kW，开工时耗电为 1kW，问供电所至少要供给车间多少电力，才能以 99.9% 的概率保证这个车间不会因供电不足而影响生产？

解　该问题相当于实验次数 $n＝200$ 的贝努利实验，若把某台车床在正常工作看作成功，则出现成功的概率为 0.6。记某时刻在正常工作的车床数为随机变量 ξ，则 ξ 服从 $p＝0.6$ 的二项分布。问题转化为求最小的整数 m，使

$$P(\xi \leqslant m) = \sum_{k=0}^{m} C_{200}^{k} (0.6)^k (0.4)^{200-k} \geqslant 0.999$$

上式不容易直接计算。由于随机变量 ξ 可看作 200 个服从两点分布的独立随机变量之和，即

$$\xi = \xi_1 + \xi_2 + \cdots + \xi_{200}$$

其中，序列 $\{\xi_i\}$ 相互独立，且 $P(\xi_i=1)=0.6$，$P(\xi_i=0)=0.4$，因此可采用中心极限定理近似计算。

计算 ξ 的期望：　　　　$E\xi = 200 \times 0.6 = 120$
计算 ξ 的方差：　　　　$D\xi = 200 \times 0.6 \times (1-0.6) = 48$

而　$P(\xi \leqslant m) = \sum_{k=0}^{m} C_{200}^{k}(0.6)^k(0.4)^{200-k} = \Phi\left(\frac{m-E\xi+0.5}{\sqrt{D\xi}}\right) - \Phi\left(\frac{0-E\xi-0.5}{\sqrt{D\xi}}\right) =$

$$\Phi\left(\frac{m-119.5}{\sqrt{48}}\right) - \Phi\left(\frac{-119.5}{\sqrt{48}}\right) \approx \Phi\left(\frac{m-119.5}{\sqrt{48}}\right) \geqslant 0.999$$

其中，$\Phi(x)$ 为正态分布的分布函数。

查正态分布函数表，得 $\dfrac{m-119.5}{\sqrt{48}} = 3.1$，从而 $m = 140.97 \approx 141$。

另外，利用计算机采用二项分布直接计算，可得 $P\{X \leqslant 140\} = 0.998\ 687\ 03$，$P\{X \leqslant 141\} = 0.999\ 208\ 71$，因此取 $m=141$，即以不低于 0.999 的概率保证 200 台车床在任一时刻正常工作的只有 141 台。而每台车床耗电为 1 kW，从而只需要供电 141 kW 就能以 0.999 的概率保证不会因供电不足而影响生产。

计算机模拟思想：该问题相当于进行 1 000 次模拟实验，每次模拟产生 200 台车床正常工作的台数，计算 999 次不超过的最小值。即对模拟得到的 1 000 个数值按从小到大排序，输出倒数第二个值。

下面是 C 语言源程序：

```
# include <stdio.h>
# include <stdlib.h>
# include <time.h>
# define N 1000    /* 定义模拟次数 */
# define M 200     /* 定义考虑的车床数 */
# define prob 0.6  /* 定义车床正常工作的概率 */
main()
{
int i,j,temp,x[N];
srand(time(0));
for(i=0;i<N;i++)
 x[i]=Binory();/* 返回一次模拟中正常工作的车床数 */

  for(i=0;i<N-1;i++)
   for(j=i+1;j<N;j++)
   {
    if(x[j]<x[i]) /* 对每次模拟正常工作的车床数按从小到大排序 */
     {
     temp=x[i];
     x[i]=x[j];
     x[j]=temp;
     }
   }
   printf("%5d\n",x[N-2]);
   getch();
}
int Binory()  /* 产生一次实验中 200 台车床正常工作的台数 */
{
 int i,s;
 float t;
 s=0;
 for(i=0;i<M;i++)
 {
  t=1.0*rand()/RAND_MAX; /* 产生一个 0 到 1 之间的随机实数 */
  if(t<prob) s++; /* 如果该数小于概率值 0.6,则表示该台车床正常工作 */
  }
  return s;/* 返回正常工作的车床数 */
 }
```

如某连续 10 次模拟结果如下：

142, 141, 141, 142, 141, 140, 140, 139, 140, 140

从结果来看,这些模拟数值都在理论值 141 周围波动,而且偏离只有 2 左右,足见模拟数值与理论计算是相吻合的。

3.5 销售问题理论计算与模拟实验

问题 某商店中出售某种商品,根据历史记录分析,每月销售量服从 Poisson 分布,参数 $\lambda=7$,问在月初进货时要库存多少件此种商品,才能以 0.999 的概率充分满足顾客的需要。

分析与求解 设 ξ 为每月需求量,则 ξ 服从参数为 $\lambda=7$ 的 Poisson 分布。设要在月初进货 m 件商品,才能以 0.999 的概率充分满足顾客的需要,则 $P(\xi<=m)\geqslant 0.999$。只要求出满足该式的最小 m 就可以了。

则
$$P(\xi\leqslant m)=\sum_{k=0}^{m}\frac{7^k e^{-7}}{k!}\geqslant 0.999$$

可计算出最小的 $m=16$。

计算机模拟设计:该问题相当于进行 1 000 次模拟试验,只要 999 次能满足顾客的需要就行了。因此只需要产生 1 000 个服从参数 $\lambda=7$ 的 Poisson 分布,然后按从小到大排序,求出第 999 个数就可以了。

这里给出产生 Poisson 分布随机变量的算法。

Poisson 分布 $P(\lambda)$ 的密度函数为

$$f(x)=\frac{\lambda^x e^{-\lambda}}{x!}\quad(\lambda>0;x=0,1,2,3,\cdots)$$

算法 PQ:

可以证明:若 $R_1,R_2,\cdots,R_n$ 独立同分布 $U(0,1)$,令 $X_n=R_1 R_2\cdots R_n=\prod_{i=1}^{n}R_i$,则 X_n 的密度函数为

$$f(x)=\frac{(-\ln x)^{n-1}}{(n-1)!}\quad(0<x<1)$$

利用这一性质得算法 PQ:

(1) 产生 $r_1,r_2,\cdots \sim U(0,1)$;

(2) 若 $1<e^{-\lambda}$,令 $X=0$;

(3) 若整数 k 满足:

$$r_1 r_2\cdots r_k\geqslant e^{-\lambda}>r_1 r_2\cdots r_k r_{k+1}$$

令 $X=K$。

则
$$X\sim P(\lambda)$$

模拟 C 语言程序如下:

```c
#include <stdio.h>
#include <stdlib.h>
#include <math.h>
#define N 1000   /*定义模拟次数*/
int Possion(double t);
main()
{
    int i,j,k,x[N];
    float t;
```

```
srand(time(0));

t=7.0;   /* 指定参数 λ=7 */
for(i=0;i<N;i++)
x[i]=Possion(t);   /* 产生 N 个 Poisson 分布的随机数 */
for(i=0;i<N-1;i++)
for(j=i+1;j<N;j++)
{
  if(x[j]<x[i])
  {
    k=x[i];
    x[i]=x[j]; /* 对产生的 N 个随机数按从小到大进行排序 */
    x[j]=k;
  }
}
printf("%5d\n",x[N-2]); /* 输出第 N-1 个数 */
}
int Possion(double t)   /* 产生参数为 t 的 Possion 分布随机数 */
{
  int i,n;
  float x,u,s;
  s=0;
  n=-1;
  while(s<1.0)
  {
    u=rand();
    while(u==0)   u=rand();  /* 防止 u=0 */
    u=1.0*u/RAND_MAX; /* 产生[0,1]均匀分布随机数 */
    x=-1.0/t*log(u); /* 产生负指数分布的随机数 */
    s+=x;
    n++;
  }
  return n; /* 返回 Poisson 分布随机数 */
}
```

某 12 次模拟结果如下：
16,15, 15,14,16,16,17,16,15,17,16,16

从结果来看，与理论计算值 17 很接近，说明模拟结果与实际计算相吻合。

3.6 报童问题理论计算与模拟实验

问题 设某报每日的潜在卖报数 ζ 服从参数为 λ 的 Poisson 分布。如果每卖出一份报可得报酬 a 元，卖不掉而退回则每份赔偿 b 元。若某日该报童买进 n 份报，试求其期望所得，并对 $a=1.5, b=0.6, \lambda=120$，买进报数 $n_1=100, n_2=140$ 分别作计算机模拟。

分析 当市场需求 $\zeta<n$，将只能卖出 ζ 份报；当市场需求 $\zeta \geqslant n$，则将卖出全部 n 份报。

而 ζ 服从参数为 λ 的 Poisson 分布。设随机变量 ξ 为实际卖出的报数,则易知其为截尾的 Poisson 分布,即

$$P(\xi=k)=\begin{cases}\dfrac{\lambda^k}{k!}\mathrm{e}^{-\lambda}, & k<n \\ \sum_{k=n}^{\infty}\dfrac{\lambda^k}{k!}\mathrm{e}^{-\lambda}, & k=n\end{cases}$$

记收入为随机变量 η,则 η 与 ξ 的关系为

$$\eta=g(\xi)=\begin{cases}an, & \xi=n \\ a\xi-b(n-\xi), & \xi<n\end{cases}$$

期望所得为

$$Eg(\xi)=\sum_{k=0}^{n-1}\dfrac{\lambda^k}{k!}\mathrm{e}^{-\lambda}[ka-(n-k)b]+\left(\sum_{k=n}^{\infty}\dfrac{\lambda^k}{k!}\mathrm{e}^{-\lambda}\right)na=$$
$$(a+b)\sum_{k=0}^{n-1}k\dfrac{\lambda^k}{k!}\mathrm{e}^{-\lambda}-n(a+b)\sum_{k=0}^{n-1}\dfrac{\lambda^k}{k!}\mathrm{e}^{-\lambda}+na$$

模拟 C 语言程序如下:

```
#include <stdio.h>
#include <stdlib.h>
#include <time.h>

#include <math.h>
#define N 1000   /* 定义模拟次数 */

#define lp 120   /* 定义 Poisson 分布参数 */

int Poisson(double t);
void main()
{
 int i,x;
 double t,s1,s2;
 int n1=100,n2=140;  /* 定义买进 n1、n2 份报 */
 double a=1.5;  /* 卖一份报的报酬 a 元 */
 double b=0.6;  /* 退回一份报赔偿 b 元 */

 srand(time(0));

 t=lp;   /* 指定 Poisson 分布参数   */
   s1=0;
   s2=0;
 for(i=0;i<N;i++)
 {
  x=Poisson(t);   /* 产生 N 个 Poisson 分布的随机数 */
  if(x<n1)
  s1+=a*x-b*(n1-x);//计算买 n1 份报的收入
```

```
    else
      s1+=a*n1;
    if(x<n2)  //计算买 n2 份报的收入
      s2+=a*x-b*(n2-x);
    else
      s2+=a*n2;
  }
  s1/=N;
  s2/=N;
  printf("%3d 份报期望所得为%6.2f 元.\n",n1,s1);
  printf("%3d 份报期望所得为%6.2f 元.\n",n2,s2);
}
int Poisson(double t)   /* 产生参数为 t 的 Poisson 分布随机数 */
{
  int n;
  double x,u,s;
  s=0;
  n=-1;
  while(s<1.0)
  {
    u=rand();
    while(u==0)   u=rand();  /* 防止 u=0 */
    u=1.0*u/RAND_MAX;  /* 产生[0,1]均匀分布随机数 */
    x=-1.0/t*log(u);  /* 产生负指数分布的随机数 */
    s+=x;
    n++;
  }
  return n;  /* 返回 Poisson 分布随机数 */
}
```

两次模拟结果如下：

第一次模拟结果：

100 份报期望所得为 149.72 元

140 份报期望所得为 167.88 元

第二次模拟结果：

100 份报期望所得为 149.77 元

140 份报期望所得为 167.94 元

可以计算出理论值为 100 份报期望所得为 149.74 元,140 份报期望所得为 167.65 元。可见模拟值与理论值十分接近。

3.7 轮船相遇问题理论计算与模拟实验

问题 甲乙两艘轮船驶向一个不能同时停泊两艘轮船的码头停泊,它们在一昼夜到达的时刻是等可能的,如果甲船停泊的时间是 1 h,乙船停泊的时间是 2 h,求它们的任何一艘都不需要等待码头空出的概率。

分析 该问题是一个几何概率问题。

设甲到达时刻为 X,乙到达时刻为 Y。由于甲乙轮船在一昼夜到达的时刻是等可能的,因而 $0 \leqslant X \leqslant 24, 0 \leqslant Y \leqslant 24$,且 X,Y 都服从 $[0,24]$ 上的均匀分布。

由条件,当甲先到时,则 $Y>X$,若乙不需要等待,则 $Y-X>1$;当乙先到时,则 $X>Y$,若甲不需要等待,则 $X-Y>2$。

两艘轮船的相遇示意图如图 3.1 所示,则不需要等待的概率为图中阴影部分面积与总面积的比值,即

$$P = \frac{0.5 \times 23^2 + 0.5 \times 22^2}{24 \times 24} = 0.879\ 3$$

采用计算机模拟,程序如下:

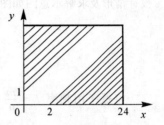

图 3.1 两艘轮船相遇示意图

```c
#include <stdio.h>
#include <stdlib.h>
#include <math.h>
#include <time.h>
#define N 5000    // 定义模拟次数
void main()
{
    int i,times;
    double x,y,prob,p;
    srand(time(NULL));
    times = 0;
    for(i = 0;i < N;i ++)
    {
        x = 24.0 * rand()/RAND_MAX;   // 模拟甲到达时刻
        y = 24.0 * rand()/RAND_MAX;   // 模拟乙到达时刻
        if(y - x > 1 || x - y > 2) times ++;  // 计算不需要等候的次数
    }
    prob = 1.0 * times/N;
    p = (0.5 * 22 * 22 + 0.5 * 23 * 23)/(24.0 * 24.0);
    printf("不需要等候的理论概率:%8.4f  模拟值:%8.4f\n",p,prob);
}
```

某次模拟结果如下:

不需要等候的理论概率:0.8793   模拟值:0.8760

3.8 蒲丰投针问题理论计算与模拟实验

问题 平面上有等距离的一些平行线,向此平面任意投长为 $l(l<a)$ 的针,试求针与任一平行线相交的概率。

分析 设 x 是针的中点 M 到最近平行线的距离,φ 是针与平行线的交角,则

$$0 \leqslant \varphi \leqslant \pi, \quad 0 \leqslant x \leqslant a/2$$

针与平行线相交满足条件：

$$0 \leqslant x \leqslant \frac{l}{2}\cos\varphi, \quad 0 \leqslant \varphi \leqslant \pi$$

投针情形及求解示意图如图 3.2 所示，则针与平行线相交概率为阴影部分与整个空间所占比率，即

$$P = \frac{\int_0^{\pi/2} \frac{l}{2}\cos\varphi \mathrm{d}\varphi}{\frac{a}{2}\pi} = \frac{2l}{a\pi}$$

将概率用频率 $f = \dfrac{m}{n}$ 代替，可估计出 π，则

$$\pi = \frac{2ln}{ma}$$

用计算机可以模拟真实的投针情况，统计出投针与平行线的相交次数。

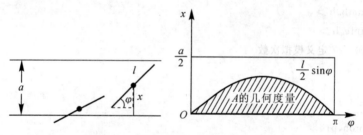

图 3.2 蒲丰投针情形及求解示意图

模拟 C 语言程序如下：

```
#include <stdio.h>
#include <stdlib.h>
#include <time.h>
#include <math.h>
#define Pi 3.1415926535
#define N 100000    //定义模拟次数
void main()
{
    double a=10; //平行线距离
    double l=9; //针长度
    double xc,yc,xl,yl,xr,yr,ct;
    int i,num;
    double prob,freq,gp;
    //针中点 xc 位于[a/2,3a/2],yc 位于[0,a/2]
    //ct 取[0,Pi];
    // - - - - - - - - - - - - - - - - - - a
    //        .(xr,yr)
    //        .(xc,yc)
    //        .(xl,yl)
```

```
//  ————————————————  0
srand(time(0));
   num=0;
for(i=0;i<N;i++)
{
  xc=a/2.0+1.0*a*rand()/RAND_MAX;
  yc=a/2.0*rand()/RAND_MAX;
  ct=Pi*rand()/RAND_MAX;
  xr=xc+l/2.0*cos(ct);
  yr=yc+l/2.0*sin(ct);
  xl=xc-l/2.0*cos(ct);
  yl=yc-l/2.0*sin(ct);
  if(yl<=0||yr<=0) num++;  //针与下面线相交
}
  prob=2.0*l/Pi/a;
  freq=1.0*num/N;
  gp=2*l/freq/a;
  printf("理论值是%6.5f,模拟值是%6.5f,估计 Pi=%6.4f\n",prob,freq,gp);
}
```

某两次模拟结果如下：

理论值是 0.57296,模拟值是 0.57385,估计 Pi = 3.1367

理论值是 0.57296,模拟值是 0.57091,估计 Pi = 3.1529

该程序模拟实际投针情形,结果表明模拟值与理论值很接近,利用频率估计 π 精度达到小数点后一位。

3.9 摸球问题理论计算与模拟实验

问题 盒中有 12 个乒乓球,其中 9 个是新的,第一次比赛时从中选出 3 个,比赛后仍放回盒中,第二次比赛时再从盒中选出 3 个。

(1) 求第二次取出的球都是新球的概率;

(2) 又已知第二次取出的球都是新球,求第一次取到的都是新球的概率。

分析 设 A_0 代表第一次取到的 3 个球全是旧的,A_1 代表第一次取到的 3 个球有 1 个新的,A_2 代表第一次取到的 3 个球有 2 个新的,A_3 代表第一次取到的 3 个球全是新的,B 代表第二次取到的 3 个球全是新的,由全概率公式,有

(1) $P(B)=\sum_{i=0}^{3}P(A_i)P(B|A_i)=\frac{C_9^0 C_3^3}{C_{12}^3}\frac{C_9^3}{C_{12}^3}+\frac{C_9^1 C_3^2}{C_{12}^3}\frac{C_8^3}{C_{12}^3}+\frac{C_9^2 C_3^1}{C_{12}^3}\frac{C_7^3}{C_{12}^3}+\frac{C_9^3 C_3^0}{C_{12}^3}\frac{C_6^3}{C_{12}^3}=$

$\frac{441}{3\ 025}=0.145\ 79$

(2) $P(A_3|B)=\frac{P(A_3)P(B|A_3)}{P(B)}=\frac{\frac{C_9^3 C_3^0}{C_{12}^3}\frac{C_6^3}{C_{12}^3}}{P(B)}=\frac{5}{21}=0.238\ 1$

模拟 C 语言程序如下：
```c
#include <stdio.h>
#include <stdlib.h>
#include <math.h>
#include <time.h>

#define N  300000  //模拟次数
#define X  9       //新乒乓球数
#define D  3       //旧乒乓球数

void main()
{
    int i,j,k,num1,num2,Q,*x;
    int s1,s2;
    double  prob1,prob2;

    Q=(X+D);//总共乒乓球数
    x=new  int[Q];

    srand(time(0));

    num1=0;
    num2=0;
    for(i=0;i<N;i++)
    {

        for(j=0;j<Q;j++)
        {
            if(j<D) x[j]=0; //旧乒乓球
            else x[j]=1;    //新乒乓球
        }

        s1=0;
        for(j=0;j<3;j++)
        {
            k=rand()%(Q-j);
            s1+=x[k];//计算第一次取到的新球数

            x[k]=x[Q-1-j];//让取过的球不再被取
        }

        //重设第二次选球前状态
        for(j=0;j<Q;j++)
```

```
        {
            if(j<(D+s1)) x[j]=0;  //旧乒乓球
            else x[j]=1;          //新乒乓球
        }

      s2=0;
      for(j=0;j<3;j++)
      {
        k=rand()%(Q-j);
        s2+=x[k];  //计算第二次取到的新球数

        x[k]=x[Q-1-j];//让取过的球不再被取
      }

      if(s2==3) num2++;  //计算第二次全是新球的次数
      if(s1==3&&s2==3) num1++;  //计算两次全是新球的次数
   }

   prob1=1.0*num2/N;
   prob2=1.0*num1/num2;

   printf("第二次取到全是新球的概率%8.5f,条件概率为%8.5f\n",\
          441.0/3025,5.0/21);
   printf("第二次取到全是新球的频率%8.5f,条件频率为%8.5f\n",\
          prob1,prob2);

   if(x)   delete x;

}
```

某次模拟结果为

第二次取到全是新球的概率 0.14579,条件概率为 0.23810
第二次取到全是新球的频率 0.14561,条件频率为 0.23739

3.10 进货问题理论计算与模拟实验

问题 设某种商品每周的需求量 X 是服从 $[10,30]$ 上均匀分布的随机变量,而经销商店进货数量为区间 $[10,30]$ 中的某一整数,商店每销售一单位商品可获利 500 元,若供大于求则销价处理,每处理 1 单位商品亏损 100 元;若供不应求,则可以从外部调剂供应,此时每 1 单位商品仅获利 300 元,为使商店所获利润期望值不少于 9 280 元,试确定最少进货量。

分析与求解 设进货量为 a,则利润为

$$H(X)=\begin{cases}500a+(X-a)300, & a<X\leqslant 30\\ 500X-(a-X)100, & 0\leqslant X\leqslant a\end{cases}=\begin{cases}300X+200a, & a<X\leqslant 30\\ 600X-100a, & 10\leqslant X\leqslant a\end{cases}$$

期望利润为

$$E[H(X)] = \int_{10}^{30} \frac{1}{20} H(x) dx = \frac{1}{20} \int_{10}^{a} (600x - 100a) dx + \frac{1}{20} \int_{a}^{30} (300x + 200a) dx =$$

$$\frac{1}{20} \left(600 \times \frac{x^2}{2} - 100ax\right) \Big|_{10}^{a} + \frac{1}{20} \left(300 \times \frac{x^2}{2} + 200ax\right) \Big|_{a}^{30} =$$

$$-7.5a^2 + 350a + 5\,250$$

依题意,有 $-7.5a^2 + 350a + 5\,250 \geqslant 9\,280$ 即

$$7.5a^2 - 350a + 4\,030 \leqslant 0$$

解之得

$$20\frac{2}{3} \leqslant a \leqslant 26$$

模拟 C 语言程序如下:

```
#include <stdio.h>
#include <stdlib.h>
#include <time.h>
#include <math.h>

#define N 8000   //定义模拟次数
double Get_Benifit(int a,int b);
void main()
{

int i,j,x;
double pr[21];

  srand(time(0));

   for(j=0;j<21;j++)
pr[j]=0.0;

for(i=0;i<N;i++)
{
  x=10+rand()%21; //产生一次市场需求 [10,30]

  for(j=10;j<=30;j++) //商店进货
  {
  //计算进货 10 到 30 件分别获利情况
    pr[j-10]+=Get_Benifit(x,j);
  }
}

for(j=0;j<21;j++)
pr[j]=1.0*pr[j]/N;

for(j=0;j<21;j++)
```

```
printf("进货量%2d 件,平均获利%8.2f\n",j+10,pr[j]);
}

//a-----市场需求
//b-----顾客进货量
double Get_Benifit(int a,int b)
{
    double s;
    if(b<=a)
    s=b*500+(a-b)*300;
    else
    s=a*500-(b-a)*100;
    return s;
}
```

某次模拟结果:

进货量 10 件,平均获利 7993.14
进货量 11 件,平均获利 8178.36
进货量 12 件,平均获利 8348.48
进货量 13 件,平均获利 8504.26
进货量 14 件,平均获利 8645.95
进货量 15 件,平均获利 8774.25
进货量 16 件,平均获利 8887.89
进货量 17 件,平均获利 8986.90
进货量 18 件,平均获利 9071.77
进货量 19 件,平均获利 9142.85
进货量 20 件,平均获利 9199.60
进货量 21 件,平均获利 9241.99
进货量 22 件,平均获利 9269.49
进货量 23 件,平均获利 9282.74
进货量 24 件,平均获利 9282.71
进货量 25 件,平均获利 9268.44
进货量 26 件,平均获利 9239.88
进货量 27 件,平均获利 9197.29
进货量 28 件,平均获利 9140.56
进货量 29 件,平均获利 9070.56
进货量 30 件,平均获利 8986.27

从模拟结果看,进货 23 件平均获利最大。

3.11 矿工选门问题理论计算与模拟实验

问题 矿工选门问题 一名矿工陷入一个有三扇门的矿井中,第一扇门通到一个隧道,走 $2h$ 可以到达安全区;第二扇门通到另一个隧道,走 $3h$ 回到矿井中;第三扇门通到又一个隧道,走 $5h$ 回到矿井中。假定矿工总是在可能的选择三扇门的任何一扇门,求矿工到达安全区的平均时间。

分析与求解 设矿工到达全区选择了第 2 扇门 k 次,选择了第 3 扇门 l 次。则该情况下矿工到达安全区的时间为

$$X = 2 + 3k + 5l \text{ h}$$

该情况种数为
$$C_{k+l}^{k}$$

该情况发生的概率为

$$P\{X = 2 + 3k + 5l\} = \left(\frac{1}{3}\right)^{1+k+l} \quad k, l = 0, 1, 2, \cdots$$

因此矿工走出矿井到达安全区的平均时间为

$$EX = \sum_{k,l=0}^{\infty} C_{k+l}^{k}(2 + 3k + 5l)\left(\frac{1}{3}\right)^{1+k+l} = 10 \text{ h}$$

期望的理论计算过程为

$$EX = \sum_{k,l=0}^{\infty} C_{k+1}^{k}(2 + 3k + 5l)\left(\frac{1}{3}\right)^{1+k+l}$$

令 $k + l = n$,则有

$$EX = \frac{1}{3}\sum_{n=0}^{\infty}\sum_{l=0}^{n} C_n^k(2 + 3n + 2l)\left(\frac{1}{3}\right)^n = \frac{1}{3}\sum_{n=0}^{\infty}\left(\frac{1}{3}\right)^n\left[(2+3n)2^n + 2\sum_{l=0}^{n} lC_n^l\right] =$$

$$\frac{1}{3}\sum_{n=0}^{\infty}\left(\frac{1}{3}\right)^n[(2+3n)2^n + n2^n] = \frac{1}{3}\sum_{n=0}^{\infty}\left[2\left(\frac{2}{3}\right)^n + 4n\left(\frac{2}{3}\right)^n\right] =$$

$$\frac{1}{3}\left(2 \times \frac{1}{1-2/3} + 4 \times \frac{2/3}{(1-2/3)^2}\right) = \frac{6 + 4 \times 6}{3} = 10$$

其中, $\sum_{n=0}^{\infty} nx^n = \frac{x}{(1-x)^2}$,该式利用逐项积分容易得到。

计算机模拟的 C 语言程序:

```
#include <stdio.h>
#include <stdlib.h>
#include <math.h>
#include <time.h>

#define N    10000     //定义模拟次数

void main()
{

    int index,door;
    int flag,Time;
    double sum,aver;
    srand(time(0));

    sum=0;
    for(index=0;index<N;index++)
    {
```

```
flag=1;
Time=0;
while(flag==1)
{ //模拟 1 次
  door=1+rand()%3;    //随机选择 1 个门
  if(door==1) Time+=2;    //选择 1 号门
  else if(door==2) Time+=3; //选择 2 号门
  else if(door==3) Time+=5; //选择 3 号门
  if(door==1) flag=0;
} //end while
 sum+=Time;
} //end for index
aver=1.0*sum/N;
printf("平均时间为%5.2f 小时.\n",aver);
}
```
某三次模拟结果为 10.04,10.14,9.91,与理论值 10 h 很接近。

3.12 参数矩估计的理论计算与模拟实验

问题 设总体 X 的分布密度为

$$p(x;\theta)=\frac{1}{2\theta}e^{-\frac{|x|}{\theta}},\quad -\infty<x<+\infty,\theta>0$$

$X_1,X_2,\cdots,X_n$ 为总体 X 的样本,求参数 θ 的矩估计量。

分析 由于 $p(x;\theta)$ 只含有一个未知参数 θ,一般只需求出 $E(X)$ 便能得到 θ 的矩估计量,但是 $E(X)=\int_{-\infty}^{+\infty}x\frac{1}{2\theta}e^{-\frac{|x|}{\theta}}dx=0$,即 $E(X)$ 不含有 θ,故不能由此得到 θ 的矩估计量。

$$E(X^2)=\int_{-\infty}^{+\infty}x^2\frac{1}{2\theta}e^{-\frac{|x|}{\theta}}dx=\frac{1}{\theta}\int_0^{+\infty}x^2e^{-\frac{x}{\theta}}dx=2\theta^2$$

于是可得 θ 的矩估计量为

$$\hat{\theta}=\sqrt{\frac{1}{2n}\sum_{i=1}^n X_i^2}$$

该结果在输出结果中称为均方估计。

本例 θ 的矩估计量也可以这样求得

$$E|X|=\int_{-\infty}^{+\infty}|x|\frac{1}{2\theta}e^{-\frac{|x|}{\theta}}dx=\frac{1}{\theta}\int_0^{+\infty}xe^{-\frac{x}{\theta}}=\theta$$

令

$$\frac{1}{n}\sum_{i=1}^n|X_i|=\theta$$

即 θ 的矩估计量为

$$\hat{\theta}=\frac{1}{n}\sum_{i=1}^n|X_i|$$

该结果在输出结果中我们称为绝对值估计。

该例表明参数的矩估计量不唯一。

在进行计算机模拟时,需要产生服从该分布的随机变量。可以采用分布函数的方法:即首先计算该分布的分布函数,然后根据该随机变量通过该分布函数变换后服从均匀分布,求分布函数的反函数即可。方法如下:

(1) 求随机变量 X 的分布函数。

当 $x<0$ 时,$F(x)=\int_{-\infty}^{x}\frac{1}{2\theta}\mathrm{e}^{-\frac{|x|}{\theta}}\mathrm{d}x=\int_{-\infty}^{x}\frac{1}{2\theta}\mathrm{e}^{\frac{x}{\theta}}\mathrm{d}x=\frac{1}{2}\mathrm{e}^{\frac{x}{\theta}}$;

当 $x\geqslant 0$ 时,$F(x)=\int_{-\infty}^{x}\frac{1}{2\theta}\mathrm{e}^{-\frac{|x|}{\theta}}\mathrm{d}x=\int_{-\infty}^{0}\frac{1}{2\theta}\mathrm{e}^{\frac{x}{\theta}}\mathrm{d}x=\frac{1}{2}+\frac{1}{2}(1-\mathrm{e}^{-\frac{x}{\theta}})=1-\frac{1}{2}\mathrm{e}^{-\frac{x}{\theta}}$。

(2) 利用分布函数反函数方法产生随机变量。

设 $t\sim U(0,1)$,则当 $t<\frac{1}{2}$ 时,令 $\frac{1}{2}\mathrm{e}^{\frac{X}{\theta}}=t$,则

$$X=\theta\ln(2t)$$

则当 $t\geqslant\frac{1}{2}$ 时,令 $1-\frac{1}{2}\mathrm{e}^{-\frac{X}{\theta}}=t$,则

$$X=-\theta\ln[2(1-t)]$$

模拟 C 语言程序如下:

```c
#include <stdio.h>
#include <stdlib.h>
#include <time.h>
#include <math.h>

void main()
{
    int i,n;
    double s1,s2,t;
    double T; //参数值
    double * x;
    double g1,g2;
    n=1200;//样本容量

    x=new double[n];
    srand(time(0));
    T=2.4;//给定参数值
    s1=0.0;
    s2=0.0;
    for(i=0;i<n;i++)
    {
        t=1.0*rand()/RAND_MAX; //产生 0 到 1 之间的随机数
        while(t<0.000000001||t>0.999999999)
        { t=1.0*rand()/RAND_MAX; printf("."); }
```

```
while(fabs(t-0.5)<0.00000000001)
    { t=1.0*rand()/RAND_MAX; printf(" * ");}
if(t<0.5)
    x[i]=T*log(2*t);
else
    x[i]=-1.0*T*log(2*(1-t));  //产生随机变量

s1+=x[i]*x[i];  //计算均方
s2+=fabs(x[i]);  //计算绝对值和
}

g1=sqrt(1.0*s1/(2.0*n));  //均方估计
g2=1.0*s2/n;  //绝对值估计

printf("ct=%-5.2f 的均方估计是%-5.3f,绝对值估计是%-5.3f   ",T,g1,g2);
if(x) delete x;
}
```

某两次模拟结果为

ct=2.40 的均方估计是2.309,绝对值估计是2.295
ct=2.40 的均方估计是2.316,绝对值估计是2.317

3.13　排队论的计算机模拟

排队论中的问题有的可以通过理论计算解决,有的则需要通过计算机模拟计算得到。当理论计算难以解决时,则可以考虑采用计算机模拟计算的方法来解决。

问题 1　收款台服务问题

考虑一个收款台的排队系统。某商店只有一个收款台,顾客到达收款台的时间间隔服从平均时间为 10 s 的负指数分布。负指数分布为

$$f(x) = \begin{cases} \dfrac{1}{\lambda} e^{-\frac{x}{\lambda}} & x > 0 \\ 0 & x \leqslant 0 \end{cases}$$

每个顾客的服务时间服从均值为 6.5 s,标准差为 1.2 s 的正态分布。利用计算机仿真计算顾客在收款台的平均逗留时间,系统的服务强度(服务占所有时间之比)。

分析　该问题中顾客服务时间服从正态分布,不再是负指数分布,不能直接采用前面的模型计算,因此可以考虑采用计算机模拟计算得到需要的结果。

该问题可以从开始时刻计,当有人到达产生一个事件,当有人离开产生一个事件。当有人到达时,记录其开始接受服务时刻和离开服务台的时刻,从而可以计算出每个人在系统逗留的时间,以及每个人在系统接受服务的时间,从而统计出每个人在收款台的平均逗留时间和系统的服务强度。

这里可以依次考虑每一个人,考察其到达时刻,开始接受服务时刻和离开时刻,使仿真变得更方便。

设第 i 个人到达时间为 a_i，开始接受服务的时间为 b_i，离开时间为 c_i。设总共考虑 n 个人。

程序首先产生服从均值为 $10\ s$ 的负指数分布序列 $\{dt(n)\}$，每个人接受服务时间服从正态分布 $N(6.5, 1.2^2)$ 的序列 $\{st(n)\}$。便于为后面计算方便。

则每个人的到达时刻可以采用下式计算：
$$a_1 = 0, \quad a_i = a_{i-1} + dt_{i-1} \quad i = 2, 3, \cdots, n$$

第一个人开始接受服务时刻：
$$b_1 = 0$$

第一个人服务时间刻为
$$c_1 = st_1$$

第 i 个人开始接受服务的时刻为
$$b_i = \begin{cases} a_i, & a_i > c_{i-1} \\ c_{i-1}, & a_i \leqslant c_{i-1} \end{cases} \quad i = 2, 3, \cdots, n$$

上式的意义是当后一个人到达时刻比前一个人离开时刻晚，则其开始接受服务时间就是其到达时间；当后一个人到达时刻比前一个人离开时刻早，则其开始接受服务时间就是前一个人的离开时刻。

第 i 个人离开时刻为
$$c_i = b_i + st_i, \quad i = 2, 3, \cdots, n$$

根据上面的递推关系式就可以计算出每个人到达时刻、开始接受服务时刻和离开时刻。

每个人在系统都留时间为
$$wt_i = c_i - a_i, \quad i = 1, 2, \cdots, n$$

到第 n 个人离开的时刻为 $T = c_n$

则系统工作的强度及工作时间占总时间比值为
$$p = \sum_{i=1}^{n} st_i / T$$

以下为 MATLAB 模拟计算程序：

```
n=10000;%模拟顾客数
dt=exprnd(10,1,n);%到达时间间隔
st=normrnd(6.5,1.2,1,n);%服务台服务时间
%st=exprnd(2.5,1,n);%服务台服务时间
a=zeros(1,n);%每个人到达时间
b=zeros(1,n);%每个人开始接受服务时间
c=zeros(1,n);%每个人离开时间

a(1)=0;
for i=2:n
    a(i)=a(i-1)+dt(i-1);%第 i 个人到达时间
end

b(1)=0;%第 1 个人开始服务时间为到达时间
```

c(1)=b(1)+st(1); %第1个人离开时间为服务时间

for i=2:n

if(a(i)<=c(i-1)) b(i)=c(i-1); %如果第i个人到达时间比前一个人离开时间早,则其开始服务时间为前一人离开时间。

　　else b(i)=a(i); %如果第i个人到达时间比前一个人离开时间晚,则其开始服务时间为到达时间。
end

c(i)=b(i)+st(i); %第i个人离开时间为其开始服务时间+接受服务时间

end

cost=zeros(1,n); %记录每个人在系统逗留时间
for i=1:n
　　cost(i)=c(i)-a(i); %第i个人在系统逗留时间
end

T=c(n); %总时间
p=sum(st)/T; %服务率
avert=sum(cost)/n; %每个人系统平均逗留时间
fprintf('顾客平均逗留时间%6.2fs\n',avert);
fprintf('系统工作强度%6.3f\n',p);

某次仿真结果为

　　顾客平均逗留时间 13.32s

　　系统工作强度 0.659

问题2　卸货问题

某码头有一卸货场,轮船一般夜间到达,白天卸货。每天只能卸货4艘船,若一天内到达数超过4艘,那么推迟到第二天卸货。根据过去经验,码头每天船到达数服从概率分布(见表3.1)。求每天推迟卸货的平均船数。

表3.1　船每天到达数的概率分布

到达船数	0	1	2	3	4	5	6	7	≥8
概率	0.05	0.1	0.1	0.25	0.2	0.15	0.1	0.05	0

解答　该问题可以看作单服务台的排队系统。到达时间不服从负指数分布,服从的是给定的离散分布,服务时间也不服从负指数分布,是定长时间服务。不能直接利用理论公式求解,可采用计算机模拟求解。

(1)随机到达船数的产生。首先我们需要产生每天随机到达的船数,该随机数服从离散分布,可以先产生一个0~1之间的均匀随机数,其落在不同区间则寿命取不同值,具体见表3.2。程序实现函数见 BoatNumber.m,每调用一次该函数,则返回一个服从该分布的船数。

表 3.2　每天到达船数的机数

到达船数	均匀随机数区间
0	[0,0.05)
1	[0.05,0.15)
2	[0.15,0.25)
3	[0.25,0.5)
4	[0.5,0.7)
5	[0.7,0.85)
6	[0.85,0.95)
7	[0.95,1]

(2) 计算机仿真分析。设第 i 天到达的船数为 x_i 艘，需要卸货的船数为 a_i 艘，实际卸货的船数为 b_i 艘，推迟卸货的船数为 d_i 艘。

设总共模拟 n 天，首先模拟 n 天的到达船数 $x_1, x_2, \cdots, x_n$。根据该问题要求，各个量之间有如下关系：

初始第 1 天，第 1 天需要卸货的船数 $a_1 = x_1$，实际卸船数为 $b_1 = \begin{cases} 4, & a_1 > 4 \\ a_i, & a_1 \leqslant 4 \end{cases}$，推迟卸货的船数为 $d_1 = a_1 - b_1$。

第 i 天需要卸货的船数 a_i 满足

$$a_i = x_i + d_{i-1}, \quad i = 2, 3, \cdots, n$$

第 i 天实际卸货的船数 b_i 满足

$$b_i = \begin{cases} 4, & a_i > 4 \\ a_i, & a_i, \end{cases} \quad i = 1, 2, \cdots, n$$

第 i 天推迟卸货的船数 d_i 满足

$$d_i = a_i - b_i, \quad i = 2, \cdots, n$$

则总共推迟卸货的船数为

$$Total = \sum_{i=1}^{n} d_i$$

每天推迟卸货的平均船数为

$$Aver = Total/n$$

下面是 MATLAB 实现程序。
1) 产生元件寿命的随机值函数 BoatNumber.m。

```
function X=BoatNumber
%产生一个到达船数的随机数
Boat=0:7; %到达船数取值范围
  %到达船数概率分布
Prob=[0.05,0.1,0.1,0.25,0.20,0.15,0.1,0.05];
n=length(Prob);
Qu=zeros(1,n+1);
Qu(1)=0;
```

```
    for i=1:n
        Qu(i+1)=Qu(i)+Prob(i);  %产生概率区间
    end
        Qu(n+1)=1.01;  %将最后一个数值超过1,便于后面的随机数 r 取到 1

    %产生一次到达船数
    r=rand(1);  %产生一个[0,1]随机变量
    for i=1:n
        if(r>=Qu(i)&&r<Qu(i+1))  X=Boat(i);  %获得到达船数
    end
    end
return
```

2) 模拟计算的主程序 Boat.m。

```
n=10000;  %模拟总天数
x=zeros(n,1);  %存储每天到达船数
a=zeros(n,1);  %存储每天需要卸货的船数
b=zeros(n,1);  %存储每天实际卸货的船数
d=zeros(n,1);  %存储每天推迟卸货的船数

for i=1:n
    x(i)=BoatNumber;  %模拟 n 天到达船数
end

a(1)=x(1);
if a(1)>4 b(1)=4;  %计算每天实际卸货船数
else b(1)=a(1);
end
d(1)=a(1)-b(1);


for i=2:n
    a(i)=x(i)+d(i-1);  %计算每天需要卸货的船数
    if a(i)>4 b(i)=4;  %计算每天实际卸货船数
    else b(i)=a(i);    end
    d(i)=a(i)-b(i);
%计算每天推迟卸货的船数
end

Total=sum(d);  %计算总共推迟卸货船数
Aver=Total/n;  %计算每天推迟卸货的平均船数
fprintf('每天推迟卸货的平均船数%6.2f\n',Aver);
```

某次模拟结果为

每天推迟卸货的平均船数 2.68

多次模拟计算,每天推迟卸货的平均船数大约在 2.75 艘左右。

3.14 中心极限定理实验

中心极限定理:设$\{X_k\}$是独立同分布的随机变量序列,且$EX_k=a, DX_k=\sigma^2(0<\sigma^2<\infty), k=1,2,\cdots$,则

$$\sum_{k=1}^n X_k \sim AN(na, n\sigma^2)$$

该定理表明多个随机变量的和渐近服从正态分布,与各随机变量服从什么分布无关。其期望为多个随机变量的期望之和,方差为多个随机变量方差之和。

实验可用均匀分布、几何分布、二项分布、Poisson分布、指数分布分别做演示,这里给出指数分布和Poisson分布做演示实验。

1. 指数分布随机变量和的实验

设随机变量X_k服从指数分布,密度函数为

$$f(x)=\begin{cases}\dfrac{1}{\lambda}e^{-\frac{x}{\lambda}}, & x\geqslant 0\\ 0, & x<0\end{cases}$$

数学期望和方差分别为

$$EX=\lambda, \quad DX=\lambda^2$$

设$Y=\sum_{k=1}^n X_k$,且各X_k相互独立。由独立随机变量和的计算公式,通过递推可得到Y的密度函数为

$$f_n(x)=\begin{cases}\dfrac{x^{n-1}}{(n-1)!\,\lambda^n}e^{-\frac{x}{\lambda}}, & x\geqslant 0\\ 0, & x<0\end{cases}$$

该分布恰为$\Gamma(n,\lambda)$分布,因此计算时直接采用$\Gamma(n,\lambda)$的密度函数。同时可计算出$EY=n\lambda$, $DY=n\lambda^2$。

分别作出$\Gamma(n,\lambda)$分布和正态分布$N(n\lambda, n\lambda^2)$的密度函数图进行对比,如图3.3所示。

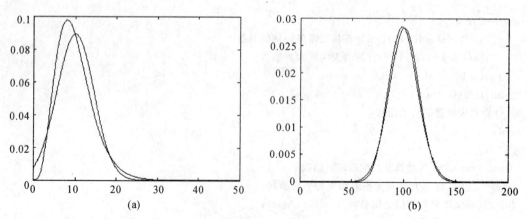

图3.3 $\Gamma(n,\lambda)$分布和正态分布$N(n\lambda, n\lambda^2)$的密度函数对比图
(a)$n=5, \lambda=2$; (b)$n=50, \lambda=2$

以下为实现的对比实验的 MATLAB 程序：
MATLAB 程序 expzt.m

```
x=[0:0.1:200];
n=50;    %给出随机变量个数
lam=2;

mu=n*lam;   %期望
sig=sqrt(n)*lam; %标准差
y1=gampdf(x,n,lam);  %n个指数分布和的密度函数
y2=normpdf(x,mu,sig);   %对应正态分布的密度函数

plot(x,y1,'r',x,y2,'b')
%红色为n个指数分布随机变量和的密度函数
%蓝色为对应正态分布的密度函数
```

2. Poisson 分布随机变量和的实验

设随机变量 X_k 服从 Poisson 分布，分布律为

$$P(X=i)=\frac{\lambda^i}{i!}e^{-\lambda}, \quad i=1,2,\cdots$$

数学期望和方差分别为

$$EX=\lambda, \quad DX=\lambda$$

设 $Y=\sum_{i=1}^{n}X_i$，且各 X_k 相互独立。由独立随机变量和的计算公式，通过递推可得到 Y 的分布律为

$$P(X=i)=\frac{(n\lambda)^i}{i!}e^{-n\lambda}, \quad i=1,2,\cdots$$

数学期望和方差分别为

$$EX=n\lambda, \quad DX=n\lambda$$

该分布恰为参数为 $n\lambda$ 的 Poisson 分布，因此计算时也采用 Poisson 分布的密度函数。

分别作出参数为 $n\lambda$ 的 Poisson 分布的密度函数和正态分布 $N(n\lambda,n\lambda)$ 的密度函数图进行对比，如图 3.4 所示。

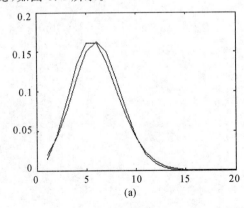 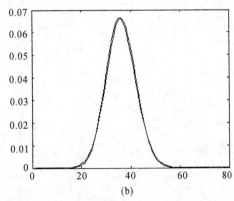

图 3.4 Poisson 分布和正态分布的密度函数对比图
(a) $n=5,\lambda=1.2$； (b) $n=30,\lambda=1.2$

以下为实现对比实验的 MATLAB 程序：
MATLAB 程序 poisszt.m

```
n = 30;    % 给出随机变量个数

lam = 1.2; % 给出参数值
x = 1:80;
nlam = n * lam;
mu = nlam;  % 对应正态分布的期望
sig = sqrt(nlam);   % 对应正态分布的标准差
y1 = poisspdf(x,nlam);  % n个随机变量和的密度
y2 = normpdf(x,mu,sig); % 对应正态分布的密度，mu 为均值，sig 为标准差
plot(x,y1,'r',x,y2,'b'); % 作图
```

第 4 章 参数区间估计的软件实现

4.1 正态总体 X 的方差 σ^2 已知，求 μ 的置信区间

设总体 $X \sim N(\mu,\sigma^2)$，σ^2 已知，求总体均值 μ 的区间估计。设$(X_1,X_2,\cdots,X_n)$是来自总体 X 的一个样本，则有

$$U=\frac{\overline{X}-\mu}{\sigma/\sqrt{n}} \sim N(0,1)$$

可得
$$P\{|U| \leqslant u_{\alpha/2}\}=1-\alpha$$

其中 $u_{\alpha/2}$ 为标准正态分布的上侧分位数。即

$$P\left\{\left|\frac{\overline{X}-\mu}{\sigma}\sqrt{n}\right| \leqslant u_{\alpha/2}\right\}=1-\alpha$$

可得
$$P\left\{\overline{X}-u_{\alpha/2}\frac{\sigma}{\sqrt{n}} \leqslant \mu \leqslant \overline{X}+u_{\alpha/2}\frac{\sigma}{\sqrt{n}}\right\}=1-\alpha$$

故 μ 的置信度为 $1-\alpha$ 的置信区间为

$$\left[\overline{X}-u_{\alpha/2}\frac{\sigma}{\sqrt{n}},\overline{X}+u_{\alpha/2}\frac{\sigma}{\sqrt{n}}\right]$$

例 1 某车间生产的滚珠直径 X 服从正态分布 $N(\mu,0.06)$，现从某天生产的产品中抽取 6 个，测得直径分别为(单位：mm)。

14.6，15.1，14.9，14.8，15.2，15.1

试求平均直径置信度为 95% 的置信区间。

软件实现 利用 SAS 8.0 求置信区间，方法如下：

(1) 启动 SAS8.0，选择 Solutions Analysis → Analyst，启动分析员。

(2) 在弹出表中输入数据见图 4.1。

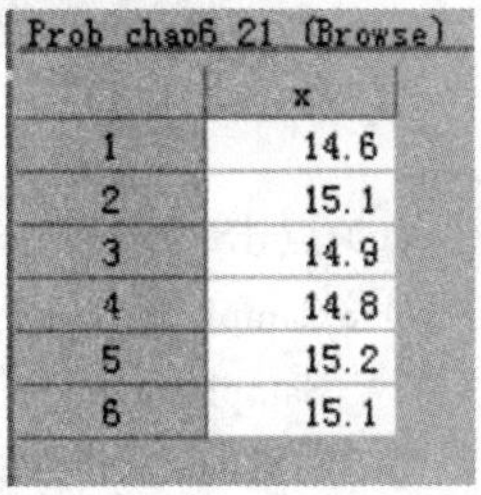

Prob chap6_21 (Browse)

	x
1	14.6
2	15.1
3	14.9
4	14.8
5	15.2
6	15.1

图 4.1 SAS 数据输入图

(3) 点击 Statistics → Hypothesis Tests → One-Sample Z-test for Mean...。

(4) 弹出图 4.2 所示对话框中，将左边编辑框中的变量 x 选入右边 Variable 框中，在 Variance of 编辑框中输入方差 0.06。

(5) 点击 Test 按钮，在弹出图 4.3 所示对话框中，在 Confidence Intervals 标签下选择 Interval 单选按钮，在 Confidence level 编辑框中选择默认的 95%，也可以输入其他置信度。

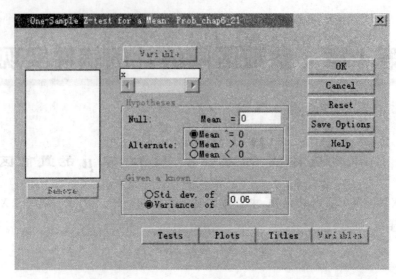

图 4.2 SAS 一个总体均值区间估计对话框

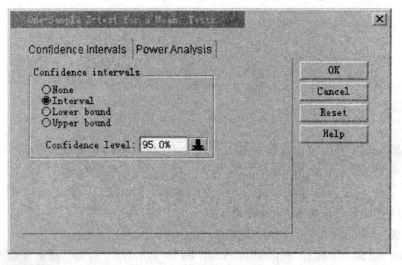

图 4.3 置信度选择对话框

(6) 点击 OK 按钮,回到上一对话框,再点击 OK 按钮,得到以下结果:
One Sample Z Test for a Mean
    Sample Statistics for x
  N   Mean   Std. Dev.   Std. Error
  6   14.95   0.23   0.09
95% Confidence Interval for the Mean
    Lower Limit   Upper Limit
    14.75   15.15

4.2　正态总体 X 的方差 σ^2 未知，求 μ 的置信区间

设总体 $X \sim N(\mu,\sigma^2)$，σ^2 未知，求总体均值 μ 的区间估计。设 $(X_1,X_2,\cdots,X_n)$ 是来自总体 X 的一个样本，则有

$$T=\frac{\overline{X}-\mu}{S_n^*/\sqrt{n}} \sim t(n-1)$$

从而对于给定的置信度 $1-\alpha$，有

$$P\{|T| \leqslant t_{\alpha/2}(n-1)\}=1-\alpha$$

其中 $t_{\alpha/2}(n-1)$ 是自由度为 $n-1$ 的 t 分布关于 $\alpha/2$ 的上侧分位数，于是有

$$P\left\{\left|\frac{\overline{X}-\mu}{S_n^*/\sqrt{n}}\right| \leqslant t_{\alpha/2}(n-1)\right\}=1-\alpha$$

即

$$P\left\{\overline{X}-t_{\alpha/2}(n-1)\frac{S_n^*}{\sqrt{n}} \leqslant \mu \leqslant \overline{X}+t_{\alpha/2}(n-1)\frac{S_n^*}{\sqrt{n}}\right\}=1-\alpha$$

故 μ 的置信度为 $1-\alpha$ 的置信区间为

$$\left[\overline{X}-t_{\alpha/2}(n-1)\frac{S_n^*}{\sqrt{n}},\overline{X}+t_{\alpha/2}(n-1)\frac{S_n^*}{\sqrt{n}}\right]$$

例 2　某糖厂用自动包装机装糖，设每包糖的重量服从正态分布 $N(\mu,\sigma^2)$，σ^2 未知。某日开工后测得 9 包糖的重量分别为(单位：kg)。

99.3，98.7，100.5，101.2，98.3，99.7，99.5，102.1，100.5

试求每包糖平均重量 μ 的置信度为 95％的置信区间。

软件实现　利用 SAS 8.0 求置信区间，方法如下：

(1)启动 SAS 8.0，选择 Solutions Analysis→Analyst，启动分析员。

(2)在弹出表中输入数据见图 4.4。

(3)点击 Statistics→Hypothesis Tests→One-Sample t-test for Mean...。

(4)在弹出图 4.5 所示对话框中，将左边编辑框中的变量 x 选入右边 Variable 框中。

(5)点击 Test 按钮，在弹出图 4.6 所示对话框中，在 Confidence Intervals 标签下选择 Interval 单选按钮，在 Confidence level 编辑框中选择默认的 95％，也可以输入其他置信度。

Prob chap6_22 (Browse)

	x
1	99.3
2	98.7
3	100.5
4	101.2
5	98.3
6	99.7
7	99.5
8	102.1
9	100.5

图 4.4　SAS 数据输入图

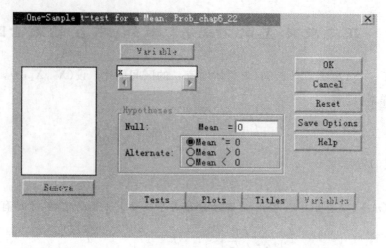

图 4.5 SAS 一个总体均值区间估计(方差未知)对话框

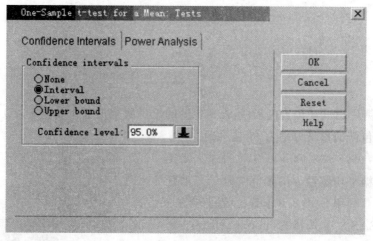

图 4.6 置信度选择对话框

(6)点击 OK 按钮,回到上一对话框,再点击 OK 按钮,得到以下结果:
One Sample t - test for a Mean
Sample Statistics for x
N　Mean　Std. Dev　Std. Error
9　99.98　1.21　0.40
95% Confidence Interval for the Mean
　　Lower Limit：　　　99.05
　　Upper Limit：　　　100.91

从结果看,样本均值为 99.98,修正样本标准差为 1.21,95% 的置信区间为[99.05, 100.91]。

软件实现 利用 SPSS 10.0 进行检验,方法如下:

(1)启动 SPSS,选择 File→New→Data,在表格中输入数据如图 4.7 所示。

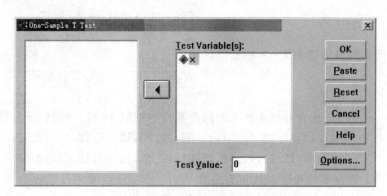

图 4.7　SPSS 数据输入图　　　图 4.8　SPSS 一个总体均值区间估计(方差未知)对话框

(2) 选择 Analyze→Compare Means→One Sample Test...,弹出图 4.8 所示对话框,将左边编辑框中的变量 x 选入右边 Test Variable(s)框中,点击 OK 按钮。

(3) 得到以下结果:

One-Sample Statistics

	N	Mean	Std. Deviation	Std. Error Mean
X	9	99.9778	1.21221	.40407

One-Sample Test

	Test Value = 0					
	t	df	Sig. (2-tailed)	Mean Difference	95% Confidence Interval of the Difference	
					Lower	Upper
X	247.428	8	.000	99.9778	99.0460	100.9096

从结果看,样本均值为 99.9778,修正样本标准差为 1.21221,95% 的置信区间为
$$[99.0460, 100.9096]$$

4.3　正态总体方差的区间估计

设总体 $X \sim N(\mu, \sigma^2)$,μ,σ^2 未知,求总体方差 σ^2 或标准差 σ 的区间估计。设 $(X_1, X_2, \cdots, X_n)$ 是来自总体 X 的一个样本,则有

$$\chi^2 = \frac{(n-1)S_n^{*2}}{\sigma^2} \sim \chi^2(n-1)$$

从而对于给定的置信度 $1-\alpha$,有

$$P\{\chi^2_{1-\alpha/2}(n-1) \leqslant \chi^2 \leqslant \chi^2_{\alpha/2}\} = 1-\alpha$$

可得

$$P\left\{\frac{(n-1)S_n^{*2}}{\chi^2_{\alpha/2}} \leqslant \sigma^2 \leqslant \frac{(n-1)S_n^{*2}}{\chi^2_{1-\alpha/2}}\right\} = 1-\alpha$$

故 σ^2 的置信度为 $1-\alpha$ 的置信区间为

$$\left[\frac{(n-1)S_n^{*2}}{\chi^2_{\alpha/2}},\frac{(n-1)S_n^{*2}}{\chi^2_{1-\alpha/2}}\right]$$

而 σ 的置信度为 $1-\alpha$ 的置信区间为

$$\left[\sqrt{\frac{(n-1)S_n^{*2}}{\chi^2_{\alpha/2}}},\sqrt{\frac{(n-1)S_n^{*2}}{\chi^2_{1-\alpha/2}}}\right]$$

例 3 从自动机床加工的同类零件中抽取 16 件，测得长度分别为(单位:cm)

12.15,12.12,12.01,12.08,12.09,12.16,12.06,12.13,

12.07,12.11,12.08,12.01,12.03,12.01,12.03,12.06

假设零件长度服从正态分布 $N(\mu,\sigma^2)$，分别求零件长度方差 σ^2 和标准差 σ 的置信度为 95%的置信区间。

软件实现 利用 SAS 8.0 求置信区间，方法如下。

(1)启动 SAS 8.0，选择 Solutions Analysis→Analyst，启动分析员。

(2)在弹出表中输入数据如图 4.9 所示。

(3)点击 Statistics→Hypothesis Tests→One - Sample Test for a Variance。

(4)在弹出图 4.10 所示对话框中，将左边编辑框中的变量 x 选入右边 Variable 框中，并

在 Null：Var＝编辑框中输入任意一个正数如 0.1。

Prob chap6 23 (Browse)

	x
1	12.15
2	12.12
3	12.01
4	12.08
5	12.09
6	12.16
7	12.06
8	12.13
9	12.07
10	12.11
11	12.08
12	12.01
13	12.03
14	12.01
15	12.03
16	12.06

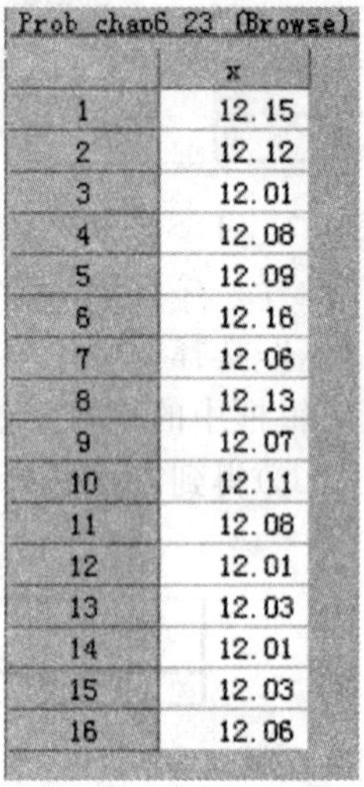

图 4.9 SAS 数据输入图

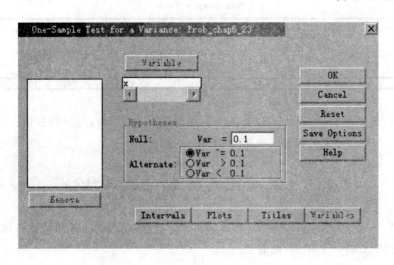

图 4.10 SAS 一个总体方差估计对话框

(5)点击 Test 按钮，在弹出图 4.11 所示对话框中，在 Confidence Intervals 标签下选择 Interval单选按钮，在 Confidence level 编辑框中选择默认的 95%，也可以输入其他置信度。

第4章 参数区间估计的软件实现

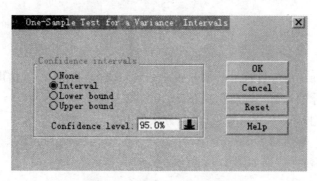

图 4.11 置信度选择对话框

(6)点击 OK 按钮,回到上一对话框,再点击 OK 按钮,得到以下结果:

One Sample Chi-square Test for a Variance

Sample Statistics for x

N	Mean	Std. Dev.	Variance
16	12.075	0.0494	0.0024

95% Confidence Interval for the Variance

Lower Limit	Upper Limit
0.0013	0.0058

从结果看,95%的置信区间为[0.0013,0.0058]。

4.4 两个正态总体均值差的区间估计

设 X 与 Y 是两个独立的正态总体,且 $X \sim N(\mu_1,\sigma^2)$,$(X_1,X_2,\cdots,X_{n_1})$ 是总体 X 的样本,$Y \sim N(\mu_2,\sigma^2)$,$(Y_1,Y_2,\cdots,Y_{n_2})$ 为总体 Y 的样本,求 $\mu_1-\mu_2$ 的区间估计。

由于统计量为

$$T=\frac{(\overline{X}-\overline{Y})-(\mu_1-\mu_2)}{S_2\sqrt{1/n_1+1/n_2}} \sim t(n_1+n_2-2)$$

其中

$$S_W=\sqrt{\frac{n_1S_1^2+n_2S_2^2}{n_1+n_2-2}}=\sqrt{\frac{(n_1-1)S_1^{*2}+(n_2-1)S_2^{*2}}{n_1+n_2-2}}$$

于是,对于给定的置信度 $1-\alpha$,有

$$P\{|T| \leqslant t_{\alpha/2}(n_1+n_2-2)\}=1-\alpha$$

其中,$t_{\alpha/2}(n_1+n_2-2)$ 是自由度为 n_1+n_2-2 的 t 分布关于 $\alpha/2$ 的上侧分位数。

即

$$P\left\{(\overline{X}-\overline{Y})-t_{\alpha/2}(n_1+n_2-2)S_W\sqrt{\frac{1}{n_1}+\frac{1}{n_2}} \leqslant \mu_1-\mu_2 \leqslant \right.$$

$$\left.(\overline{X}-\overline{Y})+t_{\alpha/2}(n_1+n_2-2)S_W\sqrt{\frac{1}{n_1}+\frac{1}{n_2}}\right\}=1-\alpha$$

故 $\mu_1-\mu_2$ 的置信度为 $1-\alpha$ 的置信区间为

$$\left[(\overline{X}-\overline{Y})-t_{\alpha/2}(n_1+n_2-2)S_W\sqrt{\frac{1}{n_1}+\frac{1}{n_2}},(\overline{X}-\overline{Y})+t_{\alpha/2}(n_1+n_2-2)S_W\sqrt{\frac{1}{n_1}+\frac{1}{n_2}}\right]$$

例4 一车间某日从两台机器加工的同一种零件中,分别抽取若干零件,测得零件的尺寸

如下(单位:mm):

A台:6.2 5.7 6.5 6.0 6.3 5.8 5.7 6.0 6.0 5.8 6.0

B台:5.6 5.9 5.6 5.7 5.8 6.0 5.5 5.7 5.5

假设两台机器加工的零件尺寸均服从正态分布,且方差相等,取置信度为 0.95,试对两台机器加工的零件尺寸的均值之差作区间估计。

软件实现 利用 SAS 8.0 求置信区间,方法如下:

(1)启动 SAS 8.0,选择 Solutions Analysis→Analyst,启动分析员。

(2)在弹出表中输入数据如图 4.12 所示。

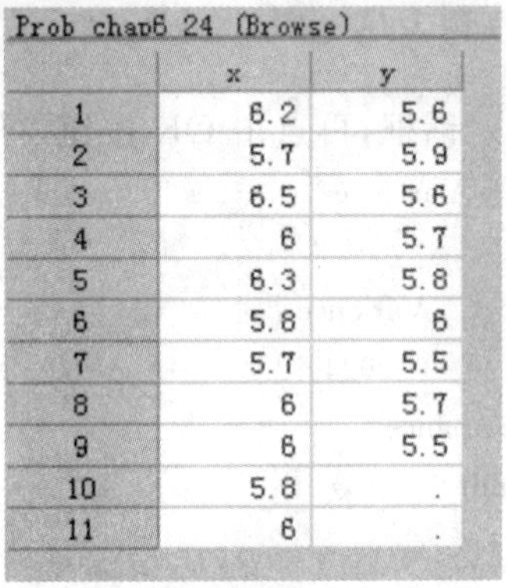

图 4.12 SAS 数据输入图

(3)点击 Statistics→Hypothesis Tests→Two‐Sample t‐test for Means...。

(4)在弹出图 4.13 所示对话框中,在 Groups are in 框中选择 Two Variables 单选按钮,将左边编辑框中的变量 x 选入右边 Group 1 框中,,将变量 y 选入右边 Group 2 框中。

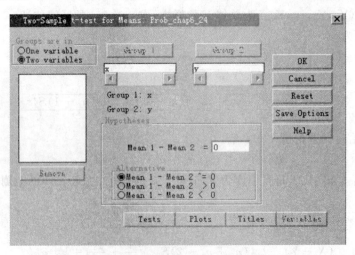

图 4.13 SAS 两个样本均值差区间估计对话框

(5)点击 Test 按钮,在弹出图 4.14 所示对话框中,在 Confidence Intervals 标签下选择 Interval 单选按钮,在 Confidence level 编辑框中选择默认的 95%,也可以输入其他置信度。

(6)点击 OK 按钮,回到上一对话框,再点击 OK 按钮,得到以下结果:

第4章 参数区间估计的软件实现

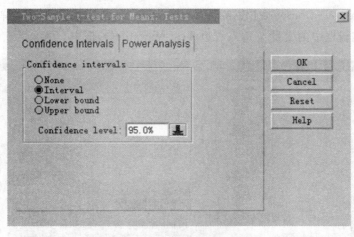

图 4.14 置信度选择对话框

Two Sample t-test for the Means of x and y   Sample Statistics

Group	N	Mean	Std. Dev.	Std. Error
x	11	6	0.253	0.0763
y	9	5.7	0.1732	0.0577

95% Confidence Interval for the Difference between Two Means

Lower Limit	Upper Limit
0.09	0.51

从结果看,95%的置信区间为[0.09,0.51]。

软件实现 利用 SPSS 10.0 进行检验,方法如下:

(1)启动 SPSS,选择 File→New→Data,在表格中输入数据如下,其中数据列为 x, group 列为类别号,见图 4.15。

	group	x
1	1.00	6.20
2	1.00	5.70
3	1.00	6.50
4	1.00	6.00
5	1.00	6.30
6	1.00	5.80
7	1.00	5.70
8	1.00	6.00
9	1.00	6.00
10	1.00	5.80
11	1.00	6.00
12	2.00	5.60
13	2.00	5.90
14	2.00	5.60
15	2.00	5.70
16	2.00	5.80
17	2.00	6.00
18	2.00	5.50
19	2.00	5.70
20	2.00	5.50

图 4.15 SPSS 数据输入图

(2)选择 Analyze→Compare Means→Independent Sample T Test…,弹出图 4.16 所示对话框,将左边编辑框中的变量 x 选入右边 Test Variable(s)框中。

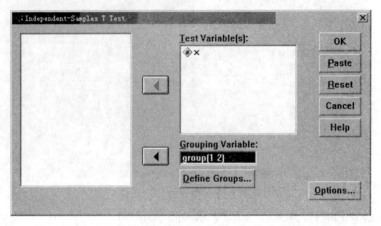

图 4.16　SPSS 两个样本均值差区间估计对话框

(3)将变量 group 输入 Grouping Variable 框中,点击 Define Groups…,在弹出图 4.17 所示对话框,点单选按钮 Use specified values,在 Group 1 输入 1,在 Group 2 输入 2。点击 Continue,返回上一对话框。

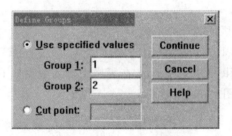

图 4.17　SPSS 组内分割点选择对话框

(4)点击 OK 按钮,得到以下结果:

Group Statistics

	GROUP	N	Mean	Std. Deviation	Std. Error Mean
X	1.00	11	6.0000	.25298	.07628
	2.00	9	5.7000	.17321	.05774

Independent Samples Test

	Levene's Test for Equality of Variances		t-test for Equality of Means					95% Confidence Interval of the Difference	
	F	Sig.	t	df	Sig. (2-tailed)	Mean Difference	Std. Error Difference	Lower	Upper
Equal variances assumed	.588	.453	3.019	18	.007	.3000	.09938	.09121	.50879
Equal variances not assumed			3.136	17.543	.006	.3000	.09566	.09864	.50136

从结果看,95%的置信区间为[0.091 21,0.508 79]。

4.5 两个正态总体方差比的区间估计

设 X 与 Y 是两个独立的正态总体，且 $X \sim N(\mu_1, \sigma_1^2)$，$(X_1, X_2, \cdots, X_{n_1})$ 是总体 X 的样本，$Y \sim N(\mu_2, \sigma_2^2)$，$(Y_1, Y_2, \cdots, Y_{n_2})$ 为总体 Y 的样本，求 σ_1^2/σ_2^2 的区间估计。

由于统计量为

$$F = \frac{S_2^{*2} \sigma_1^2}{S_1^{*2} \sigma_2^2} \sim F(n_2 - 1, n_1 - 1)$$

并且 $P\{F_{1-\alpha/2}(n_2 - 1, n_1 - 1) \leqslant F \leqslant F_{\alpha/2}(n_2 - 1, n_1 - 1)\} = 1 - \alpha$

则 $P\left\{F_{1-\alpha/2}(n_2 - 1, n_1 - 1) \frac{S_1^{*2}}{S_2^{*2}} \leqslant \sigma_1^2/\sigma_2^2 \leqslant F_{\alpha/2}(n_2 - 1, n_1 - 1) \frac{S_1^{*2}}{S_2^{*2}}\right\} = 1 - \alpha$

故 σ_1^2/σ_2^2 的置信度为 $1-\alpha$ 的置信区间为

$$\left[F_{1-\alpha/2}(n_2 - 1, n_1 - 1) \frac{S_1^{*2}}{S_2^{*2}}, F_{\alpha/2}(n_2 - 1, n_1 - 1) \frac{S_1^{*2}}{S_2^{*2}}\right]$$

例5 为了考查温度对某物体断裂强度的影响，在70℃与80℃分别重复做了8次试验，测得断裂强度的数据如下（单位：MPa）。

70℃：20.5 18.8 19.8 20.9 21.5 19.5 21.0 21.2
80℃：17.7 20.3 20.0 18.8 19.0 20.1 20.2 19.1

假70℃下的断裂强度用 x 表示，x 服从于正态 $N(\mu_1, \sigma_1^2)$，分布，80℃下的断裂强度用 y 表示，y 服从于 $N(\mu_2, \sigma_2^2)$ 分布，试求方差比 σ_1^2/σ_2^2 的置信度为90%的置信区间。

软件实现 利用 SAS 8.0 求置信区间，方法如下：

(1) 启动 SAS 8.0，选择 Solutions Analysis→Analyst，启动分析员。

(2) 在弹出表中输入数据如图 4.18 所示。

Prob chap6 25 (Browse)		
	x	y
1	20.5	17.7
2	18.8	20.3
3	19.8	20
4	20.9	18.8
5	21.5	19
6	19.5	20.1
7	21	20.2
8	21.2	19.1

图 4.18 SAS 数据输入图

(3) 点击 Statistics→Hypothesis Tests→Two - Sample Test for Variances...。

(4) 在弹出图 4.19 所示对话框中，在 Groups are in 框中选择 Two Variables 单选按钮，将左边编辑框中的变量 x 选入右边 Group 1 框中，将变量 y 选入右边 Group 2 框中。

(5) 点击 Intervals 按钮，在弹出图 4.20 所示对话框中，在 Confidence Intervals 标签下选择 Interval 单选按钮，在 Confidence level 编辑框中选择 90%。

(6) 点击 OK 按钮，回到上一对话框，再点击 OK 按钮，得以下结果：

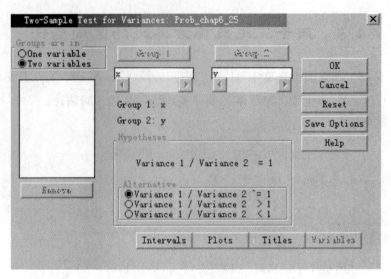

图 4.19 SAS 两个样本方差比区间估计对话框

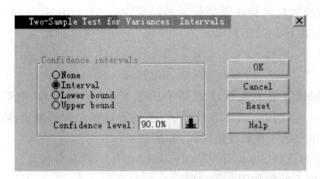

图 4.20 置信度选择对话框

Two Sample Test for Variances of x and y   Sample Statistics
Group   N   Mean   Std. Dev.   Variance
  x   8   20.4   0.9411   0.885714
  y   8   19.4   0.9103   0.828571
90% Confidence Interval of the Ratio of Two Variances
Lower Limit   Upper Limit
0.2823   4.0482

从结果看,90%的置信区间为[0.282 3,4.048 2]。

第 5 章 假设检验

假设检验是数理统计中十分重要的内容，主要涉及均值、方差及分布的检验。本章主要介绍利用统计软件 SPSS 和 SAS 进行假设检验的实现步骤与操作方法，包括正态总体均值和方差的假设检验，两组独立样本 Wilcoxon 秩和检验，以及分布的假设检验。

5.1 正态总体均值和方差的假设检验

1. 方差未知时，正态总体均值的检验

设 $X_1, X_2, \cdots, X_n$ 是来自正态总体 $N(\mu, \sigma^2)$ 的一个样本，μ, σ^2 均未知，要检验假设：

$$H_0: \mu = \mu_0 \quad H_1: \mu \neq \mu_0$$

构造统计量，有

$$T = \frac{\overline{X} - \mu_0}{S_n^*}\sqrt{n}$$

其中，$S_n^{*2} = \dfrac{\sum_{i=1}^{n}(X_i - \overline{X})^2}{n-1}$ 为修正的样本方差。

当 $\mu = \mu_0$ 成立时，T 服从自由度为 $n-1$ 的 T 分布。

对给定的 α，由 T 分布临界值表可查得 $t_{\alpha/2}(n-1)$，使得

$$P\{|T| \geqslant t_{\alpha/2}(n-1)\} = \alpha$$

因此，检验的拒绝域为

$$W_1 = \{(x_1, x_2, \cdots, x_n): |t| \geqslant t_{\alpha/2}(n-1)\}$$

例 1 某型灯泡寿命 X 服从正态分布，从一批灯泡中任意取出 10 只，测得其寿命(单位：h) 分别为 1 490，1 440，1 680，1 610，1 500，1 750，1 550，1 420，1 800，1 580，能否认为这批灯泡平均寿命为 1 600 h?（$\alpha = 0.05$）

软件实现 利用 SAS 8.0 进行检验，方法如下：

(1) 启动 SAS 8.0，选择 SolutionAnalysis → Analyst，启动分析员。

(2) 在弹出的表中输入数据，如图 5.1 所示。

(3) 点击 Statistics → Hypothesis Tests → One-Sample t-test for Mean ... 。

(4) 在弹出图 5.2 所示的对话框中，将左边编辑框中的变量 x 选入右边“Variable”框中，同时在 Null:Mean= 框中输入测试值 1 600。

Prob.chap7_05 (Browse)

	x
1	1490
2	1440
3	1680
4	1610
5	1500
6	1750
7	1550
8	1420
9	1800
10	1580

图 5.1 SAS 数据输入图

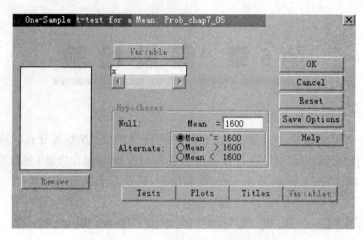

图 5.2 SAS 一个样本的 T 检验对话框

(5) 点击"OK"按钮,得到以下的检验结果：

One Sample t - test for a Mean

Sample Statistics for x

N	Mean	Std. Dev.	Std. Error
10	1582.00	128.56	40.66

Hypothesis Test

Null hypothesis：Mean of x＝1600

Alternative： Mean of x˜＝1600

t Statistic	Df	Prob＞t
−0.443	9	0.6684

从结果看,$t=-0.443$,$P(|t|>0.443)=0.668>\alpha=0.05$,故接受原假设。

利用 SPSS 10.0 进行检验,方法如下：

(1) 启动 SPSS 10.0,选择 File → New → Data,在弹出的表中输入数据,如图 5.3 所示。

	x
1	1490
2	1440
3	1680
4	1610
5	1500
6	1750
7	1550
8	1420
9	1800
10	1580

图 5.3 SPSS 数据输入图

(2) 选择 Analyze→Compare Means→One Sample Test…,弹出如图 5.4 所示的对话框,将左边编辑框中的变量 x 选入右边"Test Variable(s)"框中,并在"Test Value"编辑框中输入测试值 1 600。

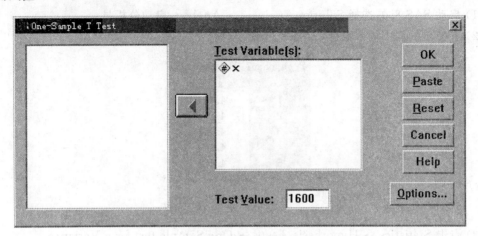

图 5.4　SPSS 一个样本的 T 检验对话框

(3) 点击"OK"按钮,执行检验运算,运算结果如下:

One-Sample Statistics

	N	Mean	Std. Deviation	Std. Error Mean
X	10	1582.00	128.585	40.858

One-Sample Test

	Test Value = 1600				95% Confidence Interval of the Difference	
	t	df	Sig. (2-tailed)	Mean Difference	Lower	Upper
X	-.443	9	.668	-18.00	-109.97	73.97

从结果看,$t=-0.443$,$P(|t|>0.443)=0.668>\alpha=0.05$,故接受原假设。

2. 均值未知时,正态方差的检验

设 $X_1,X_2,\cdots,X_n$ 为来自正态总体 $N(\mu,\sigma^2)$ 的一个样本,μ,σ^2 均未知,欲检验假设:

$$H_0:\sigma^2=\sigma_0^2,\quad H_1:\sigma^2\neq\sigma_0^2$$

选择统计量为

$$K^2=\frac{(n-1)S_n^{*2}}{\sigma_0^2}=\sum_{i=1}^n(X_i-\overline{X})/\sigma^2$$

当 H_0 成立时,$K^2\sim\chi^2(n-1)$。

对给定的 $\alpha(0<\alpha<1)$,一般选取临界值 $\chi_{\alpha/2}^2(n-1)$ 和 $\chi_{1-\alpha/2}^2(n-1)$,使得

$$P\{K^2\geqslant\chi_{\alpha/2}^2(n-1)\}=P\{K^2\leqslant\chi_{1-\alpha/2}^2(n-1)\}=\frac{\alpha}{2}$$

由此得检验的拒绝域为

$$W_1=\{(x_1,x_2,\cdots,x_n):k^2\geqslant\chi_{\alpha/2}^2(n-1)\}\cup\{(x_1,x_2,\cdots,x_n):k^2\leqslant\chi_{1-\alpha/2}^2(n-1)\}$$

例2　某炼铁厂的铁水含碳量 X 在正常情况下服从正态分布 $N(\mu,\sigma^2)$。现在对操作工艺

进行了改革,又测量了 5 炉铁水,含碳量分别为 4.421,4.052,4.357,4.287,4.683,是否可以认为由新工艺炼出的铁水含碳量的方差仍为 0.108^2?($\alpha=0.05$)

软件实现　利用 SAS 8.0 进行检验,方法如下:

(1) 启动 SAS 8.0,选择 Solution Analysis → Analyst,启动分析员。

(2) 在弹出的表中输入数据,如图 5.5 所示。

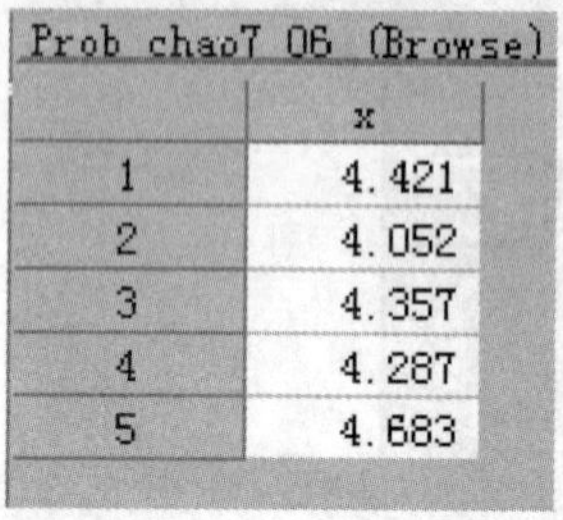

Prob chao7 06 (Browse)	
	x
1	4.421
2	4.052
3	4.357
4	4.287
5	4.683

图 5.5　SAS 数据输入图

(3) 点击 Statistics → Hypothesis Tests → One-Sample test for a Variance。

(4) 在弹出图 5.6 所示的对话框中,将左边编辑框中的变量 x 选入右边"Variable"框中,同时在 Null:Var = 框中输入测试值 0.116 64。

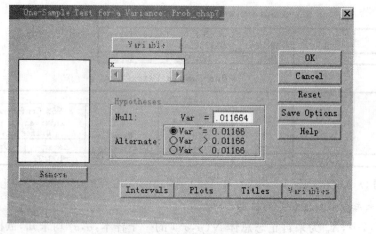

图 5.6　SAS 一个样本 T 检验对话框

(5) 点击"OK"按钮,得到以下结果:

One Sample Chi - square Test for a Variance

　　Sample Statistics for x

N	Mean	Std. Dev.	Variance
5	4.36	0.2282	0.0521

Hypothesis Test

Null hypothesis:Variance of x = 0.011664

Alternative:　Variance of x ^ = 0.011664

Chi − square	Df	Prob
17.854	4	0.0026

从结果看,$\chi^2 = 17.854, P\{\chi^2 > 17.854\} = 0.0026 < \alpha = 0.05$,故拒绝原假设。

3. 未知方差时两个正态总体均值的检验

在正态总体 $N(\mu_1, \sigma_1^2), N(\mu_2, \sigma_2^2)$ 中,若 $\mu_1, \mu_2, \sigma_1^2, \sigma_2^2$ 均未知,但 $\sigma_1^2 = \sigma_2^2 = \sigma^2$,$X_1, X_2, \cdots, X_{n_1}$ 是取自总体 $N(\mu_1, \sigma_1^2)$ 的一个样本,$Y_1, Y_2, \cdots, Y_{n_2}$ 是来自总体 $N(\mu_2, \sigma_2^2)$ 的一个样本,且假定两个样本相互独立,检验假设:

$$H_0: \mu_1 = \mu_2, \quad H_1: \mu_1 \neq \mu_2$$

选择统计量为

$$T = \frac{\overline{X} - \overline{Y}}{\sqrt{(n_1-1)S_{1n_1}^{*2} + (n_2-1)S_{2n_2}^{*2}}} \sqrt{\frac{n_1 n_2 (n_1 + n_2 - 2)}{n_1 + n_2}}$$

在 H_0 成立的条件下,T 服从自由度为 $n_1 + n_2 - 2$ 的 T 分布。

对给定的检验水平 $\alpha(0 < \alpha < 1)$,查 T 分布表得 $t_{\alpha/2}(n_1 + n_2 - 2)$,使得

$$P\{|T| \geq t_{\alpha/2}(n_1 + n_2 - 2)\} = \alpha$$

从而得检验的拒绝域为

$$W_1 = \{(x_1, x_2, \cdots, x_{n_1}, y_1, y_2, \cdots, y_{n_2}):$$

$$\frac{|\overline{x} - \overline{y}|}{\sqrt{(n_1-1)S_{1n_1}^{*2} + (n_2-1)S_{2n_2}^{*2}}} \sqrt{\frac{n_1 n_2 (n_1 + n_2 - 2)}{n_1 + n_2}} \geq t_{\alpha/2}(n_1 + n_2 - 2)\}$$

例 3 某种物品在处理前与处理后取样分析其含脂率如下:

处理前:0.19, 0.18, 0.21, 0.30, 0.66
0.42, 0.08, 0.12, 0.30, 0.27

处理后:0.15, 0.13, 0.00, 0.07, 0.24
0.24, 0.19, 0.04, 0.08, 0.20, 0.12

假定处理前后含脂率都服从正态分布,且相互独立,方差相等。问处理前后含脂率的均值有无显著差异?($\alpha = 0.05$)

软件实现 利用 SAS 8.0 进行检验,方法如下:

(1) 启动 SAS 8.0,选择 Solutions → Analysis → Analyst,启动分析员。

(2) 在弹出的表中输入数据,如图 5.7 所示。

Prob chap7 08 (Browse)	x	y
1	0.19	0.15
2	0.18	0.13
3	0.21	0
4	0.3	0.07
5	0.66	0.24
6	0.42	0.24
7	0.08	0.19
8	0.12	0.04
9	0.3	0.08
10	0.27	0.2
11	.	0.12

图 5.7 SAS 数据输入图

(3) 点击 Statistics → Hypothesis Tests → Two-Sample t-test for Means....

(4) 在弹出的如图5.8所示的对话框中，在"Groups are in"框中选择"Two Variables"单选按钮，将左边编辑框中的变量 x 选入右边"Group 1"框中，变量 y 选入右边"Group 2"框中。

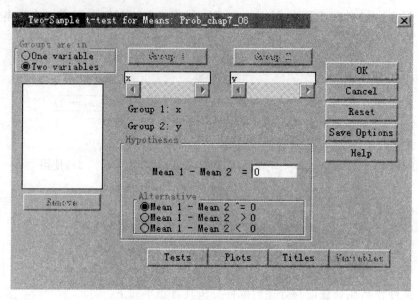

图 5.8　SAS 两样本 T 检验对话框

(5) 点击"OK"按钮，得到以下结果：

Two Sample t - test for the Means of x and y

　　Sample Statistics

　Group　N　Mean　　Std. Dev.　Std. Error

　　x　　10　0.273　　0.1677　　0.053

　　y　　11　0.132727　0.0801　　0.0242

　　Hypothesis Test

Null hypothesis： Mean 1 — Mean 2 = 0

Alternative：　　Mean 1 — Mean 2 ^= 0

　If Variances Are　t statistic　Df　Pr > t

　　Equal　　　　2.485　　19　　0.0225

　　Not Equal　　2.407　　12.64　0.0321

从结果看，$t=2.485$，$P\{|t|>2.485\}=0.0225<\alpha=0.05$，故拒绝原假设。

利用 SPSS 10.0 进行检验，方法如下：

(1) 启动 SPSS 10.0，选择 File → New → Data，在弹出的表中输入数据，如图5.9所示。其中数据列为 x，group 列为类别号。

(2) 选择 Analyze → Compare Means → Independent Sample T Test...，弹出如图5.10所示的对话框，将左边编辑框中的变量 x 选入右边"Test Variable(s)"框中。

第 5 章 假设检验

	group	x
1	1	.19
2	1	.18
3	1	.21
4	1	.30
5	1	.66
6	1	.42
7	1	.08
8	1	.12
9	1	.30
10	1	.27
11	2	.15
12	2	.13
13	2	.00
14	2	.07
15	2	.24
16	2	.24
17	2	.19
18	2	.04
19	2	.08
20	2	.20
21	2	.12

图 5.9 SPSS 数据输入图

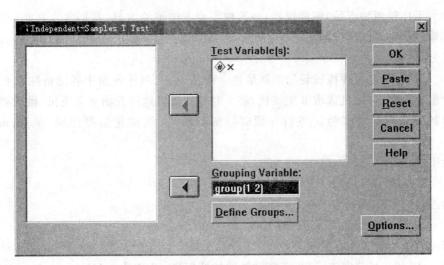

图 5.10 SPSS 两样本 T 检验对话框

(3)将变量 group 输入"Grouping Variable"框中,点击"Define Groups...",弹出如图 5.11所示的对话框,点单选按钮"Use specified values",在"Group 1"中输入 1,在"Group 2"中输入 2,点击"Continue"返回上一对话框。

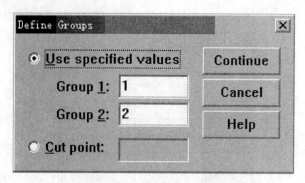

图 5.11 SPSS 定义组对话框

(4) 点击"OK"按钮,执行检验运算,结果如下:

从结果看,$t=2.485, P\{|t|>2.485\}=0.022<\alpha=0.05$,故拒绝原假设。

4. 基于配对数据的检验(T 检验)

有时为了比较两种产品,两种仪器,或两种实验方法等的差异,我们常常在相同的条件下作对比实验,得到一批成对(配对)的观测值,然后对观测数据进行分析,作出推断。这种方法称为配对分析法。

例 4 比较甲、乙两种橡胶轮胎的耐磨性。今从甲、乙两种轮胎中各随机抽取 8 个,其中各取一个组成一对;再随机选取 8 架飞机,将 8 对轮胎随机地搭配给 8 架飞机,做耐磨性实验,这样安排的实验叫配对实验。飞行一段时间的起落后,测得轮胎磨损量(单位:mg)数据如下:

轮胎甲:4 900,5 220,5 500,6 020
　　　　6 340,7 660,8 650,4 870
轮胎乙:4 930,4 900,5 140,5 700
　　　　6 110,6 880,7 930,5 010

试问这两种轮胎的耐磨性有无显著差异?($\alpha=0.05$)

分析　用 X 及 Y 分别表示甲、乙两种轮胎的磨损量,假定 $X \sim N(\mu_1, \sigma_1^2)$,$Y \sim N(\mu_2, \sigma_2^2)$,将该实验数据进行配对分析。

记 $Z=X-Y$,我们采用关于一个正态总体均值的 T 检验法,目的是检验 Z 的均值是否为 0。

软件实现　利用 SAS 8.0 进行检验,方法如下:

(1) 启动 SAS 8.0,选择 Solutions → Analysis → Analyst,启动分析员。

(2) 在弹出的表中输入数据,如图 5.12 所示。

第5章 假设检验

Prob_chap7_09 (Browse)		
	x	y
1	4900	4930
2	5220	4900
3	5500	5140
4	6020	5700
5	6340	6110
6	7660	6880
7	8650	7930
8	4870	5010

图 5.12　SAS 数据输入图

(3) 点击 Statistics → Hypothesis Tests → Two-Sample Paired t-test for Means...。

(4) 在弹出的如图 5.13 所示的对话框中，将左边编辑框中的变量 x 选入右边"Group 1"框中，变量 y 选入右边"Group 2"框中。

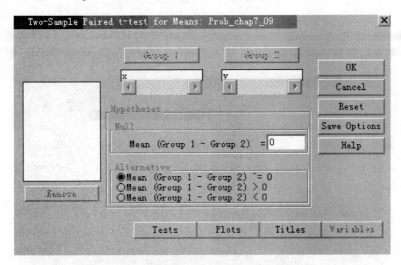

图 5.13　SAS 配对 T 检验对话框

(5) 点击"OK"按钮，得到以下结果：

Two Sample Paired t - test for the Means of x and y

　　Sample Statistics

Group　N　Mean　Std. Dev.　Std. Error

　x　　8　6145　1366.5　　483.13
　y　　8　5825　1097.5　　388.01

　　Hypothesis Test

Null hypothesis：　Mean of (x — y) ＝ 0
Alternative：　　Mean of (x — y) ^= 0

　t Statistic　　Df　　Prob ＞ t
　　2.831　　　7　　　0.0254

从结果看，$t = 2.831$，$P\{|t| > 2.831\} = 0.0254 < \alpha = 0.05$，故拒绝原假设。

利用 SPSS 10.0 进行检验,方法如下:

(1) 启动 SPSS 10.0,选择 File → New → Data,在弹出的表中输出数据,如图 5.14 所示。其变量名为 x 和 y。

	x	y
1	4900	4930
2	5220	4900
3	5500	5140
4	6020	5700
5	6340	6110
6	7660	6880
7	8650	7930
8	4870	5010

图 5.14　SPSS 数据输入图

(2) 选择 Analyze → Compare Means → Paired-Samples T Test…,弹出如图 5.15 所示的对话框,将左边编辑框中的变量 x 和 y 选入右边"Paired Variable(s)"框中,变成 x 和 $-y$。

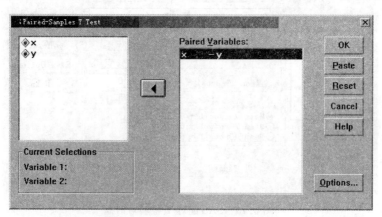

图 5.15　SPSS 配对 T 检验对话框

(3) 点击"OK"按钮,得到运算结果如下:

Paired Samples Test

		Paired Differences							
		Mean	Std. Deviation	Std. Error Mean	95% Confidence Interval of the Difference		t	df	Sig. (2-tailed)
					Lower	Upper			
Pair 1	X - Y	320.00	319.687	113.027	52.73	587.27	2.831	7	.025

从结果看,$t=2.831, P\{|t|>2.831\}=0.025<\alpha=0.05$,故拒绝原假设。

5. 两个正态总体方差的检验

设 $(X_1, X_2, \cdots, X_{n_1})$ 是取自总体 $N(\mu_1, \sigma_1^2)$ 的样本,$Y_1, Y_2, \cdots, Y_{n_2}$ 是来自总体 $N(\mu_2, \sigma_2^2)$ 的样本,且两个样本相互独立,$\mu_1, \mu_2, \sigma_1^2, \sigma_2^2$ 均未知,需检验假设:

$$H_0: \sigma^2 = \sigma_0^2, \quad H_1: \sigma^2 \neq \sigma_0^2$$

选取统计量为
$$F=\frac{S_{1n_1}^{*2}/\sigma_1^2}{S_{2n_2}^{*2}/\sigma_2^2}$$

当 $H_0:\sigma_1^2=\sigma_2^2$ 成立时,F 服从 $F(n_1-1,n_2-1)$。对给定的检验水平 $\alpha(0<\alpha<1)$,查 F 分布表得 $F_{\alpha/2}(n_1-1,n_2-1)$ 及 $F_{1-\alpha/2}(n_1-1,n_2-1)$,使得

$$P\{F\geqslant F_{\alpha/2}(n_1-1,n_2-1)\}=P\{F\leqslant F_{1-\alpha/2}(n_1-1,n_2-1)\}=\frac{\alpha}{2}$$

于是得检验的拒绝域为
$$W_1=\{(x_1,x_2,\cdots,x_{n1},y_1,y_2,\cdots,y_{n2}):F_0\geqslant F_{\alpha/2}(n_1-1,n_2-1)\}\bigcup$$
$$\{(x_1,x_2,\cdots,x_{n1},y_1,y_2,\cdots,y_{n2}):F_0\leqslant F_{1-\alpha/2}(n_1-1,n_2-1)\}$$

其中,F_0 为统计量 F 的观测值。由 F 分布临界值的性质知
$$F_{1-\alpha/2}(n_1-1,n_2-2)=\frac{1}{F_{\alpha/2}(n_2-1,n_1-2)}$$

例 5 为了考察温度对某物体断裂度的影响,70℃ 与 80℃ 下分别重复做了8次实验,所得断裂强度的数据如下(单位:MPa):

70℃:20.5,18.8,19.8,20.9,21.5,19.5,21.0,21.2
80℃:17.7,20.3,20.0,18.8,19.0,20.1,20.2,19.1

假定 70℃ 下的断裂强度用 X 表示,且服从 $N(\mu_1,\sigma_1^2)$,80℃ 下的断裂强度用 Y 表示,且服从 $N(\mu_2,\sigma_2^2)$,试问在 70℃ 与 80℃ 下断裂强度的方差是否相同?($\alpha=0.05$)

软件实现 利用 SAS 8.0 进行检验,方法如下:

(1) 启动 SAS 8.0,选择 Solutions → Analysis → Analyst,启动分析员。
(2) 在弹出的表中输入数据,如图 5.16 所示。

Prob chap7 10 (Browse)		
	x	y
1	20.5	17.7
2	18.8	20.3
3	19.8	20
4	20.9	18.8
5	21.5	19
6	19.5	20.1
7	21	20.2
8	21.2	19.1

图 5.16 SAS 数据输入图

(3) 点击 Statistics → Hypothesis Tests → Two-Sample Test for a Variances...。
(4) 在弹出的如图 5.17 所示的对话框中,在"Groups are in"框中选择"Two Variables"单选按钮,将左边编辑框中的变量 x 选入右边"Group 1"框中,变量 y 选入右边"Group 2"框中。

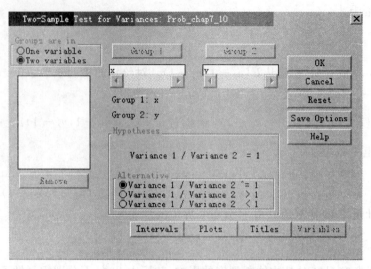

图 5.17　两总体方差检验对话框

(5) 点击"OK"按钮，得到如下结果：

Two Sample Test for Variances of x and y
　　Sample Statistics
Group　N　Mean　Std. Dev.　Variance
　x　　8　20.4　0.9411　　0.885714
　y　　8　19.4　0.9103　　0.828571
　　Hypothesis Test
Null hypothesis：Variance 1 / Variance 2 = 1
Alternative：　Variance 1 / Variance 2 ^= 1
　F　Numer.　Degree of Freedom Denom.　　Pr > F
　1.07　　7　　　　7　　　　　　　　0.9322

从结果看，$F=1.07$，$P\{F>1.07\}=0.9322>\alpha=0.05$，故接受原假设。

5.2　两组独立样本 Wilcoxon 秩和检验

例 6　某班有 14 名学生，男女生各占半数，在某次计算机考试中的成绩见表 5.1，请分析男生与女生的计算机成绩的差异。

表 5.1　成绩表

性　别	成　　绩						
男生	82	80	85	85	78	87	82
女生	75	76	80	77	80	77	73

SAS 的实现过程　当观测值之间是独立的，但是每一组观察值不一定是来自正态分布的总体，而且两个独立组的方差也未必相等时，就不能采用独立样本 T 检验，而必须进行两组独立样本的 Wilcoxon 秩和检验，此法有时被称为 Mann-Whitney U 检验。

第5章 假设检验

Wilcoxon 秩和检验是通过运行 PROC NPAR1WAY 过程的语句实现的。为说明 Wilcoxon 秩和检验的方法与原理，仍采用上例中所示的两组计算机成绩的数据，目的是判断在 α 值为 0.05 的标准下男女生计算机的平均成绩有显著差异，见程序 wilc.sas：

```
DATA computer;
INPUT sex  score @@;
DATALINES;
2 75 2 76 2 80 2 77 2 80 2 77 2 73
1 82 1 80 1 85 1 85 1 78 1 87 1 82
;
PROC NPAR1WAY  DATA = computer  WILCOXON;
   CLASS  sex;
   VAR  score;
TITLE 'Wilcoxon 秩和检验';
RUN;
```

得到的计算结果如下：

Wilcoxon秩和检验

The NPAR1WAY Procedure

Wilcoxon Scores (Rank Sums) for Variable score
Classified by Variable sex

sex	N	Sum of Scores	Expected Under H0	Std Dev Under H0	Mean Score
2	7	31.0	52.50	7.765803	4.428571
1	7	74.0	52.50	7.765803	10.571429

Average scores were used for ties.

Wilcoxon Two-Sample Test

Statistic	31.0000

Normal Approximation
Z	-2.7042
One-Sided Pr < Z	0.0034
Two-Sided Pr > |Z|	0.0068

t Approximation
One-Sided Pr < Z	0.0090
Two-Sided Pr > |Z|	0.0181

Z includes a continuity correction of 0.5.

Kruskal-Wallis Test

Chi-Square	7.6649
DF	1
Pr > Chi-Square	0.0056

结果解释：

（1）假设检验 H_0：两个独立组的平均成绩相等。若要检验原假设 H_0，关键要观察概率

(P)值,Wilcoxon 秩和检验也是如此。从结果中 $P_r>|Z|$ 右侧的数字(概率 P)可以看出,此值为 0.018 1,它小于 α 值 0.05,所以拒绝原假设 H_0,即两个独立组的平均成绩有差异。

(2)结果中 Wilcoxon 秩和检验的其他统计量。

Wilcoxon Score(Rank Sums)for Variable score Classified Variable sex:表示按照 sex 变量分组的 score(计算机成绩)的 Wilcoxon Scores(秩和检验)。

Sum of Score:Wilcoxon 检验的秩和,是将变量的所有值降序排列,并依次赋予秩,这些秩就是得分,最低分为 1,然后把每组的得分相加就是"秩和"。

Expected Under H_0:给出"两个独立组均值相等"的零假设下的 Wilcoxon 得分的期望值,当两组的观察值相等时,这两个期望值也相等。

Std Dev Under H_0:给出零假设下的 Wilcoxon 得分的标准偏差。

Mean Score:给出每组平均分。男生组计算机的平均得分为 10.57 分;女生组计算机的平均得分为 4.43 分。

Kruskal-Wallis:K – W 检验法。

$P_r>$ Chi-Square:K – W 检验的显著性水平为 0.005 6,很显著。说明两个独立组的计算机平均成绩有显著差异。

5.3 分布的假设检验

本节介绍直方图、Q – Q 图、P – P 图及正态检验的方法。

1. 直方图

设 $(X_1, X_2, \cdots, X_n)$ 是来自密度函数 $f(x)$ 的总体 X 的样本,根据样本作出频率直方图,估计总体的密度函数。

把 X 的取值范围等分为 m 个小区间,用 d 表示区间长度,用 n_i 表示落入 i 个小区间 $[t_{i-1}, t_i]$ 的样本数。落在第 i 个区间的频率为 $u_i = \dfrac{n_i}{n}$。

计算落在第 i 个区间 $[t_{i-1}, t_i]$ 的概率 p_i,有

$$p_i = \int_{t_{i-1}}^{t_i} f(x) dx = (t_i - t_{i-1}) f(\xi_i), \quad \xi_i \in [t_{i-1}, t_i)$$

用频率估计概率,有 $(t_i - t_{i-1}) f(\xi_i) \approx \dfrac{n_i}{n}$,则

$$f(\xi_i) \approx \frac{n_i}{dn}$$

当 $f(x)$ 在 $[t_{i-1}, t_i]$ 上连续,d 很小且样本量 n 充分大时,则可以用 $f(\xi_i)$ 作为 $f(x)$ 在小区间 $[t_{i-1}, t_i)$ 上的近似值。这就是估计密度函数的等距频率直方图。

根据一组实验数据 $x_1, x_2, \cdots, x_n$ 作频率直方图的步骤如下:

(1)确定区间端点,分组数,组距。设 $x_{(1)} = \min_i\{x_i\}$,$x_{(n)} = \max_i\{x_i\}$,常取 $a = x_{(1)} - \varepsilon$,$b = x_{(n)} + \varepsilon$(如 $\varepsilon = 0.05$),由样本容量 n 决定分组数 m,组距 $d = \dfrac{b-a}{n}$。

(2)计算分组频数与频率。用 $m-1$ 个分点 $t_1 < t_2 < \cdots < t_{m-1}$ 把区间 $[a,b]$ 等分成 m 个

小区间。统计 $x_1, x_2, \cdots, x_n$ 落在区间 $[t_{i-1}, t_i]$ 中的频数 n_i，计算落在第 i 个区间的频率为 $u_i = \dfrac{n_i}{n} (i=1,2,\cdots,m)$。

(3) 作频率直方图。记 $y_i = \dfrac{u_i}{d}$，以小区间 $[t_{i-1}, t_i)$ 为底，y_i 为高作长方形 $(i=1,2,\cdots,m)$。这样作出一排竖直长方形即为频率直方图。

利用统计软件 SPSS 和 SAS 很容易作出直方图。

2. Q-Q 图和 P-P 图

Q-Q 图和 P-P 图通常用来检验数据是否服从正态分布。

设样本 $X_1, X_2, \cdots, X_n$ 来自正态总体 $N(\mu, \sigma^2)$。把样本数据按从小到大排序，记为：$x_{(1)} \leqslant x_{(2)} \leqslant \cdots \leqslant x_{(n)}$，则经验分布函数为

$$F_n(x) = \begin{cases} 0, & x < x_{(1)} \\ \dfrac{k}{n}, & x_{(k)} \leqslant x < x_{(k+1)} \\ 1, & x \geqslant x_{(n)} \end{cases}$$

由于样本来自正态总体，根据总体分布函数与经验分布函数近似相等，有

$$F(x) = \Phi\left(\dfrac{x-\mu}{\sigma}\right) = F_n(x)$$

从而
$$\dfrac{x-\mu}{\sigma} = \Phi^{-1}(F_n(x)) = t$$

故有
$$x = t\sigma + \mu$$

则在 Otx 平面上，$x = t\sigma + \mu$ 表示斜率为 σ，截距为 μ 的直线。

对每个 $x_{(i)}$，$F_n(x_{(i)}) = \dfrac{i}{n}$，从而可计算出 $t_i = \Phi^{-1}\left(\dfrac{i}{n}\right)$。$x_{(i)}$ 为样本分位数点，$t_{(i)}$ 为对应标准正态分布 $\dfrac{i}{n}$ 处的分位数点，在 Otx 平面上做出的散点图 $(t_i, x_{(i)})$ 应该近似分布在直线 $x = t\sigma + \mu$ 上。因为分位数的英文为 Quantile，因此该方法称为 Q-Q 图检验法。

类似可以定义 P-P 图。

3. 偏度和峰度检验

设 X 是随机变量，称标准三阶中心矩 $g_1 = \dfrac{E(X-EX)^3}{\sigma^3}$ 为 X 的偏度；称标准四阶中心矩 $g_2 = \dfrac{E(X-EX)^4}{\sigma^4}$ 为 X 的峰度。当 X 服从正态分布时，易知偏度 $=0$，峰度 $=3$。

为了检验样本 $X_1, X_2, \cdots, X_n$ 是否来自正态总体，先计算偏度和峰度的估计量：

$$G_1 = \dfrac{\dfrac{1}{n}\sum_{i=1}^{n}(X_i - \overline{X})^3}{s^3}$$

$$G_2 = \dfrac{\dfrac{1}{n}\sum_{i=1}^{n}(X_i - \overline{X})^4}{s^4}$$

其中，样本均值 $\overline{X} = \dfrac{\sum_{i=1}^{n} X_i}{n}$，样本方差 $S_n^2 = \dfrac{\sum_{i=1}^{n}(X_i - \overline{X})^2}{n}$。

当 X 较大时,G_1 和 G_2 近似服从正态分布,且

$$E(G_1) \approx 0, Var(G_1) \approx \frac{6}{n}$$

$$E(G_2) \approx 3, Var(G_2) \approx \frac{24}{n}$$

当取检验水平 $\alpha = 0.05$ 时,由样本计算出的 G_1 和 G_2 满足:

$$-1.96\sqrt{\frac{6}{n}} \leqslant G_1 \leqslant 1.96\sqrt{\frac{6}{n}}$$

$$-1.96\sqrt{\frac{24}{n}} \leqslant G_2 - 3 \leqslant 1.96\sqrt{\frac{24}{n}}$$

上面两个式子只要有一个不成立,则认为该总体不服从正态分布。

4. Kolmogrov-Smirnov 检验

设总体 X 的分布函数为 $F(X)$,且假定 $F(X)$ 是连续函数,设 $X_1, X_2, \cdots, X_n$ 是来自 X 的一个容量为 n 的样本,据此作出经验分布函数 $F_n(X)$ 的图形。

检验假设为

$$H_0: F(x) = F_0(x) \leftrightarrow F(x) \neq F_0(x)$$

构造统计量为

$$D_n = \sup_{-\infty < x < +\infty} |F_n(x) - F(x)|$$

该统计量的精确分布和极限分布都可以给出。给定检验水平 α,当 $P\{D_n > D_{n,\alpha}\} = \alpha$ 时,拒绝原假设,即总体不服从 $F(X)$ 的分布,否则接受。这就是 Kolmogrov 检验。

当总体是两个,需要比较两个总体是否服从相同分布时,就要采用 Smirnov 检验。

设 $X_1, X_2, \cdots, X_n$ 是来自具有连续分布函数的 $F(X)$ 总体的样本,$Y_1, Y_2, \cdots, Y_n$ 是来自具有连续分布函数的 $G(X)$ 总体的样本,且假定两个样本相互独立,欲检验假设:

$$H_0: F(x) = G(x) \leftrightarrow F(x) \neq G(x)$$

设 $F_{n_1}(x)$ 和 $G_{n_2}(x)$ 分别是这两个样本对应的经验分布函数,作统计量:

$$D_{n_1, n_2} = \sup_{-\infty < x < +\infty} |F_{n_1}(x) - G_{n_2}(x)|$$

给定检验水平 α,当 $P\{D_{n_1, n_2} > D_{n,\alpha}\} = \alpha$ 时(其中 $n = \frac{n_1 n_2}{n_1 + n_2}$),拒绝原假设,即两总体不服从相同的分布,否则接受。这就是 Smirnov 检验。

例7 下面是 120 炉钢中含 SI 量的生产记录。

0.86	0.78	0.83	0.84	0.77	0.84	0.81	0.84	0.81	0.81	0.80	0.81
0.79	0.74	0.82	0.78	0.82	0.78	0.81	0.80	0.81	0.74	0.87	0.78
0.82	0.75	0.78	0.79	0.80	0.85	0.81	0.75	0.87	0.74	0.81	0.71
0.77	0.88	0.78	0.82	0.77	0.76	0.78	0.85	0.77	0.73	0.77	0.78
0.77	0.81	0.71	0.79	0.95	0.77	0.78	0.78	0.81	0.81	0.79	0.87
0.79	0.83	0.77	0.65	0.76	0.64	0.82	0.78	0.80	0.75	0.82	0.82
0.84	0.80	0.79	0.80	0.90	0.77	0.82	0.81	0.79	0.75	0.82	0.83
0.79	0.80	0.86	0.80	0.76	0.85	0.79	0.81	0.83	0.77	0.75	0.78
0.82	0.82	0.78	0.84	0.73	0.85	0.83	0.84	0.81	0.82	0.81	0.85

0.83　0.84　0.89　0.82　0.81　0.85　0.86　0.84　0.82　0.78　0.82　0.78

利用统计软件计算统计量(包括样本均值,样本方差,中位数,众数,标准偏度系数,标准峰度系数),作出直方图、P-P图、Q-Q图,并进行正态检验。

利用 SAS 8.0 进行检验,方法如下:

(1) 启动 SAS 8.0,选择 Solutions → Analysis → Analyst,启动分析员。

(2) 在弹出的表中输入数据,如图 5.18 所示。

	x
1	0.86
2	0.78
3	0.83
4	0.84
5	0.77
6	0.84
7	0.81
8	0.84
9	0.81
10	0.81
11	0.8
12	0.81
13	0.79
14	0.74
15	0.82
16	0.78
17	0.82
18	0.78
19	0.81
20	0.8

图 5.18　SAS 数据输入图

(3) 点击 Statistics → Descriptive → Distributions...。

(4) 在弹出的如图 5.19 所示的对话框中,将变量 x 选入"Analysis"框中。

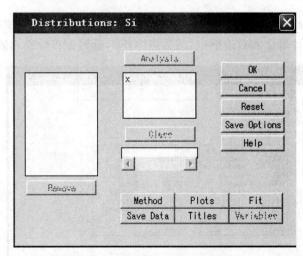

图 5.19　分布检验的对话框

(5) 点"Plots"按钮,弹出如图 5.20 所示的对话框,在该对话框中选择直方图、P-P图和 Q-Q图,然后点"OK"按钮,返回图 5.19 所示的分布检验对话框。

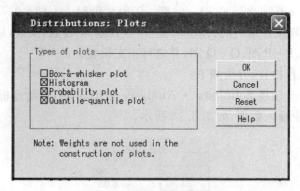

图 5.20　作图选择对话框

(6) 点"Fit"按钮,弹出如图 5.21 所示的对话框,选择正态分布拟合,然后点"OK",返回分布检验对话框。

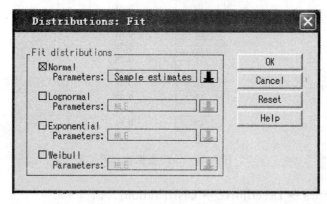

图 5.21　分布拟合选择对话框

(7) 点"Save Data"按钮,弹出如图 5.22 所示的对话框,将左边框中所有统计量选中,点"Add"按钮将所有统计量选入右边框中,然后点"OK",返回分布检验对话框。

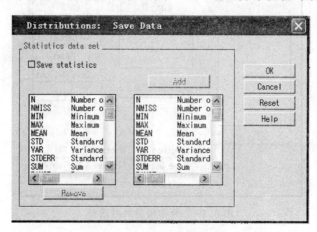

图 5.22　统计量选择对话框

(8) 在分布检验对话框中点"OK"按钮,得到的统计量相关结果如下:

```
            The UNIVARIATE Procedure
                  Variable:x
                    Moments
N                 120        Sum Weights        120
Mean              0.80241667 Sum Observations   96.29
Std Deviation     0.04500226 Variance           0.0020252
Skewness         -0.3171137  Kurtosis           2.18663964
Uncorrected SS    77.5057    Corrected SS       0.24099917
Coeff Variation   5.60834019 Std Error Mean     0.00410813

              Basic Statistical Measures
       Location              Variability
Mean    0.802417     Std Deviation    0.04500
Median  0.810000     Variance         0.00203
Mode    0.780000     Range            0.31000
```

从结果来看,统计量中均值为 0.802 416 67,标准差为 0.045 002 26,方差为 0.002 025 2,偏度系数为 -0.317 113 7,峰度系数为 2.186 639 64,中位数为 0.81,众数为 0.78,还有其他一些统计量,不一一列举了。

正态分布偏度系数的接受区间为 $\left[-1.96\sqrt{\frac{6}{n}}, 1.96\sqrt{\frac{6}{n}}\right]=[-0.438\,3, 0.438\,3]$,这里偏度系数为 -0.317 113 7,落在接受区间内。正态分布峰度系数的接受区间为 $\left[3-1.96\sqrt{\frac{24}{n}}, 3+1.96\sqrt{\frac{24}{n}}\right]=[2.123\,5, 3.876\,5]$,这里峰度系数为 2.186 639 64,也落在接受区间里。从偏度和峰度系数来看,不能拒绝总体服从正态分布。

分布的检验结果如下:

```
            Fitted Distribution for x
         Parameters for Normal Distribution
         Parameter  Symbol   Estimate
         Mean       Mu       0.802417
         Std Dev    Sigma    0.045002
         Goodness-of-Fit Tests for Normal Distribution
Test                   ---Statistic---    -----p Value-----
Kolmogorov-Smirnov     D    0.09399294    Pr > D      < 0.010
Cramer-von Mises       W-Sq 0.16824002    Pr > W-Sq   0.015
Anderson-Darling       A-Sq 1.04110437    Pr > A-Sq   0.009
```

从分布的检验结果来看,采用 Kolmogrov-Smirnov 检验,统计量为 D=0.093 992 94,概率为 <0.01,低于检验水平 $\alpha=0.05$;采用 Cramer-von Mises 检验,统计量 W-Sq=0.168 240 02,概率为 0.015,低于检验水平 $\alpha=0.05$;采用 Anderson-Darling 检验,统计量 $A-S_q$=1.041 104 37,概率为 0.09,低于检验水平 $\alpha=0.05$。因此从这三种检验来看,都服从正态分布,且服从均值为 Mu=0.802 417,标准差为 Sigma=0.045 002 的正态分布。

从图 5.23 的直方图及对应的密度曲线来看,也可以看出符合正态分布。图 5.24 所示的 P-P 图和图 5.25 所示的 Q-Q 图,所有的点基本都均匀散布在直线两侧,也说明服从正态分布。

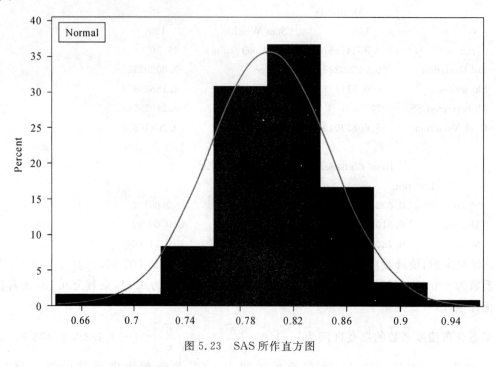

图 5.23　SAS 所作直方图

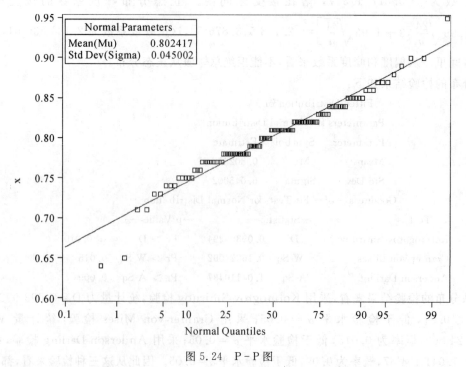

图 5.24　P-P 图

第5章 假设检验

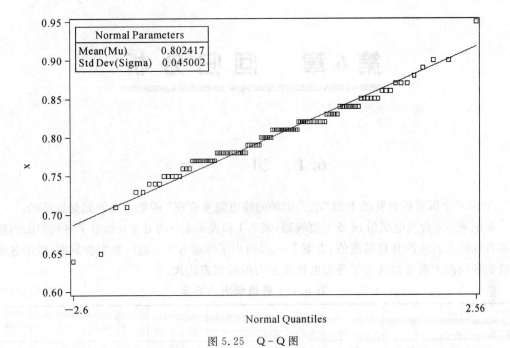

图 5.25 Q-Q 图

第6章 回归分析

6.1 引 言

2004年全国数模竞赛的B题"电力市场的输电阻塞管理"的第1个问题是这样的:

某电网有8台发电机组,6条主要线路,表6.1和表6.2中的方案0给出了各机组的当前出力和各线路上对应的有功潮流值,方案1~32给出了围绕方案0的一些实验数据,试用这些数据确定各线路上有功潮流关于各发电机组出力的近似表达式。

表6.1 各机组出力方案   单位:MW

方案\机组	1	2	3	4	5	6	7	8
0	120	73	180	80	125	125	81.1	90
1	133.02	73	180	80	125	125	81.1	90
2	129.63	73	180	80	125	125	81.1	90
3	158.77	73	180	80	125	125	81.1	90
4	145.32	73	180	80	125	125	81.1	90
5	120	78.596	180	80	125	125	81.1	90
6	120	75.45	180	80	125	125	81.1	90
7	120	90.487	180	80	125	125	81.1	90
8	120	83.848	180	80	125	125	81.1	90
9	120	73	231.39	80	125	125	81.1	90
10	120	73	198.48	80	125	125	81.1	90
11	120	73	212.64	80	125	125	81.1	90
12	120	73	190.55	80	125	125	81.1	90
13	120	73	180	75.857	125	125	81.1	90
14	120	73	180	65.958	125	125	81.1	90
15	120	73	180	87.258	125	125	81.1	90
16	120	73	180	97.824	125	125	81.1	90
17	120	73	180	80	150.71	125	81.1	90
18	120	73	180	80	141.58	125	81.1	90
19	120	73	180	80	132.37	125	81.1	90

续表

方案\机组	1	2	3	4	5	6	7	8
20	120	73	180	80	156.93	125	81.1	90
21	120	73	180	80	125	138.88	81.1	90
22	120	73	180	80	125	131.21	81.1	90
23	120	73	180	80	125	141.71	81.1	90
24	120	73	180	80	125	149.29	81.1	90
25	120	73	180	80	125	125	60.582	90
26	120	73	180	80	125	125	70.962	90
27	120	73	180	80	125	125	64.854	90
28	120	73	180	80	125	125	75.529	90
29	120	73	180	80	125	125	81.1	104.84
30	120	73	180	80	125	125	81.1	111.22
31	120	73	180	80	125	125	81.1	98.092
32	120	73	180	80	125	125	81.1	120.44

表 6.2　各线路的潮流值(各方案与表 6.1 相对应)　　　单位:MW

方案\线路	1	2	3	4	5	6
0	164.78	140.87	−144.25	119.09	135.44	157.69
1	165.81	140.13	−145.14	118.63	135.37	160.76
2	165.51	140.25	−144.92	118.7	135.33	159.98
3	167.93	138.71	−146.91	117.72	135.41	166.81
4	166.79	139.45	−145.92	118.13	135.41	163.64
5	164.94	141.5	−143.84	118.43	136.72	157.22
6	164.8	141.13	−144.07	118.82	136.02	157.5
7	165.59	143.03	−143.16	117.24	139.66	156.59
8	165.21	142.28	−143.49	117.96	137.98	156.96
9	167.43	140.82	−152.26	129.58	132.04	153.6
10	165.71	140.82	−147.08	122.85	134.21	156.23
11	166.45	140.82	−149.33	125.75	133.28	155.09
12	165.23	140.85	−145.82	121.16	134.75	156.77
13	164.23	140.73	−144.18	119.12	135.57	157.2
14	163.04	140.34	−144.03	119.31	135.97	156.31

续 表

线路 方案	1	2	3	4	5	6
15	165.54	141.1	−144.32	118.84	135.06	158.26
16	166.88	141.4	−144.34	118.67	134.67	159.28
17	164.07	143.03	−140.97	118.75	133.75	158.83
18	164.27	142.29	−142.15	118.85	134.27	158.37
19	164.57	141.44	−143.3	119	134.88	158.01
20	163.89	143.61	−140.25	118.64	133.28	159.12
21	166.35	139.29	−144.2	119.1	136.33	157.59
22	165.54	140.14	−144.19	119.09	135.81	157.67
23	166.75	138.95	−144.17	119.15	136.55	157.59
24	167.69	138.07	−144.14	119.19	137.11	157.65
25	162.21	141.21	−144.13	116.03	135.5	154.26
26	163.54	141	−144.16	117.56	135.44	155.93
27	162.7	141.14	−144.21	116.74	135.4	154.88
28	164.06	140.94	−144.18	118.24	135.4	156.68
29	164.66	142.27	−147.2	120.21	135.28	157.65
30	164.7	142.94	−148.45	120.68	135.16	157.63
31	164.67	141.56	−145.88	119.68	135.29	157.61
32	164.69	143.84	−150.34	121.34	135.12	157.64

看到这个问题,容易想到该问题就是要找出各线路上有功潮流与 8 台发电机组出力的函数关系,是数学上一个函数拟合问题,如果进一步数学化就是:

设 6 条线路上有功潮流为 $y_j(j=1,2,\cdots,6)$,8 台发电机组出力为 $x_i(i=1,2,\cdots,8)$,该问题变为寻找函数关系表达式

$$y_j = f_j(x_1, x_2, \cdots, x_8), \quad j=1,2,\cdots,6 \qquad (6.1)$$

剩下的问题就是寻找具体的函数表达式。

对本问题,采用多元线性回归分析,的确做得很好,而线性回归分析,从多次参赛的经验来看,在许多的国内国际数学建模竞赛中,都有可能用到。因此,下面简单介绍线性回归分析的基本原理、对回归好坏的评价指标以及利用统计软件的实现方法。

6.2 回归分析方法

回归分析,直观地讲,就是对平面上一些散布的点,采用一条最好的直线去表达。如图 6.1 所示是 12 组儿子身高 y 和父亲身高 x 数据关系的散布点,采用直线拟合的示意图。

上述的示例中自变量只有一个,属一元回归分析。如果自变量有多个,则属多元回归分析。如 6.1 节中介绍的赛题,自变量是 8 台发电机组出力 $x_1, x_2, \cdots, x_8$,作回归分析就属多元回归分析。本节分别概要介绍一元回归分析和多元回归分析的原理和方法。

第 6 章 回归分析

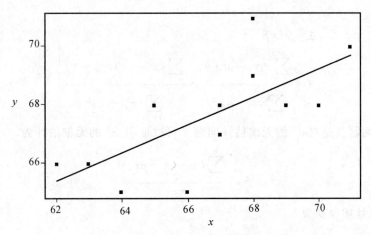

图 6.1 平面上散布点的直线拟合示意图

1. 一元线性回归

模型：
$$y = \alpha + \beta x + \varepsilon \tag{6.2}$$

其中，$\varepsilon \sim N(0, \sigma^2)$。

对一组观测值 $(x_i, y_i)(i = 1, 2, \cdots, n)$，满足：
$$y_i = \alpha + \beta x_i + \varepsilon_i \tag{6.3}$$

其中，各 ε_i 相互独立，且
$$\varepsilon_i \sim N(0, \sigma^2), \quad i = 1, 2, \cdots, n$$

找一条最好的直线通过 n 个已知的观测点，实际上就是寻找满足如下目标的直线参数 α, β。

目标函数：
$$\sum_{i=1}^{n} (y_i - \hat{\alpha} - \hat{\beta} x_i)^2 = \min_{\alpha, \beta} \sum_{i=1}^{n} (y_i - \alpha - \beta x_i)^2 \tag{6.4}$$

现在利用高等数学知识，简单介绍参数 α, β 的求法。

记
$$S(\alpha, \beta) = \sum_{i=1}^{n} (y_i - \alpha - \beta x_i)^2 \tag{6.5}$$

则
$$\frac{\partial S}{\partial \alpha} = 2 \sum_{i=1}^{n} (y_i - \alpha - \beta x_i) = 0$$
$$\frac{\partial S}{\partial \beta} = 2 \sum_{i=1}^{n} (y_i - \alpha - \beta x_i) x_i = 0$$

有
$$\left. \begin{array}{l} n\hat{\alpha} + n\bar{x}\hat{\beta} = n\bar{y} \\ n\bar{x}\hat{\alpha} + \sum_{i=1}^{n} x_i^2 \hat{\beta} = \sum_{i=1}^{n} x_i y_i \end{array} \right\} \tag{6.6}$$

这里
$$\bar{x} = \frac{1}{n} \sum_{i=1}^{n} x_i, \quad \bar{y} = \frac{1}{n} \sum_{i=1}^{n} y_i$$

则
$$\left.\begin{array}{l}\hat{\alpha}=\bar{y}-\hat{\beta}\bar{x}\\[2mm]\hat{\beta}=\dfrac{\sum\limits_{i=1}^{n}x_{i}y_{i}-n\bar{x}\bar{y}}{\sum\limits_{i=1}^{n}x_{i}^{2}-n\bar{x}^{2}}=\dfrac{\sum\limits_{i=1}^{n}(x_{i}-\bar{x})(y_{i}-\bar{y})}{\sum\limits_{i=1}^{n}(x_{i}-\bar{x})^{2}}\end{array}\right\} \tag{6.7}$$

另外一个问题就是对 σ^2 的无偏估计问题。可以证明，σ^2 的无偏估计为

$$\hat{\sigma}^2=\dfrac{\sum_{i=1}^{n}(y_i-\hat{\alpha}-\hat{\beta}x_i)^2}{n-2} \tag{6.8}$$

2. 多元线性回归模型

模型：

$$y=\beta_0+\beta_1 x_1+\cdots+\beta_m x_m+\varepsilon \tag{6.9}$$

其中，$\varepsilon \sim N(0,\sigma^2)$，$\beta_0,\beta_1,\cdots,\beta_m,\sigma^2$ 是未知参数。

设 $(x_{i1},x_{i2},\cdots,x_{im},y_i)(i=1,2,\cdots,n)$ 是 $(x_1,x_2,\cdots,x_m,y)$ 的 n 个观测值，则满足

$$y_i=\beta_0+\beta_1 x_{i1}+\cdots+\beta_m x_{im}+\varepsilon_i, \quad i=1,2,\cdots,n \tag{6.10}$$

其中，各 ε_i 相互独立，且 $\varepsilon_i \sim N(0,\sigma^2)$。

令
$$\boldsymbol{\beta}=(\beta_0,\beta_1,\cdots,\beta_m)^T, \quad \boldsymbol{\varepsilon}=(\varepsilon_1,\varepsilon_2,\cdots,\varepsilon_n)^T$$
$$\boldsymbol{Y}=(y_1,y_2,\cdots,y_n)^T \tag{6.11}$$

$$\boldsymbol{X}=\begin{bmatrix} 1 & x_{11} & x_{12} & \cdots & x_{1m} \\ 1 & x_{21} & x_{22} & \cdots & x_{2m} \\ \vdots & \vdots & \vdots & & \vdots \\ 1 & x_{n1} & x_{n2} & \cdots & x_{nm} \end{bmatrix} \tag{6.12}$$

则方程组用矩阵表达为

$$\boldsymbol{Y}=\boldsymbol{X}\boldsymbol{\beta}+\boldsymbol{\varepsilon} \tag{6.13}$$

假定矩阵 $\boldsymbol{X}$ 的秩等于 $m+1$，即列满秩，则

$$\boldsymbol{X}^T\boldsymbol{Y}=(\boldsymbol{X}^T\boldsymbol{X})\hat{\boldsymbol{\beta}}$$

解之得
$$\hat{\boldsymbol{\beta}}=(\boldsymbol{X}^T\boldsymbol{X})^{-1}\boldsymbol{X}^T\boldsymbol{Y} \tag{6.14}$$

σ^2 的无偏估计为

$$\hat{\sigma}^2=\dfrac{\sum_{i=1}^{n}(y_i-\hat{\beta}-\sum_{j=1}^{m}x_{ij}\hat{\beta}_j)^2}{n-m-1} \tag{6.15}$$

当 $m=1$ 时，就变成一元回归分析，其参数 β 的求解及 σ^2 的无偏估计与一元回归分析得到的结论是一致的。

3. 回归模型的假设检验

在完成回归模型中参数及回归偏差 σ^2 的估计后，还需要对模型进行评价，包括检验采用线性回归是否适合，每一个变量是否对因变量起作用，采用线性回归好坏程度的度量。下面分别进行讨论。

(1) 回归方程的显著性检验。

$$H_0: \beta_1 = \beta_2 = \cdots = \beta_m = 0$$
$$H_1: 至少有一个 \beta_j \neq 0 (j=1,2,\cdots,m)$$

当原假设 H_0 成立时,说明回归方程不显著,采用线性进行回归是不适合的。

当备选假设 H_1 成立时,说明回归方程显著,采用线性回归有意义。

令 $\bar{Y} = \frac{1}{n}\sum_{i=1}^{n} Y_i$,考虑总离差平方和:

$$S_T = \sum_{i=1}^{n}(y_i - \bar{y})^2 = \sum_{i=1}^{n}[(y_i - \hat{y}_i) + \hat{y}_i - \bar{y}]^2 = \sum_{i=1}^{n}(y_i - \hat{y}_i)^2 + \sum_{i=1}^{n}(\hat{y}_i - \bar{y})^2 = S_e + S_R \tag{6.16}$$

其中, $S_e = \sum_{i=1}^{n}(y_i - \hat{y}_i)^2$,称为剩余残差平方和;$S_R = \sum_{i=1}^{n}(\hat{y}_i - \bar{y})^2$,称为回归平方和。

在 H_0 成立的条件下,可以证明

$$S_e/\sigma^2 \sim \chi^2(n-m-1), \quad S_R/\sigma^2 \sim \chi^2(m) \tag{6.17}$$

且 S_e 与 S_R 相互独立,则

$$F = \frac{S_R/m}{S_e/(n-m-1)} \sim F(m, n-m-1) \tag{6.18}$$

对给定显著水平 α,可查表得 $F_\alpha(m, n-m-1)$,计算统计量 F 的数值 f。

若 $f \geq F_\alpha(m, n-m-1)$,则拒绝 H_0,即认为各系数不为零,线性回归方程是显著的;否则接受 H_0,即认为线性回归方程不显著。

(2) 回归系数的显著性检验。

检验假设:
$$H_0: \beta_j = 0 \leftrightarrow H_1: \beta_j \neq 0, \quad j=1,2,\cdots,m$$

当原假设 H_0 成立时,说明自变量 x_j 对 y 不起作用,在回归模型中可以去掉。

当备选假设 H_1 成立时,说明自变量 x_j 对 y 有作用,在回归模型中不能去掉。

可以证明,$\hat{\beta}_j \sim N(\beta_j, c_{jj}\sigma^2)$,$c_{jj}$ 是 $\boldsymbol{C} = (\boldsymbol{X}^T\boldsymbol{X})^{-1}$ 的主对角线上的第 $j+1$ 个元素:

$$\frac{\hat{\beta}_j - \beta_j}{\sqrt{C_{jj}\sigma^2}} \sim N(0,1) \tag{6.19}$$

而 $\frac{S_e}{\sigma^2} \sim \chi^2(n-m-1)$,且 S_e 与 $\hat{\beta}_j$ 独立,则在 H_0 成立的条件下,有

$$T_j = \frac{\hat{\beta}_j}{\sqrt{c_{jj}S_e/(n-m-1)}} = \frac{\hat{\beta}_j}{\sqrt{C_{jj}}\hat{\sigma}} \sim t(n-m-1) \tag{6.20}$$

对给定的显著水平 α,查表得 $t_{\alpha/2}(n-m-1)$,计算统计量 T_j 的数值 t_j,若 $|t_j| \geq t_{\alpha/2}(n-m-1)$ 则拒绝 H_0,即认为 β_j 显著不为零;若 $|t_j| < t_{\alpha/2}(n-m-1)$ 则接受 H_0,即认为 β_j 等于零。

(3) 复相关系数。对一个回归方程来说,即使回归显著,但还涉及回归好坏程度的度量。对两个随机变量之间,衡量它们的相关程度可以采用相关系数来度量,但对一个因变量和一组自变量和之间的线性相关程度,则要采用下面介绍的复相关系数来度量。

复相关系数定义为

$$R^2 = \frac{S_R}{S_T} = 1 - \frac{S_e}{S_T} \tag{6.21}$$

离差平方和 S_e 越小,则复相关系数越大。该指标反映了采用一组自变量 $x_1, x_2, \cdots, x_m$ 解

释因变量 y 的程度。$0 < R^2 \leqslant 1$，R^2 越接近 1，表示因变量 y 与各自变量 x_i 之间线性相关程度越强。

但复相关系数也有一些缺点，当采用的自变量越多时，其 S_e 总会减少，从而导致 R^2 增大，而有些自变量的引入可能是多余的。为更准确地反映参数个数的影响，采用调整的复相关系数（AdjustR^2）。其定义为

$$aR^2 = 1 - \frac{S_e/(n-m-1)}{S_R/(n-1)} \tag{6.22}$$

R^2 和 aR^2 越接近 1，表示因变量 y 与各自变量 x_i 之间线性相关程度越强。

6.3 软件实现

前面讲述了线性回归的原理与方法，下面就是如何快速求解回归参数及各种评价指标。这得借助现成的软件，通过成熟的软件，前面的问题可以轻松获得求解。解决线性回归问题的最常用软件有 MATLAB、SPSS 和 SAS。这里介绍 SAS 和 SPSS 的求解过程。

1. SAS 8.0 软件求解过程

(1) 启动 SAS 8.0 软件，鼠标点击 Solutions → Analysis → Analyst，启动分析员。

(2) 在弹出的表中输入数据，如图 6.2 所示。其中 1～32 行为 32 组实验数据（方案 0 未选，后面将作为测试数据）。8 台机组的出力用 $x_1, x_2, \cdots, x_8$ 表示，6 条线路的潮流值用 $y_1, y_2, \cdots, y_6$ 表示。（由于数据较多，可将数据拷贝到记事本中，然后由 SAS 直接读入更方便。）

	X1	X2	X3	X4	X5	X6	X7	X8	Y1	Y2	Y3	Y4	Y5	Y6
1	133.02	73	180	80	125	125	81.1	90	165.81	140.13	-145.14	118.63	135.37	160.76
2	129.63	73	180	80	125	125	81.1	90	165.51	140.25	-144.92	118.7	135.33	159.98
3	158.77	73	180	80	125	125	81.1	90	167.93	138.71	-146.91	117.72	135.41	166.81
4	145.32	73	180	80	125	125	81.1	90	166.79	139.45	-145.92	118.13	135.41	163.64
5	120	78.596	180	80	125	125	81.1	90	164.94	141.5	-143.84	118.43	136.72	157.22
6	120	75.45	180	80	125	125	81.1	90	164.8	141.13	-144.07	118.82	136.02	157.5
7	120	90.487	180	80	125	125	81.1	90	165.59	143.03	-143.16	117.24	139.66	156.59
8	120	83.848	180	80	125	125	81.1	90	165.21	142.28	-143.49	117.96	137.98	156.96
9	120	73	231.39	80	125	125	81.1	90	167.43	140.82	-152.26	129.58	132.04	153.6
10	120	73	198.48	80	125	125	81.1	90	165.71	140.82	-147.08	122.85	134.21	158.23
11	120	73	212.64	80	125	125	81.1	90	166.45	140.82	-149.33	125.75	133.28	155.09
12	120	73	190.55	80	125	125	81.1	90	165.23	140.85	-145.82	121.16	134.75	156.77
13	120	73	180	75.857	125	125	81.1	90	164.23	140.73	-144.18	119.12	135.97	157.2
14	120	73	180	65.958	125	125	81.1	90	163.04	140.34	-144.03	119.31	135.97	156.31
15	120	73	180	87.258	125	125	81.1	90	165.54	141.1	-144.32	118.84	135.06	158.26
16	120	73	180	97.824	125	125	81.1	90	166.88	141.4	-144.34	118.67	134.67	159.28
17	120	73	180	80	150.71	125	81.1	90	164.07	143.03	-140.97	116.33	138.53	158.83
18	120	73	180	80	141.58	125	81.1	90	164.27	142.29	-142.15	118.85	134.27	158.37
19	120	73	180	80	132.37	125	81.1	90	164.57	141.44	-143.3	119	134.88	158.01
20	120	73	180	80	156.93	125	81.1	90	163.89	143.61	-140.25	118.64	133.28	159.12
21	120	73	180	80	125	138.88	81.1	90	166.35	139.29	-144.2	119.1	136.33	157.59
22	120	73	180	80	125	131.21	81.1	90	165.54	140.14	-144.19	119.09	135.81	157.67
23	120	73	180	80	125	141.71	81.1	90	166.75	138.95	-144.17	119.15	135.55	157.59
24	120	73	180	80	125	149.29	81.1	90	167.69	138.07	-144.14	119.19	137.11	157.65
25	120	73	180	80	125	125	60.582	90	162.21	141.21	-144.13	116.03	135	154.62
26	120	73	180	80	125	125	70.962	90	163.54	141	-144.16	117.56	135.44	155.93
27	120	73	180	80	125	125	64.854	90	162.7	141.14	-144.21	116.74	135.4	154.88
28	120	73	180	80	125	125	75.529	90	164.06	140.94	-144.18	118.24	135.4	156.68
29	120	73	180	80	125	125	81.1	104.84	164.66	-147.2	120.21	135.28	157.63	
30	120	73	180	80	125	125	81.1	111.22	164.7	142.94	-148.45	120.68	135.16	157.63
31	120	73	180	80	125	125	81.1	98.092	164.67	141.56	-145.88	119.68	135.29	157.61
32	120	73	180	80	125	125	81.1	120.44	164.69	143.84	-150.34	121.24	135.12	157.64

图 6.2 SAS 数据输入图

(3) 鼠标点击 Statistics → Regression → Linear …，在弹出对话框（见图 6.3）中，将左边

文本框中的 8 个自变量 $x_1, x_2, \cdots, x_8$ 选入 Explanatory 框中，将因变量 $y_1, y_2, \cdots, y_6$ 选入 Dependent 框中。

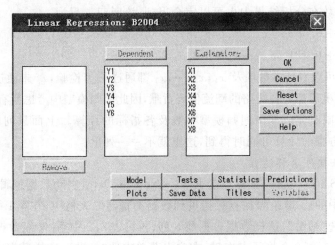

图 6.3　SAS 线性回归对话框

(4) 点击"OK"执行回归分析，结果如下：

The REG Procedure

Model：MODEL1

Dependent Variable：Y1

Analysis of Variance

Source	DF	Sum of Squares	Mean Square	F Value	Pr > F
Model	8	60.73531	7.59191	5861.52	<.0001
Error	23	0.02979	0.00130		
Corrected Total	31	60.76510			

Root MSE		0.03599	R-Square	0.9995
Dependent Mean		165.17031	Adj R-Sq	0.9993
Coeff Var		0.02179		

Parameter Estimates

Variable	DF	Parameter Estimate	Standard Error	t Value	Pr > |t|
Intercept	1	110.29651	0.44512	247.79	<.0001
X1	1	0.08284	0.00084653	97.86	<.0001
X2	1	0.04828	0.00191	25.21	<.0001
X3	1	0.05297	0.00064256	82.44	<.0001
X4	1	0.11993	0.00149	80.24	<.0001
X5	1	−0.02544	0.00093315	−27.26	<.0001
X6	1	0.12201	0.00126	96.45	<.0001
X7	1	0.12158	0.00146	82.99	<.0001
X8	1	−0.00123	0.00103	−1.19	0.2450

由结果可知，总离差平方和 $S_T = 60.76510$，回归平方和 $S_R = 60.73531$，残差平方和 $S_e = 0.02979$；$F = 5861.52$，而概率 $P\{F > 5861.52\} < 0.0001$，故不管取检验水平 $\alpha = 0.05$ 或 $\alpha = 0.1$ 都说明回归显著。

回归得到的均方误差 $\hat{\sigma} = 0.035\ 99$，复相关系数 $R^2 = 0.999\ 5$，调整的复相关系数 $aR^2 = 0.999\ 3$。

回归方程的系数在分析结果中也可以完全得到，该回归方程为
$$y_1 = 110.296\ 51 + 0.082\ 84 x_1 + 0.048\ 28 x_2 + 0.052\ 97 x_3 + 0.119\ 93 x_4 - 0.025\ 44 x_5 + 0.122\ 01 x_6 + 0.121\ 58 x_7 - 0.001\ 23 x_8$$

从分析结果中可以看到常数项及 $x_1, x_2, \cdots, x_7$ 都通过了 T 检验，x_8 未通过 T 检验。但考虑到该实际问题，8 台机器都为各线路的潮流值有贡献，因此回归模型中考虑所有机组的出力。

SAS 8.0 可以同时完成 6 个回归模型参数及各指标的计算。上面只列出了 y_1 的回归计算，其他 5 个回归方程的计算可同时得到，这里就不一一列出。

2. SPSS 10.0 软件求解过程

(1) 启动 SPSS 10.0 软件，鼠标点击 File → New → Data，启动数据编辑器。

(2) 将表 6.1 中的后 32 组数据直接拷贝到数据编辑器的表格中，在第 1 行第 1 个格子点右键，在弹出菜单中选"粘贴"，这样数据占据前 8 列；再将表 6.2 中后 32 组数据拷贝到数据编辑器的表格中，在第 1 行第 9 个格子点右键，在弹出菜单中选"粘贴"，这样数据占据第 9 列开始的 6 列。

(3) 此时 14 列数据的变量名分别被系统自动命名为 var00001～var00014，鼠标点击数据表格下端的 Variable View，将前 8 个变量名修改为 x1, x2, ⋯, x8，后 6 个变量名修改为 y1, y2, ⋯, y6，并将小数点显示为 3 位。再点 Data View，就可以看到如图 6.4 所示的数据表。

	x1	x2	x3	x4	x5	x6	x7	x8	y1	y2	y3	y4	y5	y6
1	133.020	73.000	180.000	80.000	125.0	125.00	81.100	90.00	165.81	140.13	-145.140	118.6	135	160.760
2	129.630	73.000	180.000	80.000	125.0	125.00	81.100	90.00	165.51	140.25	-144.920	118.7	135	159.980
3	158.770	73.000	180.000	80.000	125.0	125.00	81.100	90.00	167.93	138.71	-146.910	117.5	135	166.810
4	145.320	73.000	180.000	80.000	125.0	125.00	81.100	90.00	166.79	139.45	-145.920	118.1	135	163.640
5	120.000	78.596	180.000	80.000	125.0	125.00	81.100	90.00	164.94	141.50	-143.840	118.4	137	157.220
6	120.000	75.450	180.000	80.000	125.0	125.00	81.100	90.00	164.80	141.13	-144.070	118.8	136	157.500
7	120.000	90.487	180.000	80.000	125.0	125.00	81.100	90.00	165.59	143.03	-143.160	117.2	140	156.590
8	120.000	83.848	180.000	80.000	125.0	125.00	81.100	90.00	165.21	142.28	-143.490	118.0	138	156.960
9	120.000	73.000	231.390	80.000	125.0	125.00	81.100	90.00	167.43	140.82	-152.260	129.6	132	153.600
10	120.000	73.000	198.480	80.000	125.0	125.00	81.100	90.00	165.71	140.82	-147.080	122.9	134	156.230
11	120.000	73.000	212.640	80.000	125.0	125.00	81.100	90.00	166.45	140.82	-149.330	125.8	133	155.090
12	120.000	73.000	190.550	80.000	125.0	125.00	81.100	90.00	165.23	140.85	-145.820	121.2	135	156.770
13	120.000	73.000	180.000	75.857	125.0	125.00	81.100	90.00	164.23	140.73	-144.180	119.1	136	157.200
14	120.000	73.000	180.000	65.958	125.0	125.00	81.100	90.00	163.04	140.34	-144.030	119.3	136	156.310
15	120.000	73.000	180.000	87.258	125.0	125.00	81.100	90.00	165.54	141.10	-144.320	118.8	135	158.260
16	120.000	73.000	180.000	97.824	125.0	125.00	81.100	90.00	166.88	141.40	-144.340	118.5	135	159.280
17	120.000	73.000	180.000	80.000	150.7	125.00	81.100	90.00	164.07	143.03	-140.970	118.8	134	158.830
18	120.000	73.000	180.000	80.000	141.6	125.00	81.100	90.00	164.27	142.29	-142.150	118.9	134	158.370
19	120.000	73.000	180.000	80.000	132.4	125.00	81.100	90.00	164.57	141.44	-143.300	119.0	135	158.010
20	120.000	73.000	180.000	80.000	156.9	125.00	81.100	90.00	163.89	143.61	-140.250	118.6	133	159.120
21	120.000	73.000	180.000	80.000	125.0	138.88	81.100	90.00	166.35	139.29	-144.200	119.1	136	157.590
22	120.000	73.000	180.000	80.000	125.0	131.21	81.100	90.00	165.54	140.14	-144.190	119.1	136	157.670
23	120.000	73.000	180.000	80.000	125.0	141.71	81.100	90.00	166.75	138.95	-144.170	119.2	137	157.590
24	120.000	73.000	180.000	80.000	125.0	149.29	81.100	90.00	167.69	138.07	-144.140	119.2	137	157.650
25	120.000	73.000	180.000	80.000	125.0	125.00	60.582	90.00	162.21	141.21	-144.130	116.0	135	154.260
26	120.000	73.000	180.000	80.000	125.0	125.00	70.962	90.00	163.54	141.00	-144.160	117.6	135	155.930
27	120.000	73.000	180.000	80.000	125.0	125.00	64.854	90.00	162.70	141.14	-144.210	116.7	135	154.880
28	120.000	73.000	180.000	80.000	125.0	125.00	75.529	90.00	164.18	140.94	-144.180	118.2	135	156.680
29	120.000	73.000	180.000	80.000	125.0	125.00	81.100	104.8	164.66	142.27	-147.200	120.2	135	157.650
30	120.000	73.000	180.000	80.000	125.0	125.00	81.100	111.2	164.70	142.94	-148.450	120.7	135	157.630
31	120.000	73.000	180.000	80.000	125.0	125.00	81.100	98.09	164.67	141.56	-145.880	119.7	135	157.610
32	120.000	73.000	180.000	80.000	125.0	125.00	81.100	120.4	164.69	143.84	-150.340	121.3	135	157.640

图 6.4 SPSS 数据输入表

第 6 章 回归分析

(4) 鼠标点击菜单 Analyze → Regression → Linear...，弹出如图 6.5 所示的线性回归对话框。将左边编辑框中的 x1,x2,...,x8 选入右边的 Independent(s) 编辑框中作回归分析的自变量。将 y1 选入右边的 Dependent 编辑框作因变量。

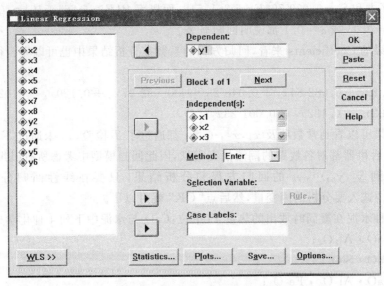

图 6.5 SPSS 线性回归对话框

(5) 在线性回归对话框中点"OK"按钮，得到的回归分析结果如下：

Model Summary

Model	R	R Square	Adjusted R Square	Std. Error of the Estimate
1	1.000[a]	1.000	.999	3.5989E-02

a. Predictors: (Constant), X8, X4, X2, X3, X1, X5, X7, X6

ANOVA[b]

Model		Sum of Squares	df	Mean Square	F	Sig.
1	Regression	60.735	8	7.592	5861.519	.000[a]
	Residual	2.979E-02	23	1.295E-03		
	Total	60.765	31			

a. Predictors: (Constant), X8, X4, X2, X3, X1, X5, X7, X6
b. Dependent Variable: Y1

Coefficients[a]

Model		Unstandardized Coefficients		Standardized Coefficients	t	Sig.
		B	Std. Error	Beta		
1	(Constant)	110.297	.445		247.791	.000
	X1	8.284E-02	.001	.495	97.860	.000
	X2	4.828E-02	.002	.127	25.213	.000
	X3	5.297E-02	.001	.417	82.438	.000
	X4	.120	.001	.372	80.238	.000
	X5	-2.54E-02	.001	-.139	-27.263	.000
	X6	.122	.001	.491	96.454	.000
	X7	.122	.001	.422	82.992	.000
	X8	-1.23E-03	.001	-.006	-1.193	.245

a. Dependent Variable: Y1

从分析结果的 Model Summary 来看,复相关系数为 $R^2=1$,修正复相关系数为 $aR^2=0.999$,均方误差根为 $\text{RMSE}=0.035\,989$。

从分析结果的 ANOVA(方差分析)来看,总离差平方和 $S_T=60.765$,回归平方和 $S_R=60.735$,残差平方和 $S_e=0.029\,79$;$F=5\,861.519$,而概率 $P\{F>5\,861.519\}\approx 0.000$,故不管取检验水平 $\alpha=0.05$ 或 $\alpha=0.1$ 都说明回归显著。

从分析结果的 Coefficients 来看,回归方程的系数在分析结果中也可以完全得到。该回归方程为

$$y_1=110.297+0.082\,84x_1+0.048\,28x_2+0.052\,97x_3+0.120x_4-0.0254x_5+$$
$$0.122x_6+0.122x_7-0.001\,23x_8$$

从分析结果可以看到常数项及 $x_1,x_2,\cdots,x_7$ 都通过了 T 检验,x_8 未通过 T 检验,但考虑该实际问题,8 台机器都对各线路的潮流值有贡献,因此回归模型中考虑所有机组的出力。

如果要得到 $y_2,y_3,\cdots,y_6$ 的回归方程和分析结果,只要在线性回归分析对话框的 Dependent 框中选入要分析的因变量,然后点"OK"就可以了。

例 1 某种水泥在凝固时放出的热量 Y(单位:Cal)与水泥中下列 4 种化学成分有关:

(1) x_1:$3\text{CaO}\cdot \text{Al}_2\text{O}_3$;

(2) x_2:$3\text{CaO}\cdot \text{SiO}_2$;

(3) x_3:$4\text{CaO}\cdot \text{Al}_2\text{O}_3\cdot \text{Fe}_2\text{O}_3$;

(4) x_4:$2\text{CaO}\cdot \text{SiO}_2$。

通过实验得到数据见表 6.3,求 Y 对 x_1,x_2,x_3,x_4 的线性回归方程。

表 6.3 水泥放热数据表

序 号	$\dfrac{x_1}{\%}$	$\dfrac{x_2}{\%}$	$\dfrac{x_3}{\%}$	$\dfrac{x_4}{\%}$	Y
1	7	26	6	60	78.5
2	1	29	15	52	74.3
3	11	56	8	20	104.3
4	11	31	8	47	87.6
5	7	52	6	33	95.9
6	11	55	9	22	109.2
7	3	71	17	6	102.7
8	1	31	22	44	72.5
9	2	54	18	22	93.1
10	21	47	4	26	115.9
11	1	40	23	34	83.8
12	11	66	9	12	113.3
13	10	68	8	12	109.4

利用 SAS 8.0 求解过程如下:

(1) 启动 SAS 8.0 软件,鼠标点击 Solutions → Analysis → Analyst,启动分析员。

(2) 在弹出的表中输入数据,如图 6.6 所示。

第 6 章 回归分析

	x1	x2	x3	x4	Y
1	7	26	6	60	78.5
2	1	29	15	52	74.3
3	11	56	8	20	104.3
4	11	31	8	47	87.6
5	7	52	6	33	95.9
6	11	55	9	22	109.2
7	3	71	17	6	102.7
8	1	31	22	44	72.5
9	2	54	18	22	93.1
10	21	47	4	26	115.9
11	1	40	23	34	83.8
12	11	66	9	12	113.3
13	10	68	8	12	109.4

图 6.6 SAS 数据输入图

（3）鼠标点击 Statistics → Regression → Linear…，在弹出的对话框（见图 6.7）中，将左边文本框中的 4 个自变量 x1，x2，x3，x4 选入 Explanatory 框中，将因变量 y 选入 Dependent 框中。

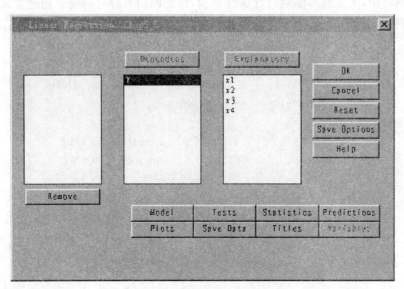

图 6.7 SAS 线性回归对话框

（4）点击"OK"按钮进行回归分析，结果如下：

The REG Procedure

Model：MODEL1

Dependent Variable：Y

Analysis of Variance

Source	DF	Sum of Squares	Mean Square	F Value	Pr > F
Model	4	2667.89944	666.97486	111.48	<.0001
Error	8	47.86364	5.98295		
Corrected Total	12	2715.76308			
Root MSE		2.44601	R-Square	0.9824	

Dependent Mean		95.42308	Adj R-Sq	0.9736	
Coeff Var		2.56333			

		Parameter Estimates			
Variable	DF	Parameter Estimate	Standard Error	t Value	Pr > |t|
Intercept	1	62.40537	70.07096	0.89	0.3991
x1	1	1.55110	0.74477	2.08	0.0708
x2	1	0.51017	0.72379	0.70	0.5009
x3	1	0.10191	0.75471	0.14	0.8959
x4	1	−0.14406	0.70905	−0.20	0.8441

从分析结果中可以得到，总离差平方和 $S=2\ 715.763\ 08$，回归平方和 $U=2\ 667.899\ 44$，残差平方和 $Q=47.863\ 64$；其均值 $U/m=666.974\ 86$，$Q/m=5.982\ 95$，从而得到 $F=111.48$，而概率 $P\{F>111.48\}<0.000\ 1$，故不管取检验水平 $\alpha=0.05$ 或 $\alpha=0.1$ 都说明回归显著。

回归得到的均方误差 $\hat{\sigma}^*=2.446\ 01$，复相关系数 $R^2=0.982\ 4$，调整的复相关系数 $R^2=0.973\ 6$。

在参数估计中，大多数不能通过显著性检验，因此回归方程有问题。通过尝试或采用逐步回归的方法，去掉常数项，包含所有的自变量 x_1,x_2,x_3,x_4 进行回归最好，最后得到的结果如下：

Source	DF	Sum of Squares	Mean Square	F Value	Pr > F
Model	4	121035	30259	5176.47	<.0001
Error	9	52.60916	5.84546		
Uncorrected Total	13	121088			

Root MSE		2.41774	R-Square	0.9996	
Dependent Mean		95.42308	Adj R-Sq	0.9994	
Coeff Var		2.53370			

Variable	DF	Parameter Estimate	Parameter Error	t Value	Pr > |t|
X1	1	2.19305	0.18527	11.84	<.0001
X2	1	1.15333	0.04794	24.06	<.0001
X3	1	0.75851	0.15951	4.76	0.0010
X4	1	0.48632	0.04141	11.74	<.0001

从分析结果中可以看到，回归方程仍然是显著的，回归得到的均方误差 $\hat{\sigma}^*=2.417\ 74$，复相关系数 $R^2=0.999\ 6$，调整的复相关系数 $R^2=0.999\ 4$，所有的系数都通过显著性检验。最后得到的回归方程为

$$y=2.193\ 05x_1+1.153\ 33x_2+0.758\ 51x_3+0.486\ 32x_4$$

6.4 线性回归的 MATLAB 实现

回归分析的求解在 MATLAB 中可用函数 regress 实现，其使用格式为

[b,bint,r,rint,stats]=regress(Y,X,alpha)

其中 Y 为列向量，表达因变量的取值，为 2 中的(11)式；X 为矩阵，代表自变量的取值，为

2 中的(12)式. Alpha 为置信水平,缺省时取 0.05。

b——参数 β 的取值,为列向量。

bint——参数 β 的置信度为(1-alpha)的置信区间. 当置信区间包含 0 时,说明该参数未通过 T 检验,可认为 0。

r——残差向量,取值为 Y-X.b。

rint——残差的置信度为(1-alpha)的置信区间。

stats——回归方程的统计量. stats(1)为复相关系数,stats(2)为 F 值,stats(3)为 F 值对应的概率值。

对 2004 年全国数模竞赛的 B 题数据,对照上面给出参数意义,明白了该函数的调用方式,采用 MATLAB 可方便求解该问题。

MATLAB 实现程序:

```
%围绕方案 0 的 32 组实验数据(8 台机组出力)
x=[133.02    73      180      80       125      125      81.1     90
   129.63    73      180      80       125      125      81.1     90
   158.77    73      180      80       125      125      81.1     90
   145.32    73      180      80       125      125      81.1     90
   120       78.596  180      80       125      125      81.1     90
   120       75.45   180      80       125      125      81.1     90
   120       90.487  180      80       125      125      81.1     90
   120       83.848  180      80       125      125      81.1     90
   120       73      231.39   80       125      125      81.1     90
   120       73      198.48   80       125      125      81.1     90
   120       73      212.64   80       125      125      81.1     90
   120       73      190.55   80       125      125      81.1     90
   120       73      180      75.857   125      125      81.1     90
   120       73      180      65.958   125      125      81.1     90
   120       73      180      87.258   125      125      81.1     90
   120       73      180      97.824   125      125      81.1     90
   120       73      180      80       150.71   125      81.1     90
   120       73      180      80       141.58   125      81.1     90
   120       73      180      80       132.37   125      81.1     90
   120       73      180      80       156.93   125      81.1     90
   120       73      180      80       125      138.88   81.1     90
   120       73      180      80       125      131.21   81.1     90
   120       73      180      80       125      141.71   81.1     90
   120       73      180      80       125      149.29   81.1     90
   120       73      180      80       125      125      60.582   90
   120       73      180      80       125      125      70.962   90
   120       73      180      80       125      125      64.854   90
   120       73      180      80       125      125      75.529   90
   120       73      180      80       125      125      81.1     104.84
   120       73      180      80       125      125      81.1     111.22
```

120	73	180	80	125	125	81.1	98.092
120	73	180	80	125	125	81.1	120.44];

围绕方案 0 的 32 组实验数据(6 条线路的潮流值)

y=[165.81   140.13   −145.14   118.63   135.37   160.76
   165.51   140.25   −144.92   118.7   135.33   159.98
   167.93   138.71   −146.91   117.72   135.41   166.81
   166.79   139.45   −145.92   118.13   135.41   163.64
   164.94   141.5   −143.84   118.43   136.72   157.22
   164.8   141.13   −144.07   118.82   136.02   157.5
   165.59   143.03   −143.16   117.24   139.66   156.59
   165.21   142.28   −143.49   117.96   137.98   156.96
   167.43   140.82   −152.26   129.58   132.04   153.6
   165.71   140.82   −147.08   122.85   134.21   156.23
   166.45   140.82   −149.33   125.75   133.28   155.09
   165.23   140.85   −145.82   121.16   134.75   156.77
   164.23   140.73   −144.18   119.12   135.57   157.2
   163.04   140.34   −144.03   119.31   135.97   156.31
   165.54   141.1   −144.32   118.84   135.06   158.26
   166.88   141.4   −144.34   118.67   134.67   159.28
   164.07   143.03   −140.97   118.75   133.75   158.83
   164.27   142.29   −142.15   118.85   134.27   158.37
   164.57   141.44   −143.3   119   134.88   158.01
   163.89   143.61   −140.25   118.64   133.28   159.12
   166.35   139.29   −144.2   119.1   136.33   157.59
   165.54   140.14   −144.19   119.09   135.81   157.67
   166.75   138.95   −144.17   119.15   136.55   157.59
   167.69   138.07   −144.14   119.19   137.11   157.65
   162.21   141.21   −144.13   116.03   135.5   154.26
   163.54   141   −144.16   117.56   135.44   155.93
   162.7   141.14   −144.21   116.74   135.4   154.88
   164.06   140.94   −144.18   118.24   135.4   156.68
   164.66   142.27   −147.2   120.21   135.28   157.65
   164.7   142.94   −148.45   120.68   135.16   157.63
   164.67   141.56   −145.88   119.68   135.29   157.61
   164.69   143.84   −150.34   121.34   135.12   157.64];

x0=[120 73,180,80,125,125,81.1,90];%方案 0 的 8 台机组出力
y0=[164.78,140.87,−144.25,119.09,135.44,157.69]';
%方案 0 的 6 条线路的潮流值

yp=zeros(6,1);
err=zeros(6,1);
X=[ones(32,1),x];
alpha=0.05;

```
for i=1:6    %考虑6条线路分别进行回归分析
    Y=y(:,i); %获得第i条线路潮流值
[b,bint,r,rint,stats]=regress(Y,X,alpha);%回归函数

    fprintf('第%2d条线路回归方程参数:\n',i);
    fprintf('系数:');
    for k=1:9    fprintf('%8.5f',b(k));    end;    fprintf('\n');
    fprintf('统计量值 R^2=%8.4f,F=%8.4f,p=%8.5f\n',stats(1),stats(2),stats(3));
    temp=b(2:9);
    yp(i)=b(1)+sum(temp.*x0);%计算方案0中对第i条线路潮流预测值
    err(i)=abs(yp(i)-y0(i))/abs(y0(i))*100;%计算预测相对误差的百分比
end
fprintf('方案0的原始值,预测值,相对误差百分比:\n');
for i=1:6
    fprintf('%8.4f    %8.4f    %8.4f\n',y0(i),yp(i),err(i));
end
```

第 7 章 方 差 分 析

7.1 引 言

在生产实践与科学实验中，往往需要处理实验数据。例如，进行多次实验，得到的实验结果各不相同。那么，自然要问，实验结果的差异是什么原因造成的？具体地说，是由于实验误差的影响，还是由于实验条件的改变引起的？方差分析与实验设计就是处理这类问题的一种数学方法。方差分析是由英国统计学家 Fisher 所创的，早先用于生物学和农业实验上，其后在许多科学研究方面都得到了广泛应用。方差分析的内容丰富，应用广泛。

7.2 单因素方差分析

通常把生产实践与科学实验中的结果，如产品的性能、产量等统称为指标，影响指标的因素用 $A,B,C,\cdots$ 表示。因素在实验中所取的不同状态称为水平，因素 A 的不同水平用 A_1，$A_2,\cdots$ 表示。

在一项实验中，如果让一个因素的水平变化，其他因素的水平保持不变，这样的实验叫作单因素实验。处理单因素实验的统计推断问题称为单因素方差分析或一元方差分析。

1. 数学模型

设在一项实验中，因素 A 有 r 个不同水平 $A_1,A_2,\cdots,A_r$，在水平 A_i 下的实验结果 X_i 服从正态分布 $N(\mu_i,\sigma^2)(i=1,2,\cdots,r)$，且 $X_1,\cdots,X_r$ 相互独立。现在水平 A_i 下做 n_i 次实验，获得了 n_i 个实验结果 $X_{ij}(j=1,2,\cdots,n_i)$，它可以看成是取自总体 $X_i(i=1,2,\cdots,r)$ 的一个样本（见表 7.1）。由于 X_{ij} 服从正态分布 $N(\mu_i,\sigma^2)$，因此 X_{ij} 与 μ_i 的差可以看成一个随机误差 ε_{ij}，ε_{ij} 服从正态分布 $(i=1,2,\cdots,n_i)$。于是单因素方差分析的数学模型可以表示为

$$\begin{cases} X_{ij} = \mu_i + \varepsilon_{ij} \\ \varepsilon_{ij} \sim N(0,\sigma^2) \end{cases} i=1,2,\cdots,r, j=1,2,\cdots,n_i$$

其中，各 ε_{ij} 相互独立。我们的任务是检查上述同方差的 r 个正态总体的均值是否相等，即检验假设：$H_0:\mu_1=\mu_2=\cdots\mu_r \leftrightarrow H_1:\mu_1,\mu_2,\cdots,\mu_r$ 中至少有两个不相等。

表 7.1 单因素方差分析样本数据表

总 体	样 本				样本平均
X_1	X_{11}	X_{12}	$\cdots$	X_{1n_1}	$\overline{X}_1$
X_2	X_{21}	X_{22}	$\cdots$	X_{2n_2}	$\overline{X}_2$
$\vdots$	$\vdots$	$\vdots$		$\vdots$	$\vdots$
X_r	X_{r1}	X_{r2}	$\cdots$	X_{rn_r}	$\overline{X}_r$

第7章 方差分析

记 $\mu = \frac{1}{n}\sum_{i=1}^{r}n_i\mu_i (n = \sum_{i=1}^{r}n_i)$,$\alpha_i = \mu_i - \mu$ 表示因素 A 第 i 水平效应$(i=1,2,\cdots)$,则实验数据的数学模型可写为

$$X_{ij} = \mu + \alpha_i + \varepsilon_{ij}, \quad i = 1,2,\cdots,n_i$$

单因素方差分析问题即为检验假设 $H_0:\alpha_1=\alpha_2=\cdots=\alpha_r=0 \leftrightarrow H_1:$ 至少有一个 $\alpha_i \neq 0(i=1,2,\cdots,r)$ 是否成立的问题。

下面进行离差平方和分解与显著性检验。

记

$$\overline{X}_i = \frac{1}{n_i}\sum_{j=1}^{n_i}X_{ij}, \quad i=1,2,\cdots,r$$

$$\overline{X} = \frac{1}{n}\sum_{i=1}^{r}\sum_{j=1}^{n_i}X_{ij}$$

其中,$n=\sum_{i=1}^{r}n_i$,$\overline{X}_i$ 是从第 i 个总体中抽得的样本均值,称为组内平均,而 $\overline{X}$ 称为总平均,n 是从 r 个总体中抽得的样本的总容量。

由此可以推得

$$\sum_{i=1}^{r}\sum_{j=1}^{n_i}(X_{ij}-\overline{X}_i)(\overline{X}_i-\overline{X}) = 0$$

由此得到总离差平方和为

$$Q_T = \sum_{i=1}^{r}\sum_{j=1}^{n_i}(X_{ij}-\overline{X})^2 = \sum_{i=1}^{r}\sum_{j=1}^{n_j}[(X_{ij}-\overline{X}_i)+(\overline{X}_i-\overline{X})]^2 =$$

$$\sum_{i=1}^{r}\sum_{j=1}^{n_i}(X_{ij}-\overline{X})^2 + 2\sum_{i=1}^{r}\sum_{j=1}^{n_i}(X_{ij}-\overline{X}_i)(\overline{X}_i-\overline{X}) + \sum_{i=1}^{r}\sum_{j=1}^{n_i}(\overline{X}_i-\overline{X})^2 =$$

$$\sum_{i=1}^{r}\sum_{j=1}^{n_i}(X_{ij}-\overline{X}_i)^2 + \sum_{i=1}^{r}n_i(\overline{X}_i-\overline{X})^2$$

令

$$Q_E = \sum_{i=1}^{n}\sum_{j=1}^{n_i}(X_{ij}-\overline{X}_i)^2$$

$$Q_A = \sum_{i=1}^{r}n_i(\overline{X}_i-\overline{X})^2$$

Q_E 称为组内离差平方和,它反映了实验误差引起的数据波动。

Q_A 是组内平均与总平均的离差平方和,它在一定程度上反映了因素水平的数据波动。则

$$Q_T = Q_E + Q_A$$

计算 Q_A 和 Q_E 的数学期望,得

$$EQ_E = (n-r)\sigma^2$$

$$EQ_A = \sum_{i=1}^{r}n_i\alpha_i^2 + (r-1)\sigma^2$$

故有

$$E\left(\frac{Q_E}{n-r}\right) = \sigma^2$$

$$E\left(\frac{Q_A}{r-1}\right) = \sigma^2 + \frac{1}{r-1}\sum_{i=1}^{r}n_i\alpha_i^2$$

当 H_0 成立时,即 $a_1=a_2=\cdots a_r=0$ 时,$E\dfrac{Q_A}{r-1}=E\dfrac{Q_E}{n-r}=\sigma^2$。当 H_0 不成立时,$E\dfrac{Q_A}{r-1}\geqslant E\dfrac{Q_E}{n-r}$,记 $F=\dfrac{\bar{Q}_A}{\bar{Q}_E}=\dfrac{Q_A/(r-1)}{Q_E/(n-r)}$,从而当 H_0 不成立时,F 有偏大的趋势,所以 F 可作为检验 H_0 的统计量。

在 H_0 成立条件下,统计量 F 服从自由度为 $(r-1,n-r)$ 的 F 分布。

给定显著水平 α,如何确定小概率呢?由于当 H_0 成立时,$E\dfrac{Q_A}{r-1}=E\dfrac{Q_E}{n-r}$;当 H_0 不成立时,$E\dfrac{Q_A}{r-1}>E\dfrac{Q_E}{n-r}$,因此,$F$ 的值有偏大的趋势。于是可以从 F 分布的数值中查得 $F_\alpha(r-1,n-r)$ 的值,使 $P\{F\geqslant F_\alpha(r-1,n-1)\}=\alpha$。

抽样后样本值计算得 F 的数值,若 $F\geqslant F_\alpha(r-1,n-1)$,则拒绝假设 H_0,即可认为在显著性水平 α 下,因素的不同水平对实验结果有显著影响。

若 $F<F_\alpha(r-1,n-1)$,则接受假设 H_0,即可认为在显著水平 α 下,因素的不同对实验结果无显著影响。

将以上分析列成方差分析表,见表 7.2。

表 7.2 单因素方差分析表

方差来源	离差平方和	自由度	平均离差平方和	F 值	显著性
组 间	$Q_A=\sum\limits_{i=1}^{r}n_i(\bar{X}_i-\bar{X})^2$	$r-1$	$\bar{Q}_A=\dfrac{Q_A}{r-1}$	$F=\dfrac{\bar{Q}_A}{\bar{Q}_E}$	
组 内	$Q_E=\sum\limits_{i=1}^{r}\sum\limits_{j=1}^{n_i}(X_{ij}-\bar{X}_i)^2$	$n-r$	$\bar{Q}_E=\dfrac{Q_E}{n-r}$		
总 和	$Q_T=\sum\limits_{i=1}^{r}\sum\limits_{j=1}^{n_i}(X_{ij}-\bar{X})^2$	$n-1$			

2. SAS 软件实现

例 1 有 5 种油菜品种,分别在 4 块实验田上种植,所得亩产量见表 7.3,试问不同油菜品种对平均亩产影响是否显著?

表 7.3 5 种油菜在 4 块实验田上的产量表 (单位:kg)

品种\田块	1	2	3	4
A_1	256	222	280	298
A_2	244	300	290	275
A_3	250	277	230	322
A_4	288	280	315	259
A_5	206	212	220	212

利用 SAS 8.0 软件进行操作与计算的步骤如下:

(1) 启动 SAS 8.0 软件,鼠标点击 Solutions → Analysis → Analyst,启动分析员。

第7章 方差分析

(2) 在弹出的表中输入数据,如图 7.1 所示。

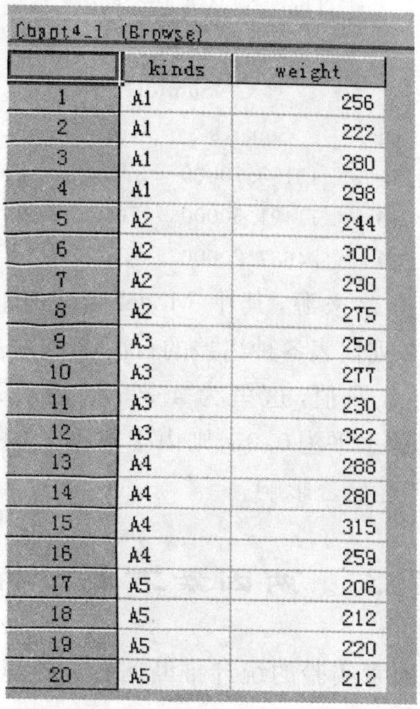

	kinds	weight
1	A1	256
2	A1	222
3	A1	280
4	A1	298
5	A2	244
6	A2	300
7	A2	290
8	A2	275
9	A3	250
10	A3	277
11	A3	230
12	A3	322
13	A4	288
14	A4	280
15	A4	315
16	A4	259
17	A5	206
18	A5	212
19	A5	220
20	A5	212

图 7.1 SAS 数据输入图

(3) 选择 Statistics → ANOVA → One-Way ANOVA,执行单因素方差分析。
(4) 在弹出的菜单中选择 kinds 入 independent 框中;选 weight 入 Dependent 框中,如图7.2 所示。

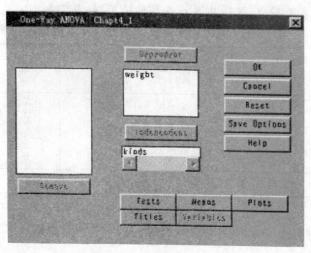

图 7.2 SAS 方差分析对话框

(5) 点击"OK"按钮,结果如下:

    The ANOVA Procedure
    Class Level Information
    Class   Levels   Values
    kinds   5   A1 A2 A3 A4 A5

The ANOVA Procedure

Dependent Variable: weight

Source	DF	Sum of Squares	Mean Square	F Value	Pr > F
Model	4	13195.70000	3298.92500	4.31	0.0162
Error	15	11491.50000	766.10000		
Corrected Total	19	24687.20000			

分析结果中,第 1 列代表方差来源,其中 Model 代表组间离差,Error 代表组内离差,Corrected Total 代表总离差;第 2 列代表各种离差的自由度;第 3 列代表各种离差平方和;第 4 列代表平均离差平方和;第 5 列为 F 值,这里为 4.31;最后一列的意义是概率值,这里表示 $P\{F>4.31\}=0.0162$。若显著水平为 0.05,则由于概率 $0.0162<0.05$,从而知道因素 A 影响显著,即不同品种对平均亩产有显著影响。

7.3 两因素方差分析

两因素方差分析是讨论两因素实验的统计推断问题。这里分非重复实验和重复实验两种情形进行讨论。

1. 两因素非重复实验的方差分析

设有两个因素 A,B,因素 A 有 r 个不同水平:$A_1,A_2,\cdots,A_r$;因素 B 有 s 个不同水平:$B_1,B_2,\cdots,B_s$,在 A,B 的每一种组合水平 (A_i,B_j) 下做一次实验,实验结果为 $X_{ij}(i=1,2,\cdots,r;j=1,2,\cdots,s)$,所有 X_{ij} 相互独立,这样共得 rs 个实验结果,见表 7.4。

表 7.4 两因素非重复方差分析样本数据表

因素A \ 因素B	B_1	B_2	$\cdots$	B_s	$X_{i.}$
A_1	X_{11}	X_{12}	$\cdots$	X_{1s}	$\overline{X}_{1.}$
A_2	X_{21}	X_{22}	$\cdots$	X_{2s}	$\overline{X}_{2.}$
$\vdots$	$\vdots$	$\vdots$		$\vdots$	$\vdots$
A_r	X_{r1}	X_{r2}	$\cdots$	X_{rs}	$\overline{X}_{r.}$
$\overline{X}_{.j}$	$\overline{X}_{.1}$	$\overline{X}_{.2}$	$\cdots$	$\overline{X}_{.s}$	$\overline{X}$

这种对每个组合水平 $(A_i,B_j)(i=1,2,\cdots,r;j=1,2,\cdots,s)$ 各做一次实验的情形称为两因素非重复实验。

假定总体 X_{ij} 服从正态分布 $N(\mu_{ij},\sigma^2)$,其中 $\mu_{ij}=\mu+\alpha_i+\beta_j(i=1,2,\cdots,r;j=1,2,\cdots,s)$,而 $\sum_{i=1}^{r}\alpha_i=0, \sum_{j=1}^{s}\beta_j=0$,于是 X_{ij} 可表示为

$$\begin{cases} X_{ij}=\mu+\alpha_i+\beta_j+\varepsilon_{ij} \\ \varepsilon_{ij}\sim N(0,\sigma^2) \end{cases}, \quad i=1,2,\cdots,r;j=1,2,\cdots,s$$

其中,各 ε_{ij} 相互独立,α_i 称为因素 A 在水平 A_i 引起的效应,它表示水平 A_i 在总体平均数上引

起的偏差。同样，β_j 称为因素 A 在水平 β_j 引起的效应，它表示水平 β_j 在总体平均数上引起的偏差。所以要推断因素 A 的影响是否显著，就等价于要检验假设 $H_{01}:\alpha_1=\alpha_2=\cdots\alpha_r=0\leftrightarrow H_{11}$：至少有一个 $\alpha_i\neq 0, i=1,\cdots,r$。类似地，要推断因素 B 的影响是否显著，就等价于要检验假设 $H_{02}:\beta_1=\beta_2=\cdots\beta_r=0\leftrightarrow H_{12}$：至少有一个 $\beta_j\neq 0, j=1,\cdots,s$。

记
$$\overline{X}_{i\cdot}=\frac{1}{s}\sum_{j=1}^{s}X_{ij}, \quad i=1,2,\cdots,r$$

$$\overline{X}_{\cdot j}=\frac{1}{r}\sum_{i=1}^{r}X_{ij}, \quad j=1,2,\cdots,s$$

$$\overline{X}=\frac{1}{rs}\sum_{i=1}^{r}\sum_{j=1}^{s}X_{ij}=\frac{1}{r}\sum_{i=1}^{r}\overline{X}_{i\cdot}=\frac{1}{s}\sum_{j=1}^{s}\overline{X}_{\cdot j}$$

于是总离差平方和为

$$Q_T=\sum_{i=1}^{r}\sum_{j=1}^{s}(X_{ij}-\overline{X})^2=\sum_{i=1}^{r}\sum_{j=1}^{s}[(X_{ij}-\overline{X}_{i\cdot}-\overline{X}_{\cdot j}+\overline{X})+(\overline{X}_{i\cdot}-\overline{X})+(\overline{X}_{\cdot j}-\overline{X})]^2=$$
$$\sum_{i=1}^{r}\sum_{j=1}^{s}(X_{ij}-\overline{X}_{i\cdot}-\overline{X}_{\cdot j}+\overline{X})^2+\sum_{i=1}^{r}\sum_{j=1}^{s}(\overline{X}_{i\cdot}-\overline{X})^2+\sum_{i=1}^{r}\sum_{j=1}^{s}(\overline{X}_{\cdot j}-\overline{X})^2+$$
$$2\sum_{i=1}^{r}\sum_{j=1}^{s}(X_{ij}-\overline{X}_{i\cdot}-\overline{X}_{\cdot j}+\overline{X})(\overline{X}_{i\cdot}-\overline{X})+2\sum_{i=1}^{r}\sum_{j=1}^{s}(X_{ij}-\overline{X}_{i\cdot}-\overline{X}_{\cdot j}+\overline{X})(\overline{X}_{\cdot j}-\overline{X})+$$
$$2\sum_{i=1}^{r}\sum_{j=1}^{s}(\overline{X}_{i\cdot}-\overline{X})(\overline{X}_{\cdot j}-\overline{X})=s\sum_{i=1}^{r}(X_{i\cdot}-\overline{X})^2+r\sum_{j=1}^{s}(\overline{X}_{\cdot j}-\overline{X})^2+$$
$$\sum_{i=1}^{r}\sum_{j=1}^{s}(X_{ij}-\overline{X}_{i\cdot}-\overline{X}_{\cdot j}+\overline{X})^2$$

令
$$\begin{cases}Q_A=s\sum_{i=1}^{r}(X_{i\cdot}-\overline{X})^2\\ Q_B=r\sum_{j=1}^{s}(\overline{X}_{\cdot j}-\overline{X})^2\\ Q_E=\sum_{i=1}^{r}\sum_{j=1}^{s}(X_{ij}-\overline{X}_{i\cdot}-\overline{X}_{\cdot j}+\overline{X})^2\end{cases}$$

则有
$$Q_T=Q_A+Q_B+Q_E$$

上式称为总离差平方和分解式。其中 Q_A 为因素 A 引起的离差平方和，Q_B 为因素 B 引起的离差平方和，Q_E 称为随机误差平方和。

计算 Q_A, Q_B, Q_E 的数学期望值，可得

$$EQ_A=s\sum_{i=1}^{r}a_i^2+(r-1)\sigma^2$$

$$EQ_B=r\sum_{j=1}^{s}\beta_j^2+(s-1)\sigma^2$$

$$EQ_E=(r-1)(s-1)\sigma^2$$

令 $\overline{Q}_A=\frac{1}{r-1}Q_A, \quad \overline{Q}_B=\frac{1}{s-1}Q_B, \quad \overline{Q}_E=\frac{1}{(r-1)(s-1)}Q_E$

则有
$$E\overline{Q}_A=\sigma^2+\frac{s}{r-1}\sum_{i=1}^{r}a_i^2$$

$$E\bar{Q}_B = \sigma^2 + \frac{r}{s-1}\sum_{j=1}^{s}\beta_j^2$$

$$E\bar{Q}_E = \sigma^2$$

当 H_{01} 成立时,$E\bar{Q}_A = E\bar{Q}_E$,否则,$E\bar{Q}_A > E\bar{Q}_E$。当 H_{02} 成立时,$E\bar{Q}_B = E\bar{Q}_E$,否则,$E\bar{Q}_B > E\bar{Q}_E$,令

$$F_A = \frac{Q_A/(r-1)}{Q_E/(r-1)(s-1)} = \frac{\bar{Q}_A}{\bar{Q}_E}$$

$$F_B = \frac{Q_B/(s-1)}{Q_E/(r-1)(s-1)} = \frac{\bar{Q}_B}{\bar{Q}_E}$$

利用数理统计知识可以推得 F_A 和 F_B 服从的分布,$F_A \sim F(r-1,(r-1)(s-1))$,$F_B \sim F(s-1,(r-1)(s-1))$。

当 H_{01},H_{02} 不成立时,F_A,F_B 有偏大趋势,因此 F_A,F_B 可作为检查假设 H_{01},H_{02} 的统计量。为了检验假设 H_{01},给定显著性水平 α,查 F 分布表可得 $F_a(r-1,(r-1)(s-1))$ 的值,使得

$$P\{F_A \geq F_a(r-1,(r-1)(s-1))\} = a$$

根据一次抽样后的样本值算得 F_A,若

$$F_A \geq F_a(r-1,(r-1)(s-1))$$

则拒绝 H_{01},即认为因素 A 对实验结果有显著影响。若

$$F_A < F_a(r-1,(r-1)(s-1))$$

则接受 H_{01},即认为因素 A 对实验结果无显著影响。

同样,为了检验假设 H_{02},给定显著性水平 α,查 F 分布表可得 $F_a(s-1,(r-1)(s-1))$ 的值,使得

$$P\{F_B \geq F_a(s-1,(r-1)(s-1))\} = a$$

根据一次抽样后所得的样本值计算 F_B 的值,若

$$F_B \geq F_a(s-1,(r-1)(s-1))$$

则拒绝 H_{02},即认为因素 B 对实验结果有显著影响。若

$$F_B < F_a(s-1,(r-1)(s-1))$$

则接受 H_{02},即认为因素 B 对实验结果无显著影响。

将整个分析过程列为两因素方差分析表,见表 7.5。

表 7.5 两因素非重复方差分析表

方差来源	离差平方和	自由度	均方误差	F 值	显著性
因素 A	$Q_A = s\sum_{i=1}^{r}(\bar{X}_i - \bar{X})^2$	$r-1$	$\bar{Q}_A = \frac{Q_A}{r-1}$	$F_A = \frac{\bar{Q}_A}{\bar{Q}_E}$	
因素 B	$Q_B = r\sum_{i=1}^{r}(\bar{X}_i - \bar{X})^2$	$s-1$	$\bar{Q}_B = \frac{Q_B}{s-1}$	$F_B = \frac{\bar{Q}_B}{\bar{Q}_E}$	
误 差	$Q_E = \sum_{i=1}^{r}\sum_{j=1}^{s}(\bar{X}_{ij} - \bar{X}_{i.} - \bar{X}_{.j} + \bar{X})^2$	$(r-1)(s-1)$	$\bar{Q}_E = \frac{Q_E}{(r-1)(s-1)}$		
总 和	$Q_T = \sum_{i=1}^{r}\sum_{j=1}^{s}(\bar{X}_{ij} - \bar{X})^2$	$rs-1$			

2. SAS 软件实现

例 2　为提高某种合金钢的强度，需要同时考察碳(C)和钛(Ti)的含量对强度的影响，以便选取合理的成分组合使强度达到最大。在实验中分别取因素 A(C 含量 %) 3 个水平，因素 B(Ti 含量 %)4 个水平，在组合水平$(A_i, B_j)(i=1,2,3; j=1,2,3,4)$条件下各炼一炉钢，测得强度数据见表 7.6，问碳与钛的含量对合金钢的强度是否有显著影响？($\alpha=0.01$)

表 7.6　C 和 Ti 对合金钢的强度影响表

A 水平 \ B 水平	B_1 (3.3)	B_2 (3.4)	B_3 (3.5)	B_4 (3.6)
A_1(0.03)	63.1	63.9	65.6	66.8
A_2(0.04)	65.1	66.4	67.8	69.0
A_3(0.05)	67.2	71.0	71.9	73.5

利用 SAS 8.0 软件进行操作与计算的步骤如下：

(1) 启动 SAS 8.0 软件，鼠标点击 Solutions → Analysis → Analyst，启动分析员。

(2) 在弹出的表中输入数据，如图 7.3 所示。

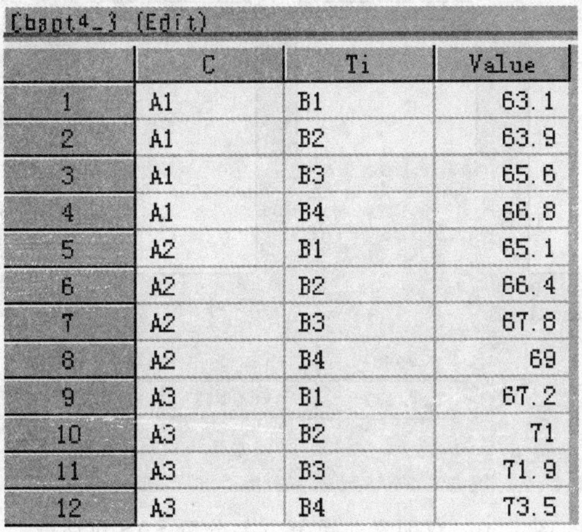
Chapt4_3 (Edit)

	C	Ti	Value
1	A1	B1	63.1
2	A1	B2	63.9
3	A1	B3	65.6
4	A1	B4	66.8
5	A2	B1	65.1
6	A2	B2	66.4
7	A2	B3	67.8
8	A2	B4	69
9	A3	B1	67.2
10	A3	B2	71
11	A3	B3	71.9
12	A3	B4	73.5

图 7.3　SAS 数据输入图

(3) 点击 Statistics → ANOVA → Factorial ANOVA。

(4) 在弹出对话框“Factorial ANOVA”中，将 C 和 Ti 选入 Independent 框中，将 Value 选入 Dependent 中，如图 7.4 所示。

(5) 点击“OK”，结果如下：

```
The GLM Procedure
Class Level Information
Class        Levels      Values
C               3         A1 A2 A3
Ti              4         B1 B2 B3 B4
```

Number of observations   12
The GLM Procedure

Dependent Variable: Value

Source	DF	Sum of Squares	Mean Square	F Value	Pr > F
Model	5	110.0808333	22.0161667	41.17	0.0001
Error	6	3.2083333	0.5347222		
Corrected Total	11	113.2891667			

R-Square	Coeff Var	Root MSE	Value Mean
0.971680	1.081593	0.731247	67.60833

Source	DF	Type III SS	Mean Square	F Value	Pr > F
C	2	74.91166667	37.45583333	70.05	<.0001
Ti	3	35.16916667	11.72305556	21.92	0.0012

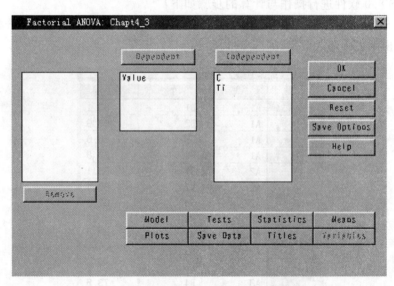

图 7.4 双因素非重复方差分析 SAS 对话框

分析结果中,类水平信息(Class Level Information)指明 C 有 A_1,A_2,A_3 3 个水平,Ti 有 B_1,B_2,B_3,B_4 4 个水平;Number of observations 项指明有观测值 12 个;Dependent Variable:Value 表明依赖变量是强度数值 Value。该方差分析结果中,第 1 列是方差来源,第 2 列是各种离差的自由度,第 3 列是各种离差总平方和,第 4 列为各种离差平均平方和,第 5 列为 F 值,第 7 列为概率。Source 中的 Model 离差代表 C 和 Ti 的各项数值,如自由度(DF)为 5,总离差平方和为 110.080 833 3,平均离差平方和为 22.016 166 7。而概率 $P\{F>41.17\}=0.000\ 1$,对显著水平 0.01,由于 $0.000\ 1<0.01$,故 C 和 Ti 对合金钢强度影响显著。

分析结果中最后两行指明了各因素(C 和 Ti)的自由度、总离差平方和、平均离差平方和、F 值及概率。由于对 C 有 $P\{F>70.05\}<0.000\ 1<0.01$,故 C 对合金钢强度影响显著。由于对 Ti 有 $P\{F>21.92\}=0.001\ 2<0.01$,故 Ti 对合金钢强度影响显著。

为便于读懂 SAS 所得结果,将其结果按表 7.5 列出(见表 7.7),读者可以对照表 7.5 和表 7.6 进行理解。

表 7.7 数据分析结果表

方差来源	离差平方和	自由度	均方误差	F 值	显著性
因素 A(C)	$Q_A = 74.9116666$	2	$\bar{Q}_A = 37.45583333$	$F_A = 70.05$	< 0.0001
因素 B(Ti)	$Q_B = 35.1691666$	3	$\bar{Q}_B = 11.72305556$	$F_B = 21.92$	0.0012
误　　差	$Q_E = 3.2083333$	6	$\bar{Q}_E = 0.5347222$		
总　　和	$Q_T = 113.289166$	11			

3. 两因素等重复实验的方差分析

在上面的讨论中,由于只对 A,B 两个因素的每一种组合水平进行了一次实验,因此不能分析 A,B 两因素间是否存在交互作用的影响。下面讨论在每一种组合水平 (A_i,B_j) 下等重复实验情形的方差分析问题。

设有两个因素 A 和 B,因素 A 有 r 个不同水平 $A_1,A_2,\cdots,A_r$,因素 B 有 s 个不同水平 $B_1,B_2,\cdots,B_s$,在每一种组合水平 (A_i,B_j) 下重复实验 t 次测得实验数据为 $X_{ijk}(i=1,2,\cdots,r;j=1,2,\cdots,s;k=1,2,\cdots,t)$,将它们列成表,见表 7.8。

表 7.8 两因素等重复实验的方差分析样本数据表

因素A \ 因素B	B_1	$\cdots$	B_s
A_1	$X_{111},X_{112},\cdots,X_{11t}$	$\cdots$	$X_{1s1},X_{1s2},\cdots,X_{1st}$
A_2	$X_{211},X_{212},\cdots,X_{21t}$	$\cdots$	$X_{2s1},X_{2s2},\cdots,X_{2st}$
$\vdots$	$\vdots$		$\vdots$
A_r	$X_{r11},X_{r12},\cdots,X_{r1t}$	$\cdots$	$X_{rs1},X_{rs2},\cdots,X_{rst}$

假定 X_{ijk} 服从正态分布 $N(\mu_{ij},\sigma^2)(i=1,2,\cdots,r;j=1,2,\cdots,t)$,且所有 X_{ijk} 相互独立,μ_{ij} 可表示为

$$\mu_{ij} = \mu + a_i + \beta_j + \delta_{ij}, \quad i=1,2,\cdots,r;j=1,2,\cdots,s$$

其中

$$\mu = \frac{1}{rs}\sum_{i=1}^{r}\sum_{j=1}^{s}\mu_{ij}, \quad \alpha_i = \frac{1}{s}\sum_{j=1}^{s}(\mu_{ij}-\mu)$$

$$\beta_j = \frac{1}{r}\sum_{i=1}^{r}(\mu_{ij}-\mu), \quad \delta_{ij} = (\mu_{ij}-\mu-a_i-\beta_j)$$

容易证明下列各式成立:

$$\sum_{i=1}^{r}\alpha_i = 0, \quad \sum_{j=1}^{s}\beta_j = 0$$

$$\sum_{i=1}^{r}\delta_{ij} = 0, \quad \sum_{j=1}^{s}\delta_{ij} = 0, \quad i=1,2,\cdots,r;j=1,2,\cdots,s$$

从而得两因素等重复实验方差分析的数学模型为

$$X_{ijk} = \mu + a_i + \beta_j + \delta_{ij} + \varepsilon_{ijk}, \quad \varepsilon_{ijk} \sim N(0, \sigma^2)$$
$$(i = 1, 2, \cdots, r; j = 1, 2, \cdots, s; k = 1, 2, \cdots, t)$$

其中,各 ε_{ijk} 相互独立,α_i 称为因素 A 在水平 A_i 的效应,β_i 称为因素 B 在水平 B_j 的效应,δ_{ij} 称为因素 A, B 在组合水平 (A_i, B_j) 的交互作用效应。

因此,要判断因素 A, B 以及 A 与 B 交互作用 $A \times B$ 的影响是否显著,分别等价于检验假设

$H_{01}: \alpha_1 = \alpha_2 = \cdots = \alpha_r = 0 \leftrightarrow H_{11}: \alpha_1, \cdots, \alpha_r$ 中至少有一个不为 0;

$H_{02}: \beta_1 = \beta_2 = \cdots = \beta_s = 0 \leftrightarrow H_{12}: \beta_1, \cdots, \beta_s$ 中至少有一个不为 0;

$H_{03}: \delta_{ij} = 0, i = 1, 2, \cdots, r; j = 1, 2, \cdots, s \leftrightarrow H_{13}: \delta_{11}, \cdots, \delta_{rs}$ 中至少有一个不为 0。

为了导出上述 3 个假设检验的统计量,仍采取离差平方和分解的办法。

令
$$\overline{X} = \frac{1}{rst} \sum_{i=1}^{r} \sum_{j=1}^{s} \sum_{k=1}^{t} X_{ijk}, \quad \overline{X}_{ij\cdot} = \frac{1}{t} \sum_{k=1}^{t} X_{ijk}$$
$$\overline{X}_{i\cdot\cdot} = \frac{1}{st} \sum_{j=1}^{s} \sum_{k=1}^{t} X_{ijk}, \quad \overline{X}_{\cdot j\cdot} = \frac{1}{rt} \sum_{i=1}^{r} \sum_{k=1}^{t} X_{ijk}$$

于是有
$$Q_T = \sum_{i=1}^{r} \sum_{j=1}^{s} \sum_{k=1}^{t} (X_{ijk} - \overline{X})^2 = \sum_{i=1}^{r} \sum_{j=1}^{s} \sum_{k=1}^{t} [(X_{i\cdot\cdot} - \overline{X}) + (\overline{X}_{\cdot j\cdot} - \overline{X})] +$$
$$(\overline{X}_{ij\cdot} - \overline{X}_{i\cdot\cdot} - \overline{X}_{\cdot j\cdot} + \overline{X}) + (X_{ijk} - \overline{X}_{ij\cdot})^2 =$$
$$\sum_{i=1}^{r} \sum_{j=1}^{s} \sum_{k=1}^{t} (\overline{X}_{i\cdot\cdot} - \overline{X})^2 + \sum_{i=1}^{r} \sum_{j=1}^{s} \sum_{k=1}^{t} (\overline{X}_{\cdot j\cdot} - \overline{X})^2 +$$
$$\sum_{i=1}^{r} \sum_{j=1}^{s} \sum_{k=1}^{t} (\overline{X}_{ij\cdot} - \overline{X}_{i\cdot\cdot} - \overline{X}_{\cdot j\cdot} + \overline{X})^2 + \sum_{i=1}^{r} \sum_{j=1}^{s} \sum_{k=1}^{t} (\overline{X}_{ijk} - \overline{X}_{ij\cdot})^2 =$$
$$Q_A + Q_B + Q_{A \times B} + Q_E$$

其中
$$Q_A = \sum_{i=1}^{r} \sum_{j=1}^{s} \sum_{k=1}^{t} (\overline{X}_{i\cdot\cdot} - \overline{X})^2 = st \sum_{i=1}^{r} (\overline{X}_{i\cdot\cdot} - \overline{X})^2$$
$$Q_B = \sum_{i=1}^{r} \sum_{j=1}^{s} \sum_{k=1}^{t} (\overline{X}_{\cdot j\cdot} - \overline{X})^2 = rt \sum_{j=1}^{s} (\overline{X}_{\cdot j\cdot} - \overline{X})^2$$
$$Q_{A \times B} = \sum_{i=1}^{r} \sum_{j=1}^{s} \sum_{k=1}^{t} (\overline{X}_{ij\cdot} - \overline{X}_{i\cdot\cdot} - \overline{X}_{\cdot j\cdot} + \overline{X})^2 = t \sum_{i=1}^{r} \sum_{j=1}^{s} (\overline{X}_{ij\cdot} - \overline{X}_{i\cdot\cdot} - \overline{X}_{\cdot j\cdot} + \overline{X})^2$$
$$Q_E = \sum_{i=1}^{r} \sum_{j=1}^{s} \sum_{k=1}^{t} (\overline{X}_{ijk} - \overline{X}_{ij\cdot})^2$$

称 Q_A 为因素 A 引起的离差平方和,Q_B 为因素 B 引起的离差平方和,$Q_{A \times B}$ 为因素 A 与 B 的交互作用 $A \times B$ 引起的离差平方和,Q_E 为误差平方和。

可计算它们的期望值分别为
$$EQ_A = (r-1)\sigma^2 + st \sum_{i=1}^{r} a_i^2$$
$$EQ_B = (s-1)\sigma^2 + rt \sum_{j=1}^{s} \beta_j^2$$
$$EQ_{A \times B} = (r-1)(s-1)\sigma^2 + t \sum_{i=1}^{r} \sum_{j=1}^{s} \delta_{ij}^2$$

$$EQ_E = rt(t-1)\sigma^2$$

令 $S_A^2 = \dfrac{Q_A}{r-1}$，S_A^2 称为因素 A 引起的平均离差平方和；

$S_B^2 = \dfrac{Q_B}{s-1}$，S_B^2 称为因素 B 引起的平均离差平方和；

$S_{A \times B}^2 = \dfrac{Q_{A \times B}}{(r-1)(s-1)}$，$S_{A \times B}^2$ 称为因素 A 与 B 的交互作用引起的平均离差平方和；

$S_E^2 = \dfrac{Q_E}{rs(t-1)}$，$S_E^2$ 称为平均离差平方和。

于是

$$ES_A^2 = \sigma^2 + \frac{st}{r-1}\sum_{i=1}^{r}\alpha_i^2$$

$$ES_B^2 = \sigma^2 + \frac{rt}{s-1}\sum_{j=1}^{s}\beta_j^2$$

$$ES_{A \times B}^2 = \sigma^2 + \frac{t}{(r-1)(s-1)}\sum_{i=1}^{r}\sum_{j=1}^{s}\delta_{ij}^2$$

$$ES_E^2 = \sigma^2$$

当 H_{01} 成立时，$ES_A^2 = ES_E^2$，否则，$ES_A^2 > ES_E^2$；当 H_{02} 成立时，$ES_B^2 = ES_E^2$，否则，$ES_B^2 > ES_E^2$；当 H_{03} 成立时，$ES_{A \times B}^2 = ES_E^2$，否则，有 $ES_{A \times B}^2 > ES_E^2$。令

$$F_A = \frac{S_A^2}{S_E^2}, \quad F_B = \frac{S_B^2}{S_E^2}, \quad F_{A \times B} = \frac{S_{A \times B}^2}{S_E^2}$$

则当 H_{01}，H_{02}，H_{03} 不成立时，F_A，F_B，$F_{A \times B}$ 都有偏大的趋势，因此 F_A，F_B，$F_{A \times B}$ 可分别作为检验假设 H_{01}，H_{02}，H_{03} 的统计量，当 H_{01}，H_{02} 和 H_{03} 成立时，利用数理统计知识可以得到

$F_A = \dfrac{S_A^2}{S_E^2}$ 服从自由度为 $(r-1, rs(t-1))$ 的 F 分布；

$F_B = \dfrac{S_B^2}{S_E^2}$ 服从自由度为 $(s-1, rs(t-1))$ 的 F 分布；

$F_{A \times B} = \dfrac{S_{A \times B}^2}{S_E^2}$ 服从自由度为 $((r-1)(s-1), rs(t-1))$ 的 F 分布。

给定的显著性水平 α，查 F 分布表可得 $F_\alpha[r-1, rs(t-1)]$、$F_\alpha[s-1, rs(t-1)]$ 和 $F_\alpha[(r-1)(s-1), rs(t-1)]$ 的值，由一次抽样后所得的样本值算得 F_A，F_B 和 $F_{A \times B}$ 的值。

若 $F_A \geqslant F_\alpha[r-1, rs(t-1)]$，则拒绝 H_{01}，即认为因素 A 对实验结果有显著影响；否则，接受 H_{01}，即认为因素 A 对实验结果无显著影响。

若 $F_B \geqslant F_\alpha[s-1, rs(t-1)]$，则拒绝 H_{02}，即认为因素 B 对实验结果有显著影响；否则，接受 H_{02}，即认为因素 B 对实验结果无显著影响。

若 $F_{A \times B} \geqslant F_\alpha[(r-1)(s-1), rs(t-1)]$，则拒绝 H_{03}，即认为因素 A 与 B 的交互作用对实验结果有显著影响；否则，接受 H_{03}，即认为因素 A 与 B 的交互作用对实验结果无显著影响。

将整个分析过程列成双因素方差分析表，见表 7.9。

表 7.9 等重复双因素方差分析表

方差来源	离差平方和	自由度	平均离差平方和	F 值	显著性
因素 A	Q_A	$r-1$	$S_A^2 = \dfrac{Q_A}{r-1}$	$F_A = \dfrac{S_A^2}{S_E^2}$	
因素 B	Q_B	$s-1$	$S_B^2 = \dfrac{Q_B}{s-1}$	$F_B = \dfrac{S_B^2}{S_E^2}$	
交互作用 $A \times B$	$Q_{A \times B}$	$(r-1)(s-1)$	$S_{A \times B}^2 = \dfrac{Q_{A \times B}}{(r-1)(s-1)}$	$F_{A \times B} = \dfrac{S_{A \times B}^2}{S_E^2}$	
误　差	Q_E	$rs(t-1)$	$S_3^2 = \dfrac{Q_E}{rs(t-1)}$		
总　和	Q_T	$rst-1$			

4．SAS 软件实现

例 3　表 7.10 给出了 3 位操作工分别在 4 台不同机器上操作 3 天的日产量,试在显著水平 $\alpha = 0.05$ 下检验操作工人之间的差异是否显著,机器之间的差异是否显著,交互作用的影响是否显著。

表 7.10　3 位操作工在 4 台机器上操作的日产量表　　　　（单位:只）

机　器	操　作　工								
	甲(B_1)			乙(B_2)			丙(B_3)		
A_1	15	15	17	19	19	16	16	18	21
A_2	17	17	17	15	15	15	19	22	22
A_3	15	17	16	18	17	16	18	18	18
A_4	18	20	22	15	16	17	17	17	17

利用 SAS 8.0 软件进行操作与计算的步骤如下：

(1) 启动 SAS 8.0 软件,鼠标点击 Solutions → Analysis → Analyst,启动分析员。

(2) 在弹出的表中输入数据,如图 7.5 所示(图中只显示了部分数据)。

(3) 点击 Statistics → ANOVA → Factorial ANOVA。

(4) 在弹出对话框"Factorial ANOVA"中,将 Machine 和 Worker 选入"Independent"框中,将"Product"选入"Dependent"框中,如图 7.6 所示,然后点击"Model"。

(5) 在弹出图 7.7 所示的"Factorial ANOVA:Model"对话框中,点击"Standard Models"命令按钮,在弹出项中选择"Effects up to 2-way interactions",表示选择交叉项,然后点击"OK",回到上一对话框中。

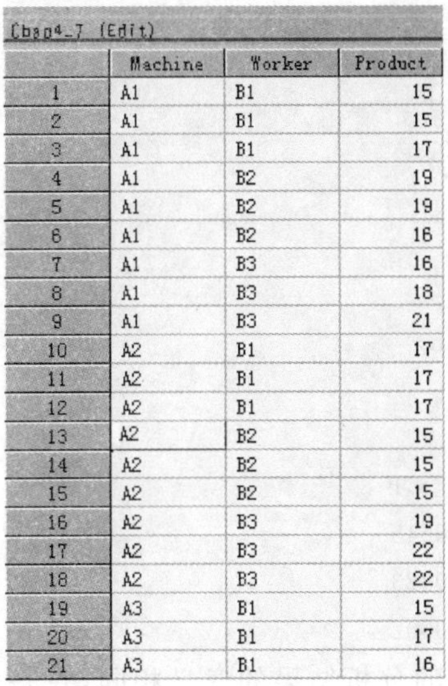

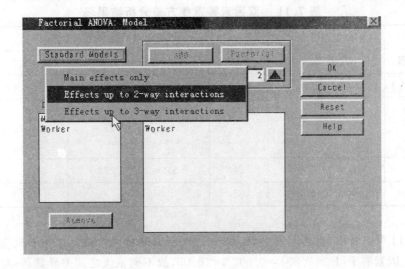

图 7.5 SAS 数据输入图   图 7.6 双因素等重复方差分析 SAS 对话框

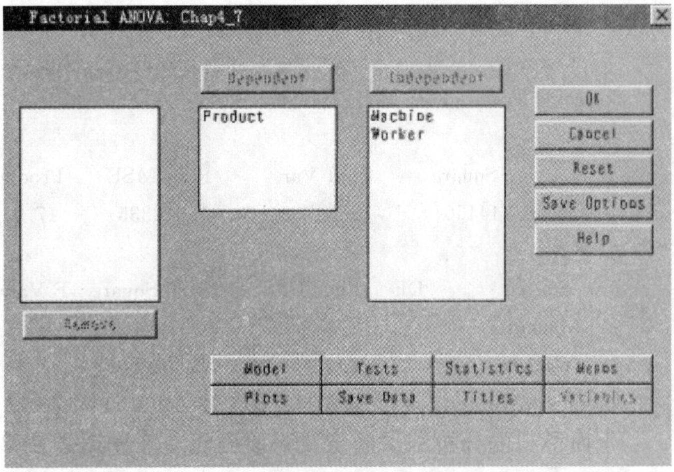

图 7.7 双因素等重复方差分析模型选择 SAS 对话框

(6) 点击"OK"按钮,结果如下：

The GLM Procedure

Class Level Information

Class	Levels	Values
Machine	4	A1 A2 A3 A4
Worker	3	B1 B2 B3

Number of observations   36

The GLM Procedure

```
Dependent Variable: Product
                         Sum of
   Source          DF    Squares        Mean Square    F Value   Pr > F
   Model           11    103.4166667    9.4015152      5.46      0.0003
   Error           24    41.3333333     1.7222222
   Corrected Total 35    144.7500000

         R-Square      Coeff Var     Root MSE      Product Mean
         0.714450      7.534936      1.312335      17.41667

   Source          DF    Type III SS    Mean Square    F Value   Pr > F
   Machine         3     2.75000000     0.91666667     0.53      0.6645
   Worker          2     27.16666667    13.58333333    7.89      0.0023
   Machine*Worker  6     73.50000000    12.25000000    7.11      0.0002
```

上面得到的分析结果的意义与前面无交互作用的例 2 得到的分析结果的意义相同,只是最后一行多了交互作用的相关信息。为便于对照理解,我们同样将 SAS 计算结果按照表 7.9 列出,见表 7.11。

表 7.11 双因素等重复方差分析结果表

方差来源	离差平方和	自由度	平均离差平方和	F 值	显著性
因素 A(机器)	$Q_A = 2.75$	3	$S_A^2 = 0.9166667$	$F_A = 0.53$	0.6645
因素 B(工人)	$Q_B = 27.1667$	2	$S_B^2 = 13.583333$	$F_B = 7.89$	0.0023
交互作用 $A \times B$ (机器 * 工人)	$Q_{A \times B} = 73.50$	6	$S_{A \times B}^2 = 12.25$	$F_{A \times B} = 7.11$	0.0002
误　差	$Q_E = 41.3333$	24	$S_E^2 = 1.722222$		
总　和	$Q_T = 144.75$	35			

由表 7.11 可以看出,机器因素有 $P\{F > 0.53\} = 0.6645 > 0.05$,故不同机器之间差异不显著;对工人因素有 $P\{F > 7.89\} = 0.0023 < 0.05$,故不同工人之间差异显著;对机器和工人之间的交互作用因素,由于 $P\{F > 7.11\} = 0.0002 < 0.05$,故机器和工人之间的交互作用显著。

第 8 章　方差分析应用——葡萄酒评价问题

确定葡萄酒质量时一般是通过聘请一批有资质的评酒员进行品评。每个评酒员在对葡萄酒进行品尝后并对其分类指标打分，然后求和得到其总分，从而确定葡萄酒的质量。附件 1 给出了某一年份一些葡萄酒的评价结果。部分信息如图 8.1 和图 8.2 所示。分析附件 1 中两组评酒员的评价结果有无显著性差异，哪一组结果更可信？（附件 1 可参见 CUMCM2012A 的附件 1）

	A	B	C	D	E	F	G	H	I	J	K	L
1	第一组红	葡萄酒品尝评分										
2												
3	酒样品25		品酒员1号	品酒员2号	品酒员3号	品酒员4号	品酒员5号	品酒员6号	品酒员7号	品酒员8号	品酒员9号	品酒员10号
4			分数	分数	分数	分数	分数	分数	分数	分数	分数	分数
5	外观分析 15	澄清度 5	4	4	4	5	4	4	4	4	3	4
6		色调 10	6	8	6	2	6	8	8	6	8	6
7	香气分析 30	纯正度 6	4	4	4	4	6	4	4	4	6	4
8		浓度 8	4	6	6	4	6	6	6	4	7	4
9		质量 16	10	14	14	10	12	12	12	10	14	10
10	口感分析 44	纯正度 6	3	5	5	3	6	3	3	4	5	4
11		浓度 8	4	6	7	4	4	4	4	4	6	6
12		持久性 8	4	6	6	6	5	6	5	5	7	6
13		质量 22	13	16	19	16	13	13	10	13	16	13
14	平衡/整体评价 11		8	9	10	8	8	7	8	8	9	8

图 8.1　附件 1 第一组红葡萄酒部分评分

	A	B	C	D	E	F	G	H	I	J	K	L	M
1	第一组白	葡萄酒品尝评分											
2													
3		总分：100	干白品种	品酒员1	品酒员2	品酒员3	品酒员4	品酒员5	品酒员6	品酒员7	品酒员8	品酒员9	品酒员10
4	26	项目满分	酒样品26										
5	外观分析	5	澄清度	4	3	4	4	4	5	4	4	5	4
6	15	10	色调	6	8	8	8	8	8	8	10	10	8
7	香气分析	6	纯正度	5	5	5	5	5	6	5	5	5	5
8	30	8	浓度	7	6	8	8	8	8	7	6	8	7
9		16	质量	14	10	14	12	16	14	14	12	14	14
10	口感分析	6	纯正度	4	4	5	4	6	5	4	3	5	4
11	44	8	浓度	7	6	6	6	8	8	7	6	8	6
12		8	持久性	7	6	6	6	8	8	7	5	6	7
13		22	质量	13	10	16	13	19	19	16	16	19	19
14	平衡/整体	11		8	8	10	9	11	10	9	9	10	10

图 8.2　附件 1 第一组白葡萄酒部分评分

该问题要分析附件 1 中两组评酒员的评价结果有无显著性差异，并判断哪一组结果更可信。采用如下步骤完成。

8.1　统计两组评酒员的评价结果

对附件 1 中数据，采用 VBA 编程，统计 27 种红葡萄酒两组评酒员的总得分；统计 28 种白葡萄酒两组评酒员的总得分。计算时对评酒员各分类指标得分求和得到总分，从而确定葡萄酒的质量。

1. VBA 编程进行数据处理

(1)打开附件 1 所在 xls 文件，新增一个表单，命名为“计算结果”，用于存储所有结果。

(2)选中“计算结果”表单。鼠标单击【视图】→【工具栏】→【控件工具箱】。这样在表单中就会出现控件工具箱,如图 8.3 所示。

（3）单击控件工具箱中的"命令按钮",表示选中该控件,然后在表单中你想放置该控件的位置单击,命令按钮就出现在该位置了。按钮上出现的名称叫"CommandButton1",该名字可以修改成你希望的名字。方法是鼠标放在该按钮上,点右键,弹出一个菜单,在菜单中选"属性"。出现一个名称叫"属性"的框,点 Caption,命名为"计算红葡萄酒"。这样该命令按钮上的字就变为"计算红葡萄酒"。

（4）双击"计算红葡萄酒"按钮,出现对应的编写 VBA 代码的函数如下:
Private Sub CommandButton1_Click()
End Sub
这样就可以在函数体中编写你想要你自己的 VBA 代码了。

图 8.3　控件工具箱

所编制的 VBA 程序如下:
计算红葡萄酒
Private Sub CommandButton1_Click()
Dim i, j, k As Integer
Dim Info(30) As String
Dim x(30, 10), All(30) '记录葡萄酒的 10 个评酒员得分
Total = 27
Cells(5, 1) = "第一组红葡萄酒得分"
For k = 1 To Total
pos = 3 + 14 * (k − 1)　'获得第 k 个样品评分信息所在行
Info(k) = Sheets("第一组红葡萄酒品尝评分").Cells(pos, 1)
'打开所在表单

For j = 1 To 10 '获得该样品 10 个品酒员的评分数据
　　s = 0
　　For Item = 1 To 10
s = s + Sheets("第一组红葡萄酒品尝评分").Cells(pos + 1 + Item, 2 + j)
　　Next Item '计算第 j 个品酒员的所有评分和
　　x(k, j) = s '存储第 k 个样品 10 个品酒员的得分和
　　Next j
Next k

For k = 1 To 27
Cells(6 + k, 1) = Info(k)　'显示第一组红葡萄酒第 k 个样品的序号信息
　　For j = 1 To 10
　　Cells(6 + k, 2 + j) = x(k, j)
'显示第一组红葡萄酒第 k 个样品 10 个品酒员的总评分
　　Next j
Next k

'以下计算方式与第一组红葡萄酒相同
　　Cells(37, 1) = "第二组红葡萄酒得分"

```
   For k = 1 To Total
pos = 3 + 14 * (k - 1)
Info(k) = Sheets("第二组红葡萄酒品尝评分").Cells(pos, 1)
For j = 1 To 10 '人
   s = 0
   For Item = 1 To 10
s = s + Sheets("第二组红葡萄酒品尝评分").Cells(pos + 1 + Item, 2 + j)
   Next Item
   x(k, j) = s
   Next j
Next k


For k = 1 To Total
Cells(38 + k, 1) = Info(k)
   For j = 1 To 10
   Cells(38 + k, 2 + j) = x(k, j)
   Next j
Next k
End Sub
```

计算白葡萄酒
```
Private Sub CommandButton2_Click()
Dim i, j, k As Integer
Dim Info(30) As String
Dim x(30, 10), All(30) '记录葡萄酒的10个评酒员得分
Total = 28
Cells(68, 1) = "第一组白葡萄酒得分"
For k = 1 To Total
pos = 4 + 13 * (k - 1) '获得第k个样品评分信息所在行
Info(k) = Sheets("第一组白葡萄酒品尝评分").Cells(pos, 3)
For j = 1 To 10   '获得该样品10个品酒员的评分数据

   s = 0
   For Item = 1 To 10
s = s + Sheets("第一组白葡萄酒品尝评分").Cells(pos + Item, 3 + j)
   Next Item   '计算第j个品酒员的所有评分和
   x(k, j) = s '存储第k个样品10个品酒员的得分和
Next j
Next k
For k = 1 To Total
Cells(69 + k, 1) = Info(k) '显示第一组白葡萄酒第k个样品的序号信息
   For j = 1 To 10
   Cells(69 + k, 2 + j) = x(k, j)
```

'显示第一组白葡萄酒第 k 个样品 10 个品酒员的总评分
　　Next j
Next k

以下计算方式与第一组白葡萄酒相同
Cells(100，1) = "第二组白葡萄酒得分"
For k = 1 To Total
pos = 4 + 12 * (k - 1)
Info(k) = Sheets("第二组白葡萄酒品尝评分").Cells(pos, 2)
For j = 1 To 10
　　s = 0
　　For Item = 1 To 10
s = s + Sheets("第二组白葡萄酒品尝评分").Cells(pos - 1 + Item, 4 + j)
　　Next Item
　　x(k, j) = s
　Next j
Next k

For k = 1 To Total
Cells(101 + k, 1) = Info(k)
　For j = 1 To 10
　　Cells(101 + k, 2 + j) = x(k, j)
　Next j
Next k
End Sub

2. 数据处理结果

"计算结果"表单添加命令按钮和执行计算后部分结果,如图 8.4 所示。

	A	B	C	D	E	F	G	H	I	J	K	L
1												
2												
3				计算红葡萄酒			计算白葡萄酒					
4												
5	第一组红葡萄酒得分											
6												
7	酒样品25		60	78	81	62	70	67	64	62	81	67
8	酒样品27		70	77	63	64	80	76	73	67	85	75
9	酒样品7		63	70	76	64	59	84	72	59	84	84
10	酒样品10		67	82	83	68	75	73	75	68	76	75
11	酒样品11		73	60	72	63	63	71	70	66	90	73
12	酒样品20		78	84	76	68	82	79	76	76	86	81
13	酒样品16		72	80	80	71	69	71	80	74	78	74
14	酒样品24		70	85	90	68	90	84	70	75	78	70
15	酒样品19		76	84	84	66	68	87	80	78	82	81
16	酒样品18		63	65	51	55	52	57	62	58	70	68
17	酒样品6		72	69	71	61	82	69	69	64	81	84
18	酒样品4		52	64	65	66	58	82	76	63	83	77
19	酒样品13		69	84	79	59	73	77	77	76	75	77
20	酒样品22		73	83	72	68	93	72	75	77	79	80
21	酒样品17		70	79	91	68	97	82	69	80	81	76
22	酒样品1		51	66	49	54	77	61	72	61	74	62
23	酒样品2		71	81	86	74	91	80	83	79	85	73
24	酒样品3		80	85	89	76	69	89	73	83	84	76

图 8.4　xls 表单中的样式

将所计算数据按样品排序后的结果,见表8.1~表8.4。

表 8.1 红葡萄酒第一组人员评分结果

样品号	品酒员1号	品酒员2号	品酒员3号	品酒员4号	品酒员5号	品酒员6号	品酒员7号	品酒员8号	品酒员9号	品酒员10号
1	51	66	49	54	77	61	72	61	74	62
2	71	81	86	74	91	80	83	79	85	73
3	80	85	89	76	69	89	73	83	84	76
4	52	64	65	66	58	82	76	63	83	77
5	74	74	72	62	84	63	68	84	81	71
6	72	69	71	61	82	69	69	64	81	84
7	63	70	76	64	59	84	72	59	84	84
8	64	76	65	65	76	72	69	85	75	76
9	77	78	76	82	85	90	76	92	80	79
10	67	82	83	68	75	73	75	68	76	75
11	73	60	72	63	63	71	70	66	90	73
12	54	42	40	55	53	60	47	61	58	69
13	69	84	79	59	73	77	77	76	75	77
14	70	77	70	70	80	59	76	76	76	76
15	69	50	50	58	51	50	56	60	67	76
16	72	80	80	71	69	71	80	74	78	74
17	70	79	91	68	97	82	69	80	81	76
18	63	65	51	55	52	57	62	58	70	68
19	76	84	84	66	68	87	80	78	82	81
20	78	84	76	68	82	79	76	76	86	81
21	73	90	96	71	69	60	79	73	86	74
22	73	83	72	68	93	72	75	77	79	80
23	83	85	86	80	95	93	81	91	84	78
24	70	85	90	68	90	84	70	75	78	70
25	60	78	81	62	70	67	64	62	81	67
26	73	80	71	61	78	71	72	76	79	77
27	70	77	63	64	80	76	73	67	85	75

表8.2 红葡萄酒第二组人员评分结果

样品号	品酒员1号	品酒员2号	品酒员3号	品酒员4号	品酒员5号	品酒员6号	品酒员7号	品酒员8号	品酒员9号	品酒员10号
1	68	71	80	52	53	76	71	73	70	67
2	75	76	76	71	68	74	83	73	73	71
3	82	69	80	78	63	75	72	77	74	76
4	75	79	73	72	60	77	73	73	60	70
5	66	68	77	75	76	73	72	72	74	68
6	65	67	75	61	58	66	70	67	67	67
7	68	65	68	65	47	70	57	74	72	67
8	71	70	78	51	62	69	73	59	68	59
9	81	83	85	76	69	80	83	77	75	73
10	67	73	82	62	63	66	66	72	65	72
11	64	61	67	62	50	66	64	51	67	64
12	67	68	75	58	63	73	67	72	69	71
13	74	64	68	65	70	67	70	76	69	65
14	71	71	78	64	67	76	74	80	73	72
15	62	60	73	54	59	71	71	70	68	69
16	71	65	78	70	64	73	66	75	68	69
17	72	73	75	74	75	77	79	76	76	68
18	67	65	80	55	62	64	62	74	60	65
19	72	65	82	61	64	81	76	80	74	71
20	80	75	80	66	70	84	79	83	71	70
21	80	72	75	72	62	77	63	70	73	78
22	77	79	75	62	68	69	73	71	69	73
23	79	77	80	83	67	79	80	71	81	74
24	66	69	72	73	73	68	72	76	76	70
25	68	68	84	62	60	66	69	73	66	66
26	68	67	83	64	73	74	77	78	63	73
27	71	64	72	71	69	71	82	73	73	69

表 8.3 白葡萄酒第一组人员评分结果

样品号	品酒员1号	品酒员2号	品酒员3号	品酒员4号	品酒员5号	品酒员6号	品酒员7号	品酒员8号	品酒员9号	品酒员10号
1	85	80	88	61	76	93	83	80	95	79
2	78	47	86	54	79	91	85	68	73	81
3	85	67	89	75	78	75	66	79	90	79
4	75	77	80	65	77	83	88	78	85	86
5	84	47	77	60	79	62	74	74	79	74
6	61	45	83	65	78	56	80	67	65	84
7	84	81	83	66	74	80	80	68	77	82
8	75	46	81	54	81	59	73	77	85	83
9	79	69	81	60	70	55	73	81	76	85
10	75	42	86	60	87	75	83	73	91	71
11	79	46	85	60	74	71	86	62	88	72
12	64	42	75	52	67	62	77	56	68	70
13	82	42	83	49	66	65	76	62	65	69
14	78	48	84	67	79	64	78	68	81	73
15	74	48	87	71	81	61	79	67	74	82
16	69	49	86	65	70	91	87	62	84	77
17	81	54	90	70	78	71	87	74	92	91
18	86	44	83	71	72	71	85	64	74	81
19	75	66	83	68	73	64	80	63	73	77
20	80	68	82	71	73	81	84	62	87	80
21	84	49	85	59	76	86	83	70	88	84
22	65	48	90	58	72	77	76	70	80	74
23	71	66	80	69	80	82	78	71	87	75
24	82	56	79	73	67	59	68	78	86	85
25	86	80	82	69	74	67	77	78	77	81
26	75	66	82	75	93	91	81	76	90	84
27	58	40	79	67	59	55	66	74	73	77
28	66	75	89	69	88	87	85	76	88	90

表 8.4 白葡萄酒第二组人员评分结果

样品号	品酒员1号	品酒员2号	品酒员3号	品酒员4号	品酒员5号	品酒员6号	品酒员7号	品酒员8号	品酒员9号	品酒员10号
1	84	78	82	75	79	84	81	69	75	72
2	79	76	77	85	77	79	80	59	76	70
3	85	74	71	87	79	79	80	45	83	73
4	84	78	74	83	69	82	84	66	77	72
5	83	79	79	80	77	87	82	73	84	91
6	83	75	74	69	75	77	80	67	77	78
7	78	79	74	69	69	82	80	61	72	78
8	74	78	74	67	73	77	79	66	73	62
9	77	78	89	88	84	89	85	54	79	81
10	86	77	77	82	81	87	84	61	73	90
11	79	83	78	63	60	73	81	61	60	76
12	73	81	73	79	67	79	80	44	64	84
13	68	78	79	81	78	72	75	62	65	81
14	75	77	76	76	78	82	79	68	78	82
15	83	77	88	80	84	83	80	63	76	70
16	68	63	75	60	67	86	67	71	52	64
17	77	69	79	83	79	87	88	75	78	88
18	75	83	82	79	74	84	78	71	74	67
19	76	75	78	70	81	80	83	66	78	77
20	86	74	75	78	85	81	78	61	73	75
21	81	80	79	85	83	76	80	58	85	85
22	80	76	82	88	75	89	80	66	72	86
23	74	80	80	80	74	79	75	73	83	76
24	67	80	77	77	79	78	83	65	72	83
25	79	76	79	86	83	88	83	52	85	84
26	80	72	75	83	71	83	83	53	62	81
27	72	79	84	79	76	83	77	63	79	78
28	75	82	81	81	78	84	79	71	76	89

8.2 两组人员品酒的差异性分析

对红葡萄酒或白葡萄酒两组合在一起采用三因素方差分析。
A:酒样品； B:组别； C:品酒员
三因素方差分析：

$$SS_T = \sum_{i=1}^{m}\sum_{j=1}^{n}\sum_{k=1}^{p}(x_{ijk}-\bar{x})^2 = SS_A + SS_B + SS_C + SS_{AB} + SS_{AC} + SS_{BC} + SS_E$$

其中，SS_A是酒样品因素，SS_B是组别因素，SS_C是品酒员因素，SS_E是误差因素。

这里采用 SAS 8.0 进行三因素方差分析。

先利用 MATLAB 程序 a2012.m，该程序比较简单，但太长，这里没有列出，该程序生成需要的数据文件，然后导入 SAS 8.0。其中生成的 R.txt，是红葡萄酒两组人员的评价数据，导入 SAS 8.0 数据名为 am2012_r。生成的 B.txt，是白葡萄酒两组人员的评价数据，导入 SAS 8.0 数据名为 am2012_b。用于三因素方差分析和单因素方差分析。

生成的 R1.txt，R2.txt 分别是红葡萄酒两组人员的评价数据，导入 SAS 8.0 数据名分别为 am2012_r1，am2012_r2，用于双因素方差分析对红葡萄酒两组人员可信度的评价。生成的 B1.txt，B2.txt 分别是白葡萄酒两组人员的评价数据，导入 SAS 8.0 数据名分别为 am2012_b1，am2012_b2，用于双因素方差分析对白葡萄酒两组人员可信度的评价。

对红葡萄酒两组人员采用三因素方差分析和单因素方差分析。

1. 红葡萄酒三因素方差分析

(1) 鼠标点击 Solutions→Analysis→Analyst. 打开分析员。

(2) 鼠标点击 File→Open By SAS Name，选中 Sasuser 下的数据 am2012_r，然后点击 OK 按钮。对话框见图 8.5，数据见图 8.6。

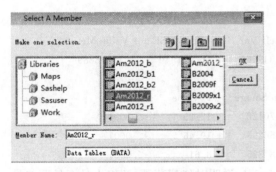

图 8.5 选中红葡萄酒数据框图   图 8.6 红葡萄酒两组人员部分数据

其中，Jiu 代表因素酒样品，Zu 代表组别，Person 代表品酒员。Value 代表酒样品的得分。如 Jiu 为 2，Zu 为 1，Person 为 3，Value 为 86，代表酒样品 2，第一组的第 3 人评分为 86。

(3) 鼠标点击 Statistics→ANOVA→Factorial ANOVA.。打开三因素方差分析对话框如图 8.7 所示。将 Value 选入 Dependent 框，将变量 Jiu，Zu 和 Person 选入 Independent 框。

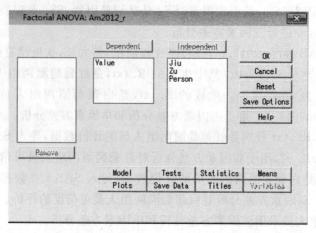

图 8.7 三因素方差分析的对话框

(4)点击 OK 按钮,得到如下结果:

The GLM Procedure

Dependent Variable:Value

Source	DF	Sum of Squares	Mean Square	F Value	Pr > F
Model	36	18 711.65556	519.76821	11.54	<.0001
Error	503	22 660.27778	45.05025		
Corrected Total	539	41 371.93333			

R-Square	Coeff Var	Root MSE	Value Mean
0.452279	9.349565	6.711949	71.78889

Source	DF	Type III SS	Mean Square	F Value	Pr > F
Jiu	26	14344.23333	551.70128	12.25	<.0001
Zu	1	876.56296	876.56296	19.46	<.0001
Person	9	3 490.85926	387.87325	8.61	<.0001

从结果看,两组人员之间 $F=19.46$,$p<0.0001$,说明对红葡萄酒,两组人员有显著差异。对红葡萄酒两组人员也可进行单因素方差分析。

2. 红葡萄酒两组人员单因素方差分析

(1)鼠标点击 Solutions→Analysis→Analyst. 打开分析员。

(2)鼠标点击 File→Open By SAS Name,选中 Sasuser 下的数据 am2012_r,然后点 OK。

(3)鼠标点击 Statistics→ANOVA→One Way ANOVA. 。打开单因素方差分析对话框如图 8.8 所示。将 Value 选入 Dependent 框,将 Zu 选入 Independent 框。

第8章 方差分析应用——葡萄酒评价问题

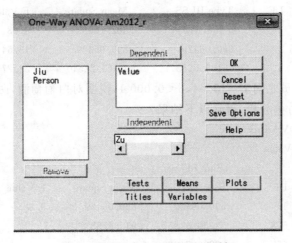

图 8.8 单因素方差分析的对话框

(4)点击 OK 按钮,得到如下结果:

Source	DF	Squares	Mean Square	F Value	Pr > F
Model	1	876.56296	876.56296	11.65	0.0007
Error	538	40495.37037	75.27021		
Corrected Total	539	41371.93333			

R-Square	Coeff Var	Root MSE	Value Mean
0.021 187	12.08521	8.675840	71.78889

Source	DF	Anova SS	Mean Square	F Value	Pr > F
Zu	1	876.5629630	876.5629630	11.65	0.0007

从结果看,两组人员之间 $F=11.65$,$p=0.0007<0.01$,说明对红葡萄酒,两组人员有显著差异。

对白葡萄酒类似也可采用三因素方差分析和单因素方差分析。操作过程与红葡萄酒相同,使用的数据集为 Am2012_b。

白葡萄酒三因素方差分析,得到以下结果:

The GLM Procedure

Dependent Variable: Value

Source	DF	Sum of Squares	Mean Square	F Value	Pr > F
Model	37	19 517.43571	527.49826	8.03	<.0001
Error	522	34303.30714	65.71515		
Corrected Total	559	53 820.74586			

R-Square	Coeff Var	Root MSE	Value Mean
0.362638	10.76967	8.106488	75.27143

Source	DF	Type III SS	Mean Square	F Value	Pr > F
Jiu	27	5 458.34286	202.16085	3.08	<.0001
Zu	1	890.06429	890.06429	13.54	0.0003
Person	9	13169.02857	1 463.22540	22.27	<.0001

从结果看,两组人员之间 F=13.54,p<0.000 1,说明对白葡萄酒,两组人员有显著差异。

白葡萄酒单因素方差分析,得到以下结果:

The ANOVA Procedure

Dependent Variable:Value

Source	DF	Sum of Squares	Mean Square	F Value	Pr > F
Model	1	890.06429	890.06429	9.38	0.0023
Error	558	52930.67857	94.85785		
Corrected Total	559	53820.74286			

R-Square	Coeff Var	Root MSE	Value Mean
0.016538	12.93917	9.739499	75.27143

Source	DF	Anova SS	Mean Square	F Value	Pr >
Zu	1	890.0642857	890.0642857	9.38	0.0023

从结果看,两组人员之间 F=9.38,p=0.002 3<0.01,说明对白葡萄酒,两组人员有显著差异。

8.3 两组人员对两种酒的评分可信度分析

对红葡萄酒或白葡萄酒的每一组采用的可信度评价时采用两因素方差分析。

A:酒样品; B:品酒员。

两因素方差分析:

$$SS_T = \sum_{i=1}^{m}\sum_{j=1}^{n}(x_{ij}-\bar{x})^2 = SS_A + SS_B + SS_{AB} + SS_E$$

其中,SS_A 是酒样品因素,SS_B 是品酒员因素,SS_E 是误差因素。

1. 对红葡萄酒两组人员可信度的评价

红葡萄酒第一组数据名为 am2012_r1,部分数据如图 8.9 所示。

对红葡萄酒,每组采用双因素方差分析。操作过程与三因素方差分析相同,这里不再叙述。

红葡萄酒第一组人员的方差分析,得以下结果:

Source	DF	Sum of Squares	Mean Square	F Value	Pr > F
Model	35	17139.50741	489.70021	10.39	<.0001
Error	234	11030.42222	47.13856		
Corrected Total	269	28169.92963			

R-Square	Coeff Var	Root MSE	Value Mean
0.608433	9.397035	6.865752	73.06296

Source	DF	Type III SS	Mean Square	F Value	Pr > F
Jiu	26	13965.42963	537.13191	11.39	<.0001
Person	9	3174.07778	352.67531	7.48	<.0001

从红葡萄酒第一组人员来看,酒之间的差异 F1=11.39,p1<0.0001,说明红葡萄酒有差异,品酒员品酒 F2=7.48,p2<0.0001,说明人员之间有差异。

	Jiu	Person	Value
1	1	1	51
2	1	2	66
3	1	3	49
4	1	4	54
5	1	5	77
6	1	6	61
7	1	7	72
8	1	8	61
9	1	9	74
10	1	10	62
11	2	1	71
12	2	2	81
13	2	3	86
14	2	4	74
15	2	5	91
16	2	6	80
17	2	7	83
18	2	8	79
19	2	9	85
20	2	10	73
21	3	1	80
22	3	2	85
23	3	3	89
24	3	4	76

图 8.9 红葡萄酒第一组部分数据

红葡萄酒第二组人员的方差分析,得到以下结果:

Source	DF	Sum of Squares	Mean Square	F Value	Pr > F
Model	35	7175.11481	205.00328	9.31	<.0001
Error	234	5150.32593	22.00994		
Corrected Total	269	12325.44074			

R-Square	Coeff Var	Root MSE	Value Mean
0.582139	6.653177	4.691475	70.51481

Source	DF	Type III SS	Mean Square	F Value	Pr > F
Jiu	26	4114.340741	158.243875	7.19	<.0001
Person	9	3060.774074	340.086008	15.45	<.0001

从红葡萄酒第二组人员来看,酒之间的差异 F1=7.19,p1<0.0001,说明红葡萄酒有差异,品酒员品酒 F2=15.45,p2<0.0001,说明人员之间有差异。

酒之间的差异 $F_\text{酒}$ 反映了酒的区分度,品酒员品酒差异 $F_\text{人}$ 反映了人员之间的差异度,一个好的评价是酒之间的区分度越大越好,人之间的差异度越小越好。可采用以下评价指标衡量评价结果的可信程度,即

$$F = \frac{F_\text{人}}{F_\text{酒}}$$

当 F 值越小，则评价结果越可信。

对红葡萄酒的第一组人员，$F1=7.48/11.39=0.6567$；

对红葡萄酒第二组人员，$F2=15.45/7.19=2.1488$。

则第一组红葡萄酒品酒员的评价结果更可信。

2. 对白葡萄酒两组人员可信度的评价

第一组白葡萄酒数据集为 am2012_b1，白葡萄酒第一组人员的方差分析，得到以下结果：

Source	DF	Sum of Squares	Mean Square	F Value	Pr > F
Model	36	23369.20000	649.14444	12.39	<.0001
Error	243	12729.76786	52.38588		
Corrected Total	279	36098.96786			

R-Square	Coeff Var	Root MSE	Value Mean
0.647365	9.779407	7.237809	74.01071

Source	DF	Type III SS	Mean Square	F Value	Pr > F
Jiu	27	6231.26786	230.78770	4.41	<.0001
Person	9	17137.93214	1904.21468	36.35	<.0001

$$F1=\frac{F_{人}}{F_{酒}}=36.35/4.41=8.2426$$

第二组白葡萄酒数据集为 am2012_b2，白葡萄酒第二组人员的方差分析，得到如下结果：

Source	DF	Sum of Squares	Mean Square	F Value	Pr > F
Model	36	9439.91429	262.21984	8.62	<.0001
Error	243	7391.79643	30.41892		
Corrected Total	279	16831.71071			

R-Square	Coeff Var	Root MSE	Value Mean
0.560841	7.206560	5.515335	76.53214

Source	DF	Type III SS	Mean Square	F Value	Pr > F
Jiu	27	2714.810714	100.548545	3.31	<.0001
Person	9	6725.103571	747.233730	24.56	<.0001

$$F_2=\frac{F_{人}}{F_{酒}}=24.56/3.31=7.4199$$

对白葡萄酒，第二组人员评价指标 $F_2=7.4199$＜第一组人员评价指标 $F_2=8.2426$，故对白葡萄酒，第二组人员评价结果更可靠。

点评 通过该案例的练习，可达到如下目标。

(1)达到利用 VBA 编程对 xls 文件中数据处理的目标。

(2)达到练习利用统计软件进行三因素方差分析、双因素方差分析与单因素方差分析的目标。

第 9 章 聚 类 分 析

9.1 引 言

聚类分析是一种多元统计分类方法,与判别分析不同,聚类分析不必事先知道分类对象的分类结构。聚类分析的基本思想是,从一批样本的多个观测指标中,找出能度量样本之间或指标之间相似程度(亲疏关系)的统计量,构成一个对称的相似性矩阵。在此基础上进一步找寻各样本(或变量)之间或样本组合之间的相似程度,按相似程度的大小,把样本(或变量)逐一归类。关系密切的归类聚集到一个小的分类单位,关系疏远的聚集到一个大的分类单位,直到所有样本或变量都聚集完毕,形成一个亲疏关系谱系图,用以更自然地和直观地显示分类对象(个体或指标)的差异和联系。

聚类分析是一种探索性的分析,在分类的过程中,人们不必事先给出一个分类的标准,聚类分析能够从样本数据出发,自动进行分类。聚类分析所使用的方法的不同,常常会得到不同的结论。不同研究者对于同一组数据进行聚类分析,所得到的聚类数未必一致。因此聚类分析是一种探索性的分析方法。

聚类分析的方法主要有两种,一种是"快速聚类分析方法"(K-Means Cluster Analysis),另一种是"层次聚类分析方法"(Hierarchical Cluster Analysis)。如果观察值的个数多或文件非常庞大(通常观察值在 200 个以上),则宜采用快速聚类分析方法,原因是观察值数目巨大,层次聚类分析的两种判别图形会过于分散,不宜解释。本章主要介绍这两种分析方法。

9.2 层次聚类分析中的 Q 型聚类

层次聚类分析中的 Q 型聚类即对样本(个案)进行分类,它使具有共同特点的样本聚集在一起,以便对不同类的样本进行分析。

层次聚类分析中,测量样本之间的亲疏程度是关键。聚类的时候会涉及两种类型亲疏程度的计算:一种是样本数据之间的亲疏程度,一种是样本数据与小类、小类与小类之间的亲疏程度。样本数据之间的亲疏程度主要通过样本之间的距离、样本间的相关系数来度量。

1. 连续变量的样本距离测量方法

样本若有 k 个变量,则可以将样本看成是一个 k 维空间的一点,样本和样本之间的距离就是 k 维空间点和点之间的距离,这反映了样本之间的亲疏程度。聚类时,距离近的样本属于一个类,距离远的样本属于不同类。

(1) 欧氏距离(Euclidean Distance) 为

$$\text{EUCLID} = \sqrt{\sum_{i=1}^{k}(x_i - y_i)^2}$$

(2) 欧氏距离平方(Squared Euclidean Distance)为

$$\text{SEUCLID} = \sum_{i=1}^{k}(x_i - y_i)^2$$

(3) Chebychev 距离为

$$\text{CHEBYCHEV}(x,y) = \max |x_i - y_i|$$

(4) Block 距离为

$$\text{BLOCK}(x,y) = \sum_{i=1}^{k} |x_i - y_i|$$

(5) Minkowski 距离为

$$\text{MINKOWSKI}(x,y) = \sqrt[p]{\sum_{i=1}^{k} |x_i - y_i|^p}$$

(6) Customized 距离(用户自定义距离)为

$$\text{CUSTOMIZED}(x,y) = \sqrt[q]{\sum_{i=1}^{k} |x_i - y_i|^p}$$

其中,k 表示样本中有 k 个变量;p,q 是任意可指定的次方;x_i 表示第一个样本在第 i 个变量上的取值;y_i 表示第二个样本在第 i 个变量上的取值。

2. 连续变量的样本亲疏程度的其他测量方法

连续变量亲疏程度的度量,除了上面的各种距离外,还可以计算其他统计指标,如 Pearson 相关系数、Cosine 相似度等。

Cosine 相似度将样本各变量看作 k 维空间向量,然后计算各个向量间夹角的余弦,计算公式为

$$\text{COSINE}(x,y) = \frac{\sum_{i=1}^{k} x_i y_i}{\sqrt{\sum_{i=1}^{k} x_i^2 \sum_{i=1}^{k} y_i^2}}$$

3. 顺序或名义变量的样本亲疏程度测量方法

(1) Chi-square measure:这是 φ^2 统计量,计算公式为

$$\text{CHISQ}(x,y) = \sqrt{\frac{\sum_{i=1}^{k}(x_i - E(x_i))^2}{D(x_i)} + \frac{\sum_{i=1}^{k}(y_i - E(y_i))^2}{D(y_i)}}$$

其中,$E(x_i),E(y_i)$ 代表均值;$D(x_i),D(y_i)$ 代表方差。

(2) Phi-square measure:这是 φ^2 统计量,计算公式为

$$\text{PHISQ}(x,y) = \sqrt{\frac{\dfrac{\sum_{i=1}^{k}(x_i - E(x_i))^2}{D(x_i)} + \dfrac{\sum_{i=1}^{k}(y_i - E(y_i))^2}{D(y_i)}}{n}}$$

其中,$E(x_i),E(y_i)$ 代表均值;$D(x_i),D(y_i)$ 代表方差。

4. 样本数据与小类、小类与小类之间的亲疏程度测量方法

所谓小类,是在聚类过程中根据样本之间亲疏程度形成的中间类,小类和样本、小类与小类继续聚合,最终将所有样本都包括在一个大类中。

在SPSS聚类运算过程中,需要计算样本与小类、小类与小类之间的亲疏程度。SPSS提供了多种计算方法(计算规则)。

(1) 最短距离法(Nearest Neighbor):以当前某个样本与已经形成小类的各样本距离的最小值作为当前样本与该小类之间的距离。

(2) 最长距离法(Furthest Neighbor):以当前某个样本与已经形成小类的各样本距离的最大值作为当前样本与该小类之间的距离。

(3) 类间平均连锁法(Between-groups Linkage):以两小类之间的距离作为两小类内所有样本间的平均距离。

(4) 类内平均连锁法(Within-groups Linkage):与小类间平均连锁法类似,这里的平均距离是对所有样本对的距离求平均值,包括小类之间的样本对、小类内的样本对。

(5) 重心法(Centroid Clustering):将两小类的距离定义成两小类重心间的距离。每一小类的重心就是该类中所有样本在各个变量上的均值代表点。

(6) 离差平方和法(Ward's Method):小类合并的方法。在聚类过程中,使小类内各样本的欧氏距离总平方和增加最小的两小类合并成一类。

9.3 层次聚类分析中的 R 型聚类

层次聚类分析中的 R 型聚类是对研究对象的观察变量进行分类,它使具有共同特征的变量聚在一起,以便可以从不同类中分别选出具有代表性的变量作分析,从而减少分析变量的个数。R 型聚类的计算公式和 Q 型聚类变量的计算公式是类似的,不同的是 R 型聚类变量对变量间进行距离的计算,Q 型聚类变量是对样本间进行距离的计算。

9.4 快速聚类分析

快速聚类分析是由用户指定类别数的大样本资料的逐步聚类分析。它先对数据进行初始分类,然后逐步调整,得到最终分类。快速聚类分析的实现是 K-Mean 聚类。

和层次聚类分析一致,快速聚类分析也以距离为样本间亲疏程度的标志。但两者的不同在于:层次聚类可以对不同的聚类类数产生一系列的聚类解,而快速聚类只能产生固定类数的聚类解,类数需要用户事先指定。

另外,在快速聚类分析中,用户可以自己指定初始的类中心点。如果用户的经验比较丰富,则可以指定比较合理的初始类中心点,否则,需要增加迭代的次数,以保证最终聚类结果的准确性。

快速计算过程如下:

(1) 用户指定聚类成多少类(比如 k 类)。

(2) SPSS 确定 k 个类的初始类中心点。SPSS 会根据样本数据的实际情况,选择 k 个有代表性的样本数作为初始类中心。初始类中心也可以由用户自行指定,需要指定 k 组样本数据作为初始类中心点。

(3) 计算所有样本数据点到 k 个类中心点的欧氏距离,SPSS 按照距 k 个类中心点距离最短原则,把所有样本分派到各中心点所在的类中,形成一个新的 k 类,完成一次迭代过程。其

中欧氏距离(Euclidean Distance)的计算公式为

$$EUCLID = \sqrt{\sum_{i=1}^{k}(x_i - y_i)^2}$$

(4)SPSS 重新确定 k 个类的中心点。SPSS 计算每个类中各个变量的变量值均值,并以均值点作为新的类中心点。

重复步骤(3)和(4)的计算过程,直到达到指定的迭代次数或终止迭代的判断要求为止。

9.5 软件实现

1. SPSS 的实现过程

例1 表9.1所示是一个有关12盎司啤酒中的成分和价格的数据,根据12盎司(1盎司≈28.4mL)啤酒的各成分含量及价格对20种12盎司啤酒进行分类(Q型聚类分析)。

表9.1 20种啤酒的成分和价格表

成分 啤酒	卡路里热量 cal	钠含量 mg	酒精含量 mL	价格 $
Budweiser	144.00	19.00	4.70	0.43
Schlitz	181.00	19.00	4.90	0.43
Ionenbrau	157.00	15.00	4.90	0.48
Kronensourc	170.00	7.00	5.20	0.73
Heineken	152.00	11.00	5.00	0.77
Old-milnaukee	145.00	23.00	4.60	0.26
Aucsberger	175.00	24.00	5.50	0.40
Strchs-bohemi	149.00	27.00	4.70	0.42
Miller-lite	99.00	10.00	4.30	0.43
Sudeiser-lich	113.00	6.00	3.70	0.44
Coors	140.00	16.00	4.60	0.44
Coorslicht	102.00	15.00	4.10	0.46
Michelos-lich	135.00	11.00	4.20	0.50
Secrs	150.00	19.00	4.70	0.76
Kkirin	149.00	6.00	5.00	0.79
Pabst-extra-l	68.00	15.00	2.30	0.36
Hamms	136.00	19.00	4.40	0.43
Heilemans-old	144.00	24.00	4.90	0.43
Olympia-gold	72.00	6.00	2.90	0.46
Schlite-light	97.00	7.00	4.20	0.47

* 1 cal ≈ 4.186 8 J。

第 9 章 聚 类 分 析

对聚类分析利用 SPSS 10.0 进行求解。方法如下：

(1) 启动 SPSS 10.0,在弹出的表中输入表 9.1 中所示的数据,如图 9.1 所示。

	beername	calorie	sodium	alcohol	cost
1	Budweiser	144.00	19.00	4.70	.43
2	Schlitz	181.00	19.00	4.90	.43
3	Ionenbrau	157.00	15.00	4.90	.48
4	Kronensourc	170.00	7.00	5.20	.73
5	Heineken	152.00	11.00	5.00	.77
6	Old-milnaukee	145.00	23.00	4.60	.26
7	Aucsberger	175.00	24.00	5.50	.40
8	Strchs-bohemi	149.00	27.00	4.70	.42
9	Miller-lite	99.00	10.00	4.30	.43
10	Sudeiser-lich	113.00	6.00	3.70	.44
11	Coors	140.00	16.00	4.60	.44
12	Coorslicht	102.00	15.00	4.10	.46
13	Michelos-lich	135.00	11.00	4.20	.50
14	Secrs	150.00	19.00	4.70	.76
15	Kkirin	149.00	6.00	5.00	.79
16	Pabst-extra-l	68.00	15.00	2.30	.36
17	Hamms	136.00	19.00	4.40	.43
18	Heilemans-old	144.00	24.00	4.90	.43
19	Olympia-gold	72.00	6.00	2.90	.46
20	Schlite-light	97.00	7.00	4.20	.47

图 9.1 SPSS 数据输入图

(2)在主菜单中点击 Analyze→Classify→Hierarchical Cluster,展开层次聚类分析对话框。将左边文本框中的 4 个变量 calorie,sodium,alcohol,cost 选入"Variables[s]"文本框中,而将标志啤酒名字的 beername 选入"Label Cases by"框中,在样本聚类和变量聚类中点单选按钮"Cases";在"Display"中按默认处理,结果如图 9.2 所示。

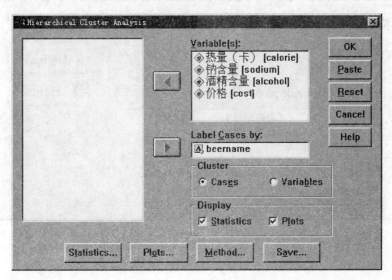

图 9.2 层次聚类对话框

(3) 单击"Statistics..."按钮,弹出如图 9.3 所示的对话框,在"Single solution"框中输入 3,表示当分为 3 类时在结果中标出各样本所属的类别。如果要标出分为 1 到 4 类时各样本所属的类别,则选中单选按钮"Range of solution",标出"From 1 through 4 cluster"。然后点击"Continue"按钮,回到上一级对话框。

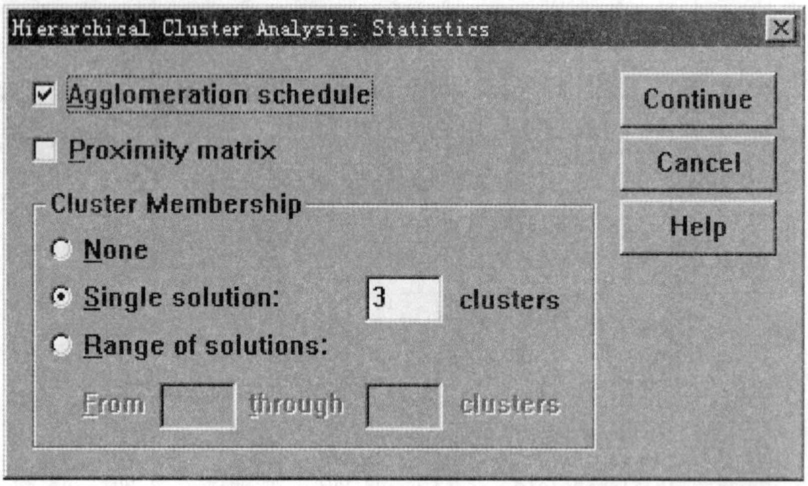

图 9.3　聚类分析的 Statistics 对话框

(4) 点击"Plots"按钮,弹出如图 9.4 所示的对话框。选中"Dendrogram"复选框,这样在结果中将得到树形图。在冰柱图(Icicle)中选择单选按钮"Specified range of clusters",在"Start"框中输入 1,在"Stop"框中输入 3,在"By"框中按默认的 1 处理,表示在冰柱图中标出分为 1 到 3 类时各样本所属类别。然后点击"Continue"按钮,回到上一级对话框。

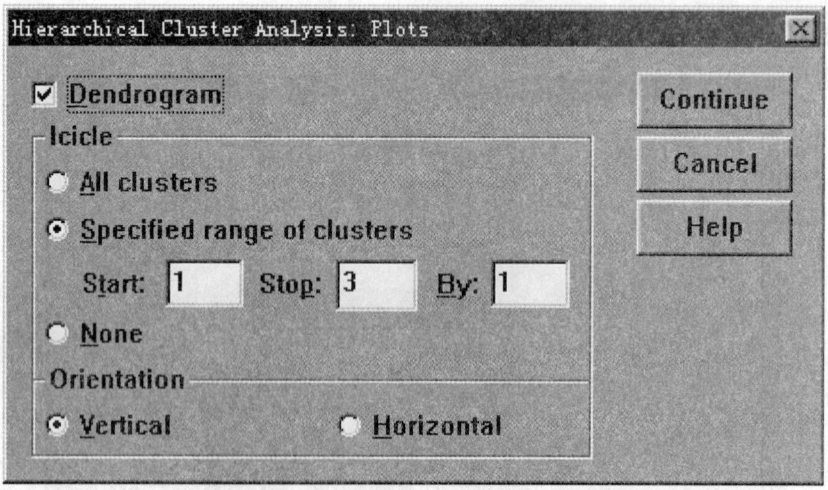

图 9.4　聚类分析的 Plots 对话框

(5) 点击"Method..."按钮,弹出如图 9.5 所示的对话框。在"Cluster Method"框中选"Furthest neighbor",表示两类之间的距离按最远点距离度量;在"Measure"中选"Interval"下的"Euclidean distance",表示对等间隔测度的的变量使用欧氏距离作为类间距离;在"Transform Values"下"Standardize"框中选"Range 0 to 1",同时选中单选按钮"By

variable",表示将各变量的数据转化到 0～1 之间。然后点击"Continue",回到上一级对话框。

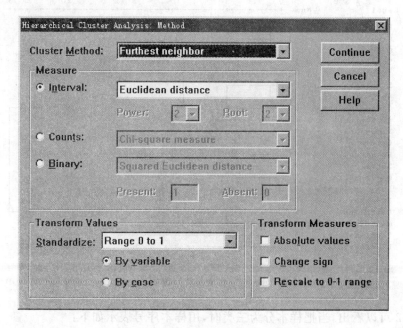

图 9.5 聚类分析的 Method 对话框

(6) 在该对话框中点击"OK"按钮,得到的结果见表 9.2 和图 9.6。

表 9.2 样本隶属类别表

Case	3 Clusters
1: Budweiser	1
2: Schlitz	1
3: Ionenbrau	1
4: Kronensourc	2
5: Heineken	2
6: Old-milnaukee	1
7: Aucsberger	1
8: Strchs-bohemi	1
9: Miller-lite	3
10: Sudeiser-lich	3
11: Coors	1
12: Coorslicht	3
13: Michelos-lich	3
14: Secrs	2
15: Kkirin	2
16: Pabst-extra-l	3
17: Hamms	1
18: Heilemans-old	1
19: Olympia-gold	3
20: Schlite-light	3

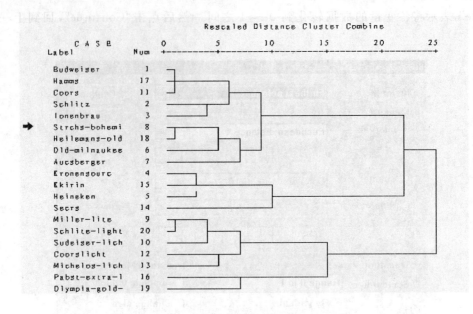

图 9.6 分类过程树形图

从表 9.2 可以看出,当把样本分为三类时,用样本序号表示如下:

第一类包括的啤酒:1,2,3,6,7,8,11,17,18。

第二类包括的啤酒:4,5,14,15。

第三类包括的啤酒:9,10,12,13,16,19,20。

图 9.6 所示的分类过程树形图,显示了各样本及各类之间的相对距离。当选用不同的样本距离或类间距离时,分类结果会不同。至于具体分为几类较好或选用什么样的距离来度量,需根据专业知识和需要来决定。

例 2 现有 29 例儿童的钙($Ca/\mu g$)、镁($Mg/\mu g$)、铁($Fe/\mu g$)、锰($Mn/\mu g$)、铜($Cu/\mu g$)、血红蛋白(Hemoglobin/g)的含量,对指标进行聚类分析(R 型聚类),数据见表 9.3。

表 9.3 儿童化学元素含量数据表

序 号	钙/μg	镁/μg	铁/μg	锰/μg	铜/μg	血红蛋白/g
1	54.89	30.86	448.70	0.012	1.010	13.50
2	72.49	42.61	467.30	0.008	1.640	13.00
3	53.81	52.86	425.61	0.004	1.220	13.75
4	64.74	39.18	469.80	0.005	1.220	14.00
5	58.80	37.67	456.55	0.012	1.010	14.25
6	43.67	26.18	395.78	0.001	0.594	12.75
7	54.89	30.86	448.70	0.012	1.010	12.50
8	86.12	43.79	440.13	0.017	1.770	12.25
9	60.35	38.20	394.40	0.001	1.140	12.00
10	54.04	34.23	405.60	0.008	1.300	11.75
11	61.23	37.35	446.00	0.022	1.380	11.50
12	60.17	33.67	383.20	0.001	0.914	11.25

续表

序号	钙/μg	镁/μg	铁/μg	锰/μg	铜/μg	血红蛋白/g
13	69.69	40.01	416.70	0.012	1.350	11.00
14	72.28	40.12	430.80	0.000	1.200	10.75
15	55.13	33.02	445.80	0.012	0.918	10.50
16	70.08	36.81	409.80	0.012	1.190	10.25
17	63.05	35.07	384.10	0.000	0.853	10.00
18	48.75	30.53	342.90	0.018	0.924	9.75
19	52.28	27.14	326.29	0.004	0.817	9.50
20	52.21	36.18	388.54	0.024	1.020	9.25
21	49.71	25.43	331.10	0.012	0.897	9.00
22	61.02	29.27	258.94	0.016	1.190	8.75
23	53.68	28.79	292.80	0.048	1.320	8.50
24	50.22	29.17	292.60	0.006	1.040	8.25
25	65.34	29.99	312.80	0.006	1.030	8.00
26	56.39	29.29	283.00	0.016	1.350	7.80
27	66.12	31.93	344.20	0.000	0.689	7.50
28	73.89	32.94	312.50	0.064	1.150	7.25
29	47.31	28.55	294.70	0.005	0.838	7.00

对聚类分析利用 SPSS 10.0 进行求解。方法如下：

(1) 启动 SPSS 10.0，在弹出的表中输入表 9.3 中的数据，如图 9.7 所示。

	ca	mg	fe	mn	cu	hemog
1	54.89	30.86	448.70	.01	1.01	13.50
2	72.49	42.61	467.30	.01	1.64	13.00
3	53.81	52.86	425.61	.00	1.22	13.75
4	64.74	39.18	469.80	.01	1.22	14.00
5	58.80	37.67	456.55	.01	1.01	14.25
6	43.67	26.18	395.78	.00	.59	12.75
7	54.89	30.86	448.70	.01	1.01	12.50
8	86.12	43.79	440.13	.02	1.77	12.25
9	60.35	38.20	394.40	.00	1.14	12.00
10	54.04	34.23	405.60	.01	1.30	11.75
11	61.23	37.35	446.00	.02	1.38	11.50
12	60.17	33.67	383.20	.00	.91	11.25
13	69.69	40.01	416.70	.01	1.35	11.00
14	72.28	40.12	430.80	.00	1.20	10.75
15	55.13	33.02	445.80	.01	.92	10.50
16	70.08	36.81	409.80	.01	1.19	10.25
17	63.05	35.07	384.10	.00	.85	10.00
18	48.75	30.53	342.90	.02	.92	9.75
19	52.28	27.14	326.29	.00	.82	9.50
20	52.21	36.18	388.54	.02	1.02	9.25
21	49.71	25.43	331.10	.01	.90	9.00
22	61.02	29.27	258.94	.02	1.19	8.75
23	53.68	28.79	292.80	.05	1.32	8.50

图 9.7 儿童化学元素含量数据图

(2) 在主菜单中点击 Analyze → Classify → Hierarchical Cluster，展开层次聚类分析对话框。将左边文本框中的 6 个变量 ca，mg，fe，mn，cu，hemog 选入 "Variables[s]" 文本框中，在样本聚类和变量聚类中点单选按钮 "Variables"；在 "Display" 中按默认处理。结果如图 9.8 所示。

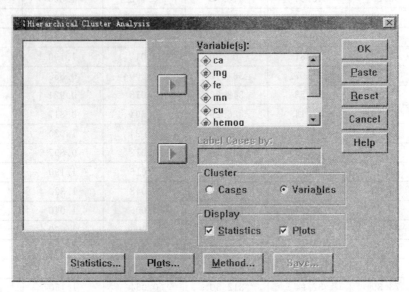

图 9.8　层次分析聚类对话框图

(3) 点击 "Statistics..." 按钮，弹出图 9.9 所示的对话框，如果要标出分为 2~4 类时各样本所属的类别，则选中单选按钮 "Range of solution"，标出 "From 2 through 4 cluster"。然后点击 "Continue" 按钮，回到上一级对话框。

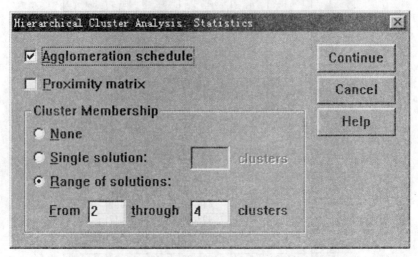

图 9.9　层次分析聚类的 Statistics 对话框

(4) 点击 "Plots" 按钮，弹出图 9.10 所示的对话框。选中 "Dendrogram" 复选框，这样在结果中将得到树形图。在冰柱图(Icicle)中选择单选按钮 "All clusters"，然后点击 "Continue" 按钮，回到上一级对话框。

第9章 聚类分析

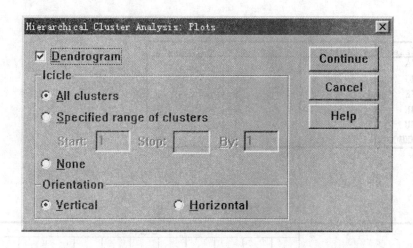

图9.10　层次分析聚类的Plots对话框

(5)点击"Method…"按钮,弹出图9.11所示的对话框。在"Cluster Method"框中选"Between-groups linkage",表示两类之间的距离按平均距离度量;在"Measure"中选"Interval"下的"Pearson correlation",表示对等间隔测度的变量使用Pearson线性关系来度量相似性;在"Transform Values"下"Standardize"框中选"Z scores",同时选中单选按钮"By Variable",表示将每个变量数据标准化为均值为0,方差为1。由于相似性跟正负性无关,故在"Transform Measures"中选"Absolute values"。然后点击"Continue",回到上一级对话框。

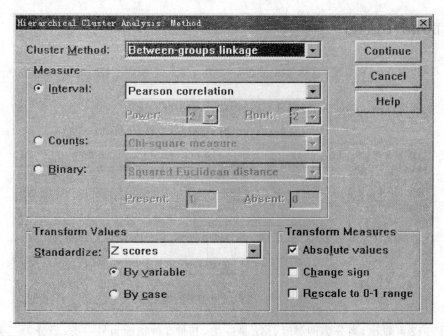

图9.11　层次分析聚类的Method对话框

(6)点击"OK"按钮,得到的结果如图9.12和图9.13所示。

Cluster Membership

Case	4 Clusters	3 Clusters	2 Clusters
CA	1	1	1
MG	2	2	1
FE	3	2	1
MN	4	3	2
CU	1	1	1
HEMOG	3	2	1

Vertical Icicle

Number of clusters	Case										
	MN		HEMOG		FE		MG		CU		CA
1	X	X	X	X	X	X	X	X	X	X	X
2	X		X	X	X	X	X	X	X	X	X
3	X		X	X	X	X	X		X	X	X
4	X		X	X	X		X		X	X	X
5	X		X	X	X				X		X

图 9.12　聚类分析结果的冰柱图

```
Dendrogram

* * * * * * H I E R A R C H I C A L   C L U S T E R   A N A L Y S I S * *

 Dendrogram using Average Linkage (Between Groups)

             Rescaled Distance Cluster Combine

   C A S E      0     5    10    15    20    25
 Label    Num   +-----+-----+-----+-----+-----+

  FE        3   ─┐
  HEMOG     6   ─┤
  MG        2   ─┘
  CA        1   ─┐
  CU        5   ─┤
  MN        4   ─┘
```

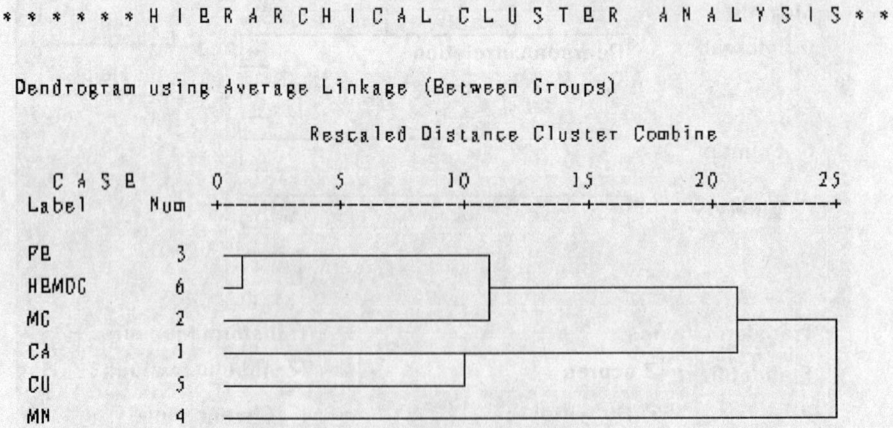

图 9.13　聚类分析结果的树形图

从图 9.12 可看出，当分为两类时，Mn 是一类，其他 5 种指标为另一类；当分为三类时，Ca, Cu 为第一类，Mg, Fe, Hemog 为第二类，Mn 为第三类；当分为四类时，Ca, Cu 为第一类，Mg 为第二类，Fe, Hemog 为第三类，Mn 为第四类。图 9.13 所示的分类过程树形图，显示了各指标及各类之间的相对距离。

2. SAS 的实现过程

例 3　表 9.4 的数据引自《联合国劳动年鉴》(1979) 资料。

表 9.4　1978 年部分发达国家脑力劳动者与体力劳动者分布比例

劳动岗位 V1	美国 V2/(%)	日本 V3/(%)	前西德 V4/(%)	法国 V5/(%)
1 专业技术	14.3	7.2	12.8	15.5
2 行政管理	10.1	3.7	3.1	3.3
3 办事员	17.3	15.7	18.9	14.0
4 销售员	6.1	14.3	8.5	7.3
5 农林渔人员	2.8	11.3	5.7	9.6
6 工人	33.0	36.8	35.3	36.0
7 服务员	13.5	8.8	10.8	8.0
8 其他人员	2.9	2.0	4.9	6.3

(1) 以国名为变量,用 FASTCLUS 过程(即动态聚类法),聚成 2 个聚类或 3 个聚类并产生一个输出数据集,然后显示出来。

输入如下 SAS 程序:

```
Data factclu;
input v1 v2 v3 v4 v5@@;
cards;
1  14.3   7.2  12.8  15.5
2  10.1   3.7   3.1   3.3
3  17.3  15.7  18.9  14.0
4   6.1  14.3   8.5   7.3
5   2.8  11.3   5.7   9.6
6  33.0  36.8  35.3  36.0
7  13.5   8.8  10.8   8.0
8   2.9   2.0   4.9   6.3
;
proc fastclus data = factclu maxc = 2  MAXITEER = 4 OUT = FAC;
var v2 v3 v4 v5;
proc freq;
TABLES CLUSTER * V1/out = fast1 nocol;
proc fastclus data = factclu MAXC = 3 MAXITER = 4 OUT = FAC;
VAR v2 v3 v4 v5;
PROC FREQ;
TABLES CLUSTER * V1/out = fast1 nocol;
run;
```

运行结果见表 9.5～表 9.8。

表 9.5　两类初始中心

Cluster	v2	v3	v4	v5
1	33.0000	36.800	35.30	36.00
2	2.90000	2.000	4.90	6.30

表 9.6　两类迭代结果中心

Cluster	v2	v3	v4	v5
1	33.0000	36.8000	35.300	36.000
2	9.57142857	9.000	9.24285714	9.14285714

表 9.7　三类初始中心

Cluster	v2	v3	v4	v5
1	33.0	36.8	35.3	36.0
2	2.9	2.0	4.9	6.3
3	17.3	15.7	18.9	14.0

表 9.8　三类迭代结果中心

Cluster	v2	v3	v4	v5
1	33.00000	36.8000	35.300	36.000
2	5.47500	7.82500	5.5500	6.62500
3	15.0333	10.56667	14.167	12.5000

(2) 仍采用上一个例子中的数据,以国名为变量,用 CLUSTER 过程聚类出分布率相似的国家。

输入如下 SAS 程序：

Data clus;
input v1 v2 v3 v4 v5@@;
cards;
1 14.3 7.2   12.8 15.5
2 10.1 3.7   3.1   3.3
3 17.3 15.7 18.9 14.0
4 6.1   14.3 8.5   7.3
5 2.8   11.3 5.7   9.6
6 33.0 36.8 35.3 36.0
7 13.5 8.8   10.8 8.0
8 2.9   2.0   4.9   6.3

```
;
proc cluster data = factclu simple method = single OUTTREE = TREEO;
   var v2 v3 v4 v5;
   proc print data = treeo;
   proc tree;
   proc freq;
run;
```

运行程序得到图 9.14 和图 9.15 所示结果。

图 9.14 所示的输出结果包括以下五方面：

(1) 默认统计量(均值、标准偏差、偏态、峰态及双峰态等系数)。

(2) 协方差矩阵的特征值、上下特征值之差、方差比和方差累积比。

由图 9.14、图 9.15 协方差矩阵的特征值和上下特征值之差来看，第一聚类特征值为 403.307，最大，它与后面的特征值相比相差 384.100，最为悬殊。相比之下，后面 3 个特征值之间相差很小。再从方差比来看，第一特征值占总方差的 0.932 5，其余 3 个聚类的方差之和只占 7% 左右，因此第一聚类是主要的一大聚类。

```
                    The CLUSTER Procedure
                 Single Linkage Cluster Analysis

   Variable      Mean      Std Dev    Skewness   Kurtosis   Bimodality

     V2        12.5000     9.8597      1.3233     2.2183      0.3865
     V3        12.4250    10.9050      1.8395     4.1094      0.4866
     V4        12.5000    10.5027      1.7201     3.1438      0.4921
     V5        12.5000    10.2976      2.0470     4.7023      0.5405


                  Eigenvalues of the Covariance Matrix

         Eigenvalue    Difference    Proportion    Cumulative

    1    403.307153    384.099800      0.9325        0.9325
    2     19.207353     11.461989      0.0444        0.9770
    3      7.745364      5.525950      0.0179        0.9949
    4      2.219415                    0.0051        1.0000

   Root-Mean-Square Total-Sample Standard Deviation  = 10.39807
   Mean Distance Between Observations               = 23.48588


                          Cluster History
                                               Norm    T
                                                Min    i
                                                         e
      NCL     --Clusters Joined---    FREQ     Dist    

       7      OB4        OB5           2       0.2447
       6      OB1        OB7           2       0.3392
       5      OB2        OB8           2       0.3484
       4      CL6        CL7           4       0.4057
       3      CL4        CL5           6       0.4216
       2      CL3        OB3           7       0.4548
       1      CL2        OB6           8       1.6279
```

图 9.14 对劳动力分布相似国家的聚类结果 1

Obs	_NAME_	_PARENT_	_NCL_	_FREQ_	_HEIGHT_	_RMSSTD_	_SPRSQ_	_RSQ_	_PSF_
1	OB4	CL7	8	1	0.00000	0.0000	0.00000	1.00000	.
2	OB5	CL7	8	1	0.00000	0.0000	0.00000	1.00000	.
3	OB1	CL6	8	1	0.00000	0.0000	0.00000	1.00000	.
4	OB7	CL6	8	1	0.00000	0.0000	0.00000	1.00000	.
5	OB2	CL5	8	1	0.00000	0.0000	0.00000	1.00000	.
6	OB8	CL5	8	1	0.00000	0.0000	0.00000	1.00000	.
7	CL6	CL4	6	2	0.33916	2.8162	0.01048	0.98407	24.7050
8	CL7	CL4	7	2	0.24467	2.0316	0.00545	0.99455	30.3942
9	CL4	CL3	4	4	0.40574	4.0162	0.04800	0.92500	16.4452
10	CL5	CL3	5	2	0.34844	2.8993	0.01106	0.97301	27.0941
11	CL3	CL2	3	6	0.42157	4.4139	0.05371	0.87129	16.9239
12	OB3	CL2	2	1	0.00000	0.0000	0.00000	1.00000	.
13	CL2	CL1	2	7	0.45476	5.1753	0.08362	0.78767	22.2576
14	OB6	CL1	8	1	0.00000	0.0000	0.00000	1.00000	.
15	CL1		1	8	1.62798	10.3981	0.79767	0.00000	.

Obs	_PST2_	_ERSQ_	_RATIO_	_LOGR_	_CCC_	V2	V3	V4	V5
1	.	.	.	.	.	6.1000	14.3000	8.5000	7.3000
2	.	.	.	.	.	2.8000	11.3000	5.7000	9.3000
3	.	.	.	.	.	4.8000	7.2000	12.8000	15.5000
4	.	.	.	.	.	3.5000	8.9000	10.8000	9.3000
5	.	.	.	.	.	0.1000	3.7000	3.1000	3.3000
6	.	.	.	.	.	2.9000	2.0000	4.9000	6.3000
7	.	.	.	.	.	3.9000	8.0000	11.8000	11.7500
8	.	.	.	.	.	4.4500	12.8000	7.1000	8.4500
9	6.0256	.	.	.	.	3.1750	10.4000	9.4500	10.1000
10	.	.	.	.	.	6.5000	2.8500	4.0000	4.3000
11	2.8847	.	.	.	.	8.2833	7.8833	7.6333	8.3333
12	.	.	.	.	.	7.3000	15.3000	18.9000	14.3000
13	3.2486	.	.	.	.	9.5714	8.9429	9.2429	9.1429
14	.	.	.	.	.	33.0000	36.8000	35.3000	7.3000
15	22.2576	0	.	0	0	2.5000	12.4250	12.5000	12.5000

图 9.15 对劳动力分布相似国家的聚类结果 2

(3) 总样本标准偏差的平均平方根为 10.398 07,说明总样本内部的变异性很突出;观察值之间的平均距离为 23.485 88,说明样本之间也是远距离的。

(4) 聚类的类别号。从聚类的类别号来看,8 个观察值一共聚类 7 次。

(5) 新聚类的频数和标准化的最小距离。

图 9.15 输出结果是:复相关系数 R^2(_RSQ_) 及其期望值(_ERSQ_)。本例未能计算出 (_ERSQ_) 值,但从 R^2 看聚类越往后 R^2 越小。

为了更清晰地观察聚类形成的过程,画出聚类的树形图,如图 9.16 所示。

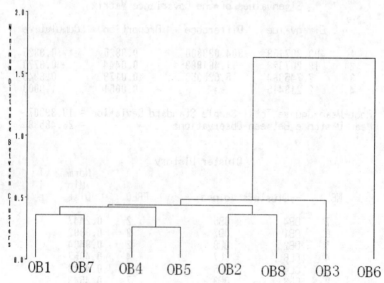

图 9.16 CLUSTER 过程产生的 4 国劳动力分布的聚类树形图

分析图 9.16 可以看出,OB6 与其他观察值的距离最远,其次是 OB3。因为 OB6 与其他观察值的距离最远,所以 OB6 到最后才和大家在一起而形成一大聚类。

第10章 判别分析

10.1 引言

 判别分析的目的是对已知分类的数据建立由数值指标构成的分类规则,然后把这样的规则应用到未知分类的样本去分类。例如,有了患有心脏病的病人和未患心脏病的健康人的一些心脏功能指标,就可以从这些指标去建立一个判别公式。然后利用这个判别公式,输入一个人的心脏功能指标就可以判断这个人是否患有心脏病。

 判别分析与聚类分析是不同的,虽然二者都涉及分类。聚类分析是不清楚样本现在所属什么类别,而且也不知道最后要分成几个类。判别分析需要的是找出判别公式。当被解释变量是属性变量而解释变量是度量变量时,判别分析是合适的统计分析方法。

10.2 理论方法介绍

 判别分析的假设条件:判别分析最基本的要求是,分组类型在两组以上;在第一阶段工作时每组案例的规模至少有一定数量;解释变量必须是可测量的,才能够计算平均值和方差,使其能合理地应用于统计函数。

 (1) 判别变量(解释变量)不能是其他判别变量的线性组合。这时,为其他变量线性组合的判别变量不能提供新的信息,更重要的是在这种情况下无法估计判别函数。不仅如此,有时一个判别变量与另外的判别变量高度相关,或与另外的判别变量的线性组合高度相关,虽然能求解,但参数估计的标准误差将很大,以至于参数估计统计上不显著。这就是通常所说的多重共线性问题。

 (2) 各组变量的协方差矩阵相等。判别分析最简单和最常用的形式是采用线性判别函数,它们是判别变量的简单线性组合。在各组协方差矩阵相等的假设条件下,可以使用很简单的公式来计算判别函数和进行显著性检验。

 (3) 各判别变量之间具有多元正态分布。在这种条件下可以精确计算显著性检验值和分组归属的概率。当违背该假设时,计算的概率将非常不精确。

 判别分析通常要给出一个判别指标——判别函数,同时还要指定一种判别规则,下面介绍几种不同的判别分析方法:距离判别法,Bayes判别法,Fisher判别法和逐步判别法。

 1. 距离判别
 距离判别的思想是根据各样本与主体之间的距离远近作出判别,即根据资料建立关于各主体的距离判别公式,将各样本数据逐一代入求出距离值,判别样本属于距离值最小的那个样本。

 (1) 正态协方差阵相同。设总体 $G_i \sim N(u_i, \sum), i = 1, 2, \cdots, k, G_i$ 的典型样本为 n_i 个, k

为总体个数。样本 $\boldsymbol{X}=(x_1,x_2,\cdots,x_m)^T$ 到各总体的马氏距离为

$$d_i^2=(\boldsymbol{X}-u_i)^T\sum{}^{-1}(\boldsymbol{X}-u_i),\quad i=1,\cdots,k$$

如果 $u_1,u_2,\cdots,u_k$ 与 $\sum$ 未知,可用各总体的样本来估计。设各样本容量、均值和离差阵分别为 $n_i,\overline{X}^{(i)},L_{xx}^{(i)}$,则

$$\begin{cases}u_i=\overline{X}^{(i)}\\ \sum=S=\dfrac{1}{n_1+n_2+\cdots+n_k-k}\sum_{i=1}^k L_{xx}^{(i)}\end{cases}$$

相应的判别规则为

$$d_i^2=\min\{d_p^2,1\leqslant p\leqslant k\}$$

则 $X\in G_i$,即样本距哪个总体近就归属于哪个总体。

(2) 正态协方差阵不等。如果多个总体的均值、协方差阵均互不相等,此时样本 $\boldsymbol{X}$ 到各总体的马氏距离为

$$d_i^2=(\boldsymbol{X}-u_i)^T\sum_i{}^{-1}(\boldsymbol{X}-u_i),\quad i=1,2,\cdots,k$$

判别规则仍用 $d_i^2=\min\{d_p^2,1\leqslant p\leqslant k\}$。若由样本来估计 u_i 和 $\sum_i$,则 $u_i=\overline{X}^{(i)},\sum_i=S_i=\dfrac{1}{n_i-1}L_{xx}^{(i)}$,用这些估计值计算 d_i^2。

2. Bayes 判别

Bayes 判别思想是根据先验概率求出后验概率分布,并根据后验概率分布作出统计推断。所谓先验概率就是用概率描述人们事先对所研究的对象的认识程度。而后验概率,就是根据具体资料、先验概率、特定的判别规则所计算的概率。它是对先验概率修正后的结果。

设有 k 个总体 $G_1,G_2,\cdots,G_k$ 分别具有 p 维密度函数 $p_1(x),p_2(x),\cdots,p_k(x)$,已知出现这个总体的先验概率分布为 $q_1,q_2,\cdots,q_k$,希望建立判别函数和判别规则。

用 $D_1,D_2,\cdots,D_k$ 表示 R^p 的一个划分,即 $D_1,D_2,\cdots,D_k$ 互不相交,且 $D_1\bigcup D_2\bigcup\cdots\bigcup D_k=R^p$。如果这个划分取得适当,正好对应于 k 个总体,这时判别规则可以采用以下方法,即

$$x\in G_i,\text{若 }x\text{ 落入 }D_i\quad(i=1,2,\cdots,k)$$

问题是如何获得这个划分。用 $c(j|i)$ 表示样本来自 G_i 而误判为 G_j 的损失,这一误判的概率为

$$p(j|i)=\int_{D_j}p_i(x)dx$$

于是由以上判别规则,所带来的平均损失 ECM(Expected Cost of Misclassification)为

$$\text{ECM}(D_1,D_2,\cdots,D_k)=\sum_{i=1}^k q_i\sum_{j=1}^k c(j|i)p(j|i)$$

定义 $c(i|i)=0$,目的是求 $D_1,D_2,\cdots,D_k$,使 ECM 达到最小。

3. Fisher 判别

Fisher 判别思想是投影,使多维问题简化为一维问题来处理。选择一个适当的投影轴,使所有的样本点都投影到这个轴上形成一个投影值。对这个投影的方向要求是:每一类内的投影值所形成的类内离差值尽可能小,而不同类之间的投影值所形成的类间离差值尽可能大。

设从 k 个总体分别取得 k 组 p 维观察值如下:

$$G_1: x_1^{(1)}, \cdots, x_{n_1}^{(1)}$$
$$\cdots\cdots \quad (n = n_1 + n_2 + \cdots + n_k)$$
$$G_k: x_1^{(k)}, \cdots, x_{n_k}^{(k)}$$

令 a 为 $\mathbf{R}^p$ 中的任一向量，$u(x) = a^T x$ 为 x 向以 a 为法线方向的投影，这时，上述数据的投影为

$$G_1: a^T x_1^{(1)}, \cdots, a^T x_{n_1}^{(1)}$$
$$\cdots\cdots$$
$$G_k: a^T x_1^{(k)}, \cdots, a^T x_{n_k}^{(k)}$$

它正好组成一元方差分析的数据。其组间平方和为

$$SSG = \sum_{i=1}^{k} n_i (a^T \overline{X}^{(i)} - a^T \overline{x})^2 = a^T \left[\sum_{i=1}^{k} n_i (\overline{x}^{(i)} - \overline{x})(\overline{x}^{(i)} - \overline{x})^T \right] a = a^T \boldsymbol{B} a$$

式中，$\boldsymbol{B} = \sum_{i=1}^{k} n_i (\overline{x}^{(i)} - \overline{x})(\overline{x}^{(i)} - \overline{x})^T$，$\overline{x}^{(i)}$ 和 $\overline{x}$ 分别为第 i 组均值和总均值向量。

组内平方和为

$$SSE = \sum_{i=1}^{k} \sum_{j=1}^{n_i} (a^T x_j^{(i)} - a^T \overline{x}^{(i)})^2 = a^T \left[\sum_{i=1}^{k} \sum_{j=1}^{n_i} (x_j^{(i)} - \overline{x}^{(i)})(x_j^{(i)} - \overline{x}^{(i)})^T \right] a = a^T \boldsymbol{E} a$$

式中，$\boldsymbol{E} = \sum_{i=1}^{k} \sum_{j=1}^{n_i} (x_j^{(i)} - \overline{x}^{(i)})(x_j^{(i)} - \overline{x}^{(i)})^T$。如果 k 组均值有显著差异，则

$$F = \frac{SSG/(k-1)}{SSE/(n-k)} = \frac{n-k}{k-1} \frac{a^T \boldsymbol{B} a}{a^T \boldsymbol{E} a}$$

应充分大，或者

$$\lambda = \frac{a^T \boldsymbol{B} a}{a^T \boldsymbol{E} a}$$

应充分大。所以可以求 a，使得 λ 达到最大。由上式有

$$a^T \boldsymbol{B} a = \lambda a^T \boldsymbol{E} a$$

由矩阵知识，λ_1 是 $|\boldsymbol{B} - \lambda \boldsymbol{E}| = 0$ 的最大特征根，$l_1, \cdots, l_r$ 为相应的特征向量，当 $a = l_1$ 时，可使 λ 达到最大。由于 λ 的大小可衡量判别函数 $u(x) = a^T x$ 的效果，故称 λ 为判别效率。即 Fisher 准则下的线性判别函数 $u(x) = a^T x$ 的解 a 为方程 $|\boldsymbol{B} - \lambda \boldsymbol{E}| = 0$ 的最大特征根 λ_1 所对应的特征向量 l_1，且相应的判别效率为 λ_1。

4. 逐步判别

变量的好坏直接影响回归的效果。如果判别问题中将其中最主要的指标忽略了，由此建立的判别函数其效果一定不好。但是在许多问题中，事先并不十分清楚哪些指标是主要的。理论和实践证明，指标太多，不仅带来大量的计算，而且许多对判别无用的指标反而会干扰我们的视线。因此适当筛选变量就成为一个很重要的事情。凡具有筛选变量能力的判别方法统称为逐步判别法。

逐步判别的原则：

(1) 在 $x_1, x_2, \cdots, x_m$ 中先选出一个变量，它使 Wilks 统计量 $\Lambda_i (i=1,2,\cdots,m)$ 达到最小。为了叙述的方便，又不失一般性，假定挑选的变量次序是按自然的次序，即第 r 步正好选中 x_r，第一步选中 x_1，则有 $\Lambda_1 = \min_{1 \leqslant i \leqslant m} (\Lambda_i)$，并考察 Λ_1 是否落入接受域，如不显著，则表明一个变量也选不中，不能用判别分析；如显著，则进入下一步。

(2) 在未选中的变量中,计算它们与已选中的变量 x_1 配合的 Λ 值。选择使 $\Lambda_{1i}(2\leqslant i\leqslant m)$ 达到最小的变量作为第二个变量。如此类推,如已选入了 r 个变量,不妨设是 $x_1,x_2,\cdots,x_r$,则在未选中的变量中逐次选一个与它们配合,计算 $\Lambda_{1,2,\cdots,r,l}(r<l\leqslant m)$,选择使上式达到极小的变量作为第 $r+1$ 个变量。并检验新选的第 $r+1$ 个变量能否提供附加信息,如不能则转入(4),否则转入(3)。

(3) 在已选入的 r 个变量中,要考虑较早选中的变量中其重要性有没有较大的变化,应及时把不能提供附加信息的变量剔除出去。剔除的原则等同于引进的原则。例如在已进入的 r 个变量中要考察 $x_l(1\leqslant l\leqslant r)$ 是否需要剔除,就是计算 $\Lambda_{1,\cdots,l-1,l+1,\cdots,r}$,选择达到极小(大)的 l,看是否显著,如不显著将该变量剔除,仍回到(3),继续考察余下的变量是否需要剔除,如显著则回到(2)。

(4) 这时既不能选进新变量,又不能剔除已选进的变量,将已选中的变量建立判别函数。

5. 结果的解释

如果判别函数统计上显著,并且分类的精确度也可以接受,应对判别分析中每个解释变量的相对重要性进行分析。采用3种方法来确定重要性:

(1) 标准化判别权重。
(2) 判别载荷(结构相关系数)。
(3) 偏 F 值。

10.3 软件实现

1. SPSS 中的实现过程

(1) 研究问题。一个城市的居民家庭,按其有无割草机可分为两组,有割草机的一组记为 π_1,没有割草机的一组记为 π_2,割草机工厂欲判断一些家庭是否将购买割草机。从 π_1 和 π_2 分别随机抽取 12 个样品,调查两项指标:$x_1 =$ 家庭收入,$x_2 =$ 房前屋后土地面积。数据见表 10.1。

表 10.1 居民家庭数据表

π_1:有割草机家庭		π_2:无割草机家庭	
x_1(1 000 美元)	x_2(1 000 ft²)	x_1(1 000 美元)	x_2(1 000 ft²)
20.0	9.2	25.0	9.8
28.5	8.4	17.6	10.4
21.6	10.8	21.6	8.6
20.5	10.4	14.4	10.2
29.0	11.8	28.0	8.8
36.7	9.6	16.4	8.8
36.0	8.8	19.8	8.0
27.6	11.2	22.0	9.2
23.0	10.0	15.8	8.2
31.0	10.4	11.0	9.4
17.0	11.0	17.0	7.0
27.0	10.0	21.0	7.4

第10章 判别分析

(2)实现步骤。

1)启动 SPSS 10.0 软件,将居民家庭数据表中数据拷贝到数据表单里。分别命名变量名为 x_1(1 000 美元), x_2(1 000ft^2),并作新变量 y,有割草机家庭令 $y=1$,无割草机家庭令 $y=0$。为输出显示方便,在 x_1 的 Label 字段输入"家庭收入",在 x_2 的 Label 字段输入"房前屋后土地面积",在 y 的 Label 字段输入"有无割草机"。输入数据结果见图 10.1。

	x1	x2	y
1	20.00	9.20	1
2	28.50	8.40	1
3	21.60	10.80	1
4	20.50	10.40	1
5	29.00	11.80	1
6	36.70	9.60	1
7	36.00	8.80	1
8	27.60	11.20	1
9	23.00	10.00	1
10	31.00	10.40	1
11	17.00	11.00	1
12	27.00	10.00	1
13	25.00	9.80	0
14	17.60	10.40	0
15	21.60	8.60	0
16	14.40	10.20	0
17	28.00	8.80	0
18	16.40	8.80	0
19	19.80	8.00	0
20	22.00	9.20	0
21	15.80	8.20	0
22	11.00	9.40	0
23	17.00	7.00	0
24	21.00	7.40	0

图 10.1 输入数据结果

2)鼠标点击 Analyze→Classify→Discriminant,进入判别分析的对话框。分组变量(grouping variable)选择 y,然后定义 y 的区域,最小值是 0,最大值是 1。解释变量(indepent variable)选择 x_1,x_2。结果如图 10.2 所示。然后点"OK"就可以完成判别分析。

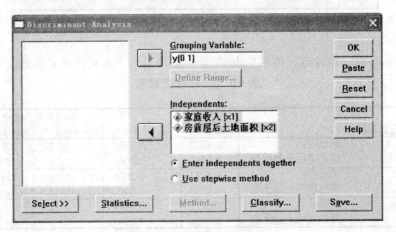

图 10.2 SPSS 判别分析对话框

3) 为获取更多信息,在统计量(Statistics)选项中选择描述统计量"Mean,ANVOA,Box' M",函数选择"Fisher's"和"Unstandardized",如图 10.3 所示。

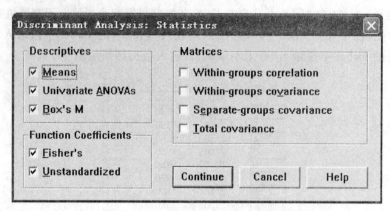

图 10.3　统计变量选择对话框

在图 10.2 的分类(Classify)选项中可以选择先验概率(所有组相等或根据组的大小计算概率),子选项显示(Display)中可以选择每个个体的结果(Casewise results)、综合表(Summary table)和"Leave-one-out"的验证原则,还可以选择使用哪种协方差阵以及作图。本例的选择结果如图 10.4 所示。

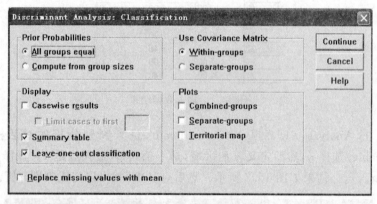

图 10.4　分类选择对话框

(3)结果和讨论。软件运行结果见表 10.2～表 10.10,下面对各表分别进行计论。

表 10.2　均值结果表

有无割草机		Mean	Std. Deviation	Valid N (listwise)	
				Unweighted	Weighted
.00	家庭收入	19.1333	4.7224	12	12.000
	房前屋后土地面积	8.8167	1.0564	12	12.000
1.00	家庭收入	26.4917	6.2596	12	12.000
	房前屋后土地面积	10.1333	1.0103	12	12.000
Total	家庭收入	22.8125	6.5977	24	24.000
	房前屋后土地面积	9.4750	1.2141	24	24.000

第10章 判别分析

从均值结果表来看,无割草机的家庭收入平均为 19.133 3,有割草机的家庭收入平均为 26.491 7。无割草机的房前屋后土地面积为 8.816 7,有割草机的房前屋后土地面积为 10.133 3。从该结果直观来看,有无割草机的两个指标是有明显差异的。

表 10.3 假设检验结果表

Tests of Equality of Group Means

	Wilks' Lambda	F	df1	df2	Sig.
家庭收入	.676	10.568	1	22	.004
房前房后土地面积	.693	9.736	1	22	.005

由假设检验结果表可以看出,在 0.05 的显著水平下拒绝变量 x_1, x_2 在两组的均值相等的假设,即认为变量 x_1, x_2 在两组的均值是有显著差异的。

表 10.4 协方差阵检验表

Test Results

Box's M		1.102
F	Approx.	.331
	df1	3
	df2	87120.00
	Sig.	.803

Tests null hypothesis of equal population covariance matrices.

表 10.4 是对各总体协方差阵是否相等的统计检验。由于 F 值及其显著水平,因此在 0.05 的显著水平下没有足够的理由拒绝原假设(原假设假定各总体协方差阵相等)。

表 10.5 标准化的判别函数系数

Standardized Canonical Discriminant Function Coefficients

	Function 1
家庭收入	.806
房前屋后土地面积	.785

表 10.5 是标准化的判别函数,表示为 $y = 0.806 x_1^* + 0.785 x_2^*$。这里 x_1^*, x_2^* 表示 x_1, x_2 的标准化变量,标准化变量的系数也就是判别权重。

表 10.6 非标准的判别函数系数

Canonical Discriminant Function Coefficients

	Function 1
家庭收入	.145
房前屋后土地面积	.759
(Constant)	-10.508

Unstandardized coefficients

表10.6是非标准化的判别函数,表示为 $y=-10.508+0.145x_1+0.759x_2$。可以根据这个判别函数计算每个观测的判别Z得分。

表10.7 各组重心表

Functions at Group Centroids

有无割草机	Function 1
无割草机	-1.034
有割草机	1.034

Unstandardized canonical discriminant functions evaluated at group means

表10.7是反映判别函数在各组的重心。从结果看,二者差异很大。

表10.8 Fisher分类函数

Classification Function Coefficients

	有无割草机	
	.00	1.00
家庭收入	.988	1.289
房前屋后土地面积	9.363	10.934
(Constant)	-51.421	-73.160

Fisher's linear discriminant functions

表10.8是每组的Fisher线性判别函数。由表中结果可以说明,$y=0$ 这一组的分类函数是 $f_1=-51.421+0.988x_1+9.363x_2$,$y=1$ 这组的分类函数是 $f_2=-73.160+1.289x_1+10.934x_2$。

表10.9 分类结果表

		有无割草机	Predicted Group Membership		Total
			.00	1.00	
Original	Count	.00	10	2	12
		1.00	1	11	12
	%	.00	83.3	16.7	100.0
		1.00	8.3	91.7	100.0
Cross-validated[a]	Count	.00	9	3	12
		1.00	2	10	12
	%	.00	75.0	25.0	100.0
		1.00	16.7	83.3	100.0

表10.9是分类结果。从结果来看,通过判别函数预测,有21个观测是分类正确的,其中 $y=0$ 组12个观测中有10个观测被判对;$y=1$ 组12个观测中有11个被判对,从而有 $21/24=87.5\%$ 的原始观测被判对。在交叉验证中,$y=0$ 组12个观测中有9个观测被判对;$y=1$ 组12

个观测中有 10 个观测被判对,从而交叉验证有 19/24＝79.2％ 的原始观测被判对。

从分类结果来看,分类正确率较高。

2. SAS 中的实现过程

SAS 8.0 提供了多种判别分析方法,其中有 3 种主要的判别分析方法。

(1) 一般判别分析方法(PROC Dicscrim):不对变量进行筛选。它又可以分为 Normal 法(正规的参数法)和 NPAR 法(非参数法)两种。

(2) 典型判别法(PROC Candisc)。

(3) 回归判别分析法(Regression for Discriminant):对变量进行回归筛选。它又可分为 Forward 法(变量前进法)、Backward 法(变量退出法)和 Stepwise 法(逐步回归判别法)3 种。其中逐步回归判别法是变量前进法和变量退出法的先后结合。

(1) 研究问题。把 15 位不同程度的烟民分为 3 组(第 1 组是中度烟民),第 2 组是轻度烟民,第 3 组是重度烟民。检测到的抽烟量(cy)、心电图(zb)、脉搏(mb)、收缩压(ss)、舒张压(sz)见表 10.10,试对这 3 组烟民进行判别分析。

表 10.10 烟民数据表

个案号	组别	抽烟量 只	心电图指标 ms	脉搏 min	收缩压 mmHg*	舒张压 mmHg*
1	1	30	280	70	130	85
2	1	25	260	72	135	80
3	1	35	330	75	140	90
4	1	40	400	78	140	92
5	1	45	410	73	138	85
6	2	20	270	70	130	80
7	2	18	210	68	135	75
8	2	25	280	70	135	75
9	2	25	300	75	140	80
10	2	23	290	72	145	86
11	3	40	410	76	148	88
12	3	45	420	80	145	90
13	3	48	425	82	148	92
14	3	50	450	85	150	95
15	3	55	470	88	160	95

*1 mmHg＝133.32 Pa。

(2) 实现步骤。SAS 中判别分析只能通过命令语句进行处理。

1) 一般判别分析法。在编辑窗口中输入如下 SAS 程序:

data smoke;

input obsn group cy zb mb ss sz @@;

```
cards;
01  1  30  280  70  130  85
02  1  25  260  72  135  80
03  1  35  330  75  140  90
04  1  40  400  78  140  92
05  1  45  410  73  138  85
06  2  20  270  70  130  80
07  2  18  210  68  135  75
08  2  25  280  70  135  75
09  2  25  300  75  140  80
10  2  23  290  72  145  86
11  3  40  410  76  148  88
12  3  45  420  80  145  90
13  3  48  425  82  148  92
14  3  50  450  85  150  95
15  3  55  470  88  160  95
;
proc discrim canonical crosslisterr listerr method = normal manova distance;
    class group;
    priors proportional;
    var cy zb mb ss sz;
run;
```

2) 典型判别分析法。在编辑窗口中输入如下 SAS 程序：

```
data smoke;
input obsn group cy zb mb ss sz @@;
cards;
01  1  30  280  70  130  85
02  1  25  260  72  135  80
03  1  35  330  75  140  90
04  1  40  400  78  140  92
05  1  45  410  73  138  85
06  2  20  270  70  130  80
07  2  18  210  68  135  75
08  2  25  280  70  135  75
09  2  25  300  75  140  80
10  2  23  290  72  145  86
11  3  40  410  76  148  88
12  3  45  420  80  145  90
13  3  48  425  82  148  92
14  3  50  450  85  150  95
15  3  55  470  88  160  95
;
proc candisc out = candiscl anova distance;
```

```
        class group;
        var cy zb mb ss sz;
proc print data = candisc1;
proc plot;
        plot can1 * can2 = group;
```

3) 逐步判别分析法。在编辑窗口中输入如下 SAS 程序：

```
data smoke;
input obsn group cy zb mb ss sz @@;
cards;
01   1   30   280   70   130   85
02   1   25   260   72   135   80
03   1   35   330   75   140   90
04   1   40   400   78   140   92
05   1   45   410   73   138   85
06   2   20   270   70   130   80
07   2   18   210   68   135   75
08   2   25   280   70   135   75
09   2   25   300   75   140   80
10   2   23   290   72   145   86
11   3   40   410   76   148   88
12   3   45   420   80   145   90
13   3   48   425   82   148   92
14   3   50   450   85   150   95
15   3   55   470   88   160   95
;
proc stepdisc method = stepwise all;
        class group;
        var cy zb mb ss sz;
proc print data = candisc1;
run;
```

(3) 结果和讨论。只对一般判别分析进行结果分析。计算得到的主要结果见表 10.11～表 10.14。

表 10.11 模型的判别系数假设检验表

```
        Multivariate Statistics and F Approximations
                    S=2    M=1    N=3

Statistic                   Value      F Value   Num DF   Den DF   Pr > F

Wilks' Lambda             0.06587454    4.63       10       16     0.0033
Pillai's Trace            1.44624834    4.70       10       18     0.0022
Hotelling-Lawley Trace    6.40615545    4.86       10       9.6    0.0111
Roy's Greatest Root       4.77962194    8.60        5       9      0.0031

       NOTE: F Statistic for Roy's Greatest Root is an upper bound.
              NOTE: F Statistic for Wilks' Lambda is exact.
```

H_0:模型的判别系数为0。

如表10.11所示,所有系数的概率值都小于0.05,所以有理由拒绝原假设,判别系数显著地不为0。

表10.12 线性判别函数系数表

```
         Linear Discriminant Function for group
Variable        1           2           3
Constant    -464.87229  -496.74448  -526.72669
cy            -3.60286    -5.07367    -3.75847
zb            -0.00549     0.12235     0.03420
mb             3.56847     4.31919     4.05194
ss             4.49642     4.93748     4.85789
sz             2.06761     1.10854     1.65823
```

由表10.12可知三组的线性判别函数:

第1组(中度烟民)判别函数=

$-464.87229-3.60286cy-0.00549zb+3.56847mb+4.49642ss+2.06761sz$

第2组(轻度烟民)判别函数=

$-496.74448-5.07367cy+0.12235zb+4.31919mb+4.93748ss+1.10854sz$

第3组(重度烟民)判别函数=

$-526.72669-3.75847cy+0.03420zb+4.05194mb+4.85789ss+1.65823sz$

表10.13 分类结果表1

```
         Number of Observations and Percent Classified into group
From group       1          2          3        Total
   1             4          1          0          5
              80.00      20.00       0.00     100.00
   2             0          5          0          5
               0.00     100.00       0.00     100.00
   3             0          0          5          5
               0.00       0.00     100.00     100.00
Total            4          6          5         15
              26.67      40.00      33.33     100.00
Priors      0.33333    0.33333    0.33333
```

表10.13是回顾性检验所得观察值对应的实际组与期望组的对比。可得正确分组率(置换的符合率)=(4+5+5)/15=93.3%(非常好)。

```
         From    Classified
Obs      group   into group     1        2        3
  2        1         2 *     0.1874   0.8106   0.0019
              * Misclassified observation
```

可见只有第2号个案被错误分组到组2。

第10章　判别分析

表 10.14　分类结果表 2

```
       Number of Observations and Percent Classified into group
From group      1           2           3           Total
    1           2           1           2           5
              40.00       20.00       40.00       100.00
    2           0           4           1           5
               0.00       80.00       20.00       100.00
    3           0           1           4           5
               0.00       20.00       80.00       100.00
  Total         2           6           7          15
              13.33       40.00       46.67       100.00
  Priors     0.33333     0.33333     0.33333
```

表 10.14 是前瞻性检验所得观察值对应的实际组与期望组的对比。可得正确分组率（置换的符合率）＝(2＋4＋4)/15＝66.7%（基本合格）。

```
         From      Classified
  Obs    group     into group        1         2         3
   2       1          2 *         0.0000    1.0000    0.0000
   4       1          3 *         0.1874    0.0013    0.8114
   5       1          3 *         0.0000    0.0000    1.0000
  10       2          3 *         0.3690    0.1454    0.4856
  11       3          2 *         0.0055    0.9945    0.0000
                    * Misclassified observation
```

可见第 2,4,5,10,11 号个案被错误分组。

第 11 章 主成分分析

11.1 引　言

实际问题中,研究对象的观测变量个数很多的情况并不鲜见,这时往往会给问题的分析和计算带来困难。如何用个数较少的变量代替原来为数众多的变量,而又能基本上包含原来变量的信息,这是一个具有现实意义的问题。

当变量之间存在一定的相关关系时,可以通过原始变量的线性组合,构成为数较少的不相关的新变量代替原始变量,而每个新变量都含有尽量多的原始变量的信息。这种处理问题的方法叫作主成分分析,新变量叫作原始变量的主成分。

在对某一事物进行实例研究中,为了更全面、准确地反映出事物的特征及其发展规律,人们往往要考虑与其有关系的多个指标,但是,指标的增加就会增加分析问题的复杂性。在大部分实际问题中,变量之间是存在一定的相关性的,人们自然希望能用较少的指标来代替原来较多的指标,而这些较少的指标要尽可能地反映原来的指标提供的信息。这样就减少了指标,降低了分析问题的复杂性。这样当变量之间存在一定的相关关系时,可以通过原始变量的线性组合,构成为数较少的不相关的新变量代替原始变量,而每个新变量都含有尽量多的原始变量的信息。这种处理问题的方法,叫作主成分分析,新变量叫作原始变量的主成分。

11.2 理论方法介绍

1. 主成分分析的基本思想

下面以二维情况为例,对照线性回归问题,说明主成分分析的基本思想。

设有 N 个观测点 $(x_i, y_i), i = 1, 2, \cdots, N$ 的拟合直线 $\hat{y} = a + bx$,使偏差平方和

$$Q = \sum_{i=1}^{N}(y_i - \hat{y}_i)^2 = \sum_{i=1}^{N}(y_i - a - bx_i)^2$$

最小。

主成分的基本思想是,先对 N 个点 (x_i, y_i) 求出第一条"最佳"拟合直线,使得这 N 个点到该直线的垂直距离的平方和最小,并称此直线为第一主成分。然后再求与第一主成分相互独立(或者说垂直)的,且与 N 个点 (x_i, y_i) 的垂直距离平方和最小的第二主成分。

对于具有 m 个观测变量的情况,可仿照二维的情况类推。如要求第 k 个主成分,必须使它与前 $k-1$ 个主成分不相关,且使它与 N 个观测点的垂直距离平方和最小。如此继续,直至求出 m 个主成分。

2. 主成分分析方法

设 p 个指标构成的 p 维随机向量为 $\boldsymbol{X} = (X_1, X_2, \cdots, X_p)^\mathrm{T}$。设随机向量 $\boldsymbol{X}$ 的均值为 μ,协

方差矩阵为 $\boldsymbol{\Sigma}$。

对 $\boldsymbol{X}$ 进行线性变换,得

$$\begin{cases} Y_1 = u_{11}x_1 + u_{12}x_2 + u_{13}x_3 + \cdots + u_{1p}x_p \\ Y_2 = u_{21}x_1 + u_{22}x_2 + u_{23}x_3 + \cdots + u_{2p}x_p \\ \vdots \\ Y_p = u_{p1}x_1 + u_{p2}x_2 + u_{p3}x_3 + \cdots + u_{pp}x_p \end{cases}$$

希望 $Y_i = u_i^T \boldsymbol{X}$ 的方差尽可能大且各 Y_i 之间互相独立。

将线性变换约束在以下原则之下:

(1) $u_i^T u_i = 1$,即 $u_{i1}^2 + u_{i2}^2 + \cdots + u_{ip}^2 = 1 (i=1,2,\cdots,p)$。

(2) Y_i 与 Y_j 相互无关 $(i \neq j; i,j=1,2,\cdots,p)$。

(3) Y_1 是 $X_1,X_2,\cdots,X_p$ 的一切满足原则(1)的线性组合中方差最大者;Y_2 是与 Y_1 不相关的 $X_1,X_2,\cdots,X_p$ 的所有线性组合中方差最大者;类推知 X_p 是与 $Y_1,Y_2,\cdots,Y_{p-1}$ 都不相关的 $X_1,X_2,\cdots,X_p$ 的所有线性组合中方差最大者。

基于以上三条原则决定的综合变量 $Y_1,Y_2,\cdots,Y_p$ 分别称为原始变量的第1、第2、$\cdots$、第 p 个主成分。其中,各综合变量在总方差中占的比重依次递减。在实际研究工作中,通常只挑选前几个方差最大的主成分。如果前 m 个主成分的累积贡献率大于或等于85%,则取 m 个主成分,就已经能够反映全部 p 个变量的绝大部分信息了。

主成分贡献率:

$$\frac{\lambda_i}{\sum_{k=1}^{p}\lambda_k} \quad (i=1,2,\cdots,p)$$

累积贡献率:

$$\frac{\sum_{k=1}^{i}\lambda_k}{\sum_{k=1}^{p}\lambda_k} \quad (i=1,2,\cdots,p)$$

上式称为主成分 $z_1,z_2,\cdots,z_k$ 的累积贡献率。累积贡献率反映前 k 个主成分所代表的原始变量信息的百分数。实际中,根据问题的需要选取主成分的个数,一般要求累积贡献率不小于85%。由于主成分的方差 λ_j 一般下降较快,因此只要取为数不多的主成分就足以反映 m 个原始变量的变化情况。当用它进行预报时,就可使预报因子减少,达到降维的作用。

实际计算是用样品观测值进行的。设有 p 维变量的 N 个样品观测值,数据矩阵为

$$\boldsymbol{X} = \begin{bmatrix} x_{11} & \cdots & x_{1p} \\ \vdots & & \vdots \\ x_{N1} & \cdots & x_{Np} \end{bmatrix}$$

具体计算步骤如下:

(1) 计算协方差矩阵 $\boldsymbol{\Sigma}$ 的估计值,有

$$\hat{\boldsymbol{\Sigma}} = (S_{ij}) = \boldsymbol{S}$$

其中

$$S_{ij} = \frac{1}{N-1}\sum_{k=1}^{N}(x_{ki} - \bar{x}_i)(x_{kj} - \bar{x}_j), \quad \bar{x}_i = \frac{1}{N}\sum_{k=1}^{N}x_{ki}$$

(2) 求样本协方差矩阵 S 的特征根 λ_i 和相应的特征向量 $l_i (i=1,\cdots,p)$。

(3) 写出各主成分表达式为

$$y_k = \sum_{j=1}^{m} l_{jk}(x_j - \bar{x}_j), \quad k=1,2,\cdots,p$$

(4) 根据累积贡献率的要求选取主成分的个数，并对主成分进行解释。

11.3 软件实现

1. SPSS 中的操作步骤

SPSS 没有专门的主成分分析模块，但因子分析可采用主成分法求解，这样可以通过 SPSS 的因子分析模块来完成主成分分析。通过 SPSS 的因子分析模块来进行主成分分析时，要求采用主成分方法求解相关阵，同时不需要进行因子旋转。进行主成分分析时，事先一般不知道要提取多少个主成分，这时可先输出所有的主成分，然后再观察其特征值及方差累计百分比，从而确定需提取几个主成分。

(1) 研究问题。SPSS 10.0 软件包自带的数据 Employee.sav 为 Midwestern 银行在 1969—1971 年之间雇员情况的数据，共包括 474 条观测记录及如下 10 个变量：id(观察号)，gender(性别)，bdata(出生日期)，educ(受教育程度)，jobcat(工作种类)，salary(目前年薪)，salbegin(开始受聘时的年薪)，jobtime(受雇时间)，prevexpl(受雇以前的工作时间)，minority(是否少数民族)。用主成分分析方法处理该数据，用少数变量来描述该地区居民的雇用情况。

(2) 实现步骤。

1) 启动 SPSS 10.0 软件，打开数据集 Employee.sav，如图 11.1 所示。

	gender	bdate	educ	jobcat	salary	salbegin	jobtime	prevexp	minority
1	Male	02/03/52	15	Manager	$57,000	$27,000	98	144	No
2	Male	05/23/58	16	Clerical	$40,200	$18,750	98	36	No
3	Female	********	12	Clerical	$21,450	$12,000	98	381	No
4	Female	04/15/47	8	Clerical	$21,900	$13,200	98	190	No
5	Male	02/09/55	15	Clerical	$45,000	$21,000	98	138	No
6	Male	08/22/58	15	Clerical	$32,100	$13,500	98	67	No
7	Male	04/26/56	15	Clerical	$36,000	$18,750	98	114	No
8	Female	05/06/66	12	Clerical	$21,900	$9,750	98	0	No
9	Female	01/23/46	15	Clerical	$27,900	$12,750	98	115	No
10	Female	02/13/46	12	Clerical	$24,000	$13,500	98	244	No
11	Female	02/07/50	16	Clerical	$30,300	$16,500	98	143	No
12	Male	01/11/66	8	Clerical	$28,350	$12,000	98	26	Yes
13	Male	07/17/60	15	Clerical	$27,750	$14,250	98	34	Yes
14	Female	02/26/49	15	Clerical	$35,100	$16,800	98	137	Yes
15	Male	08/29/62	12	Clerical	$27,300	$13,500	97	66	No
16	Male	11/17/64	12	Clerical	$40,800	$15,000	97	24	No
17	Male	07/18/62	15	Clerical	$46,000	$14,250	97	48	No
18	Male	03/20/56	16	Manager	$103,750	$27,510	97	70	No
19	Male	08/19/62	12	Clerical	$42,300	$14,250	97	103	No
20	Female	01/23/40	12	Clerical	$26,250	$11,550	97	48	No

图 11.1 SPSS 数据图

2) 鼠标点击 Analyze → Data Reduction → Factor … 进入"Factor Analysis"对话框。将 educ，salary，salbegin，jobtime，prevexp 5 个变量选入"Variables"窗口（见图 11.2），并点

"Scores"按钮,选择显示因子得分矩阵信息(见图11.3),然后点击右侧的"OK"按钮,可得分析结果。

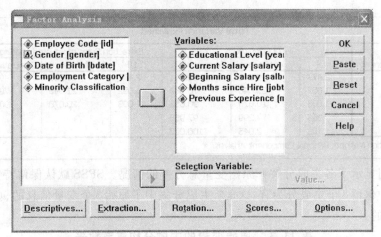

图 11.2　因子分析(主成分)对话框

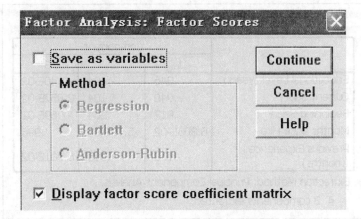

图 11.3　因子得分对话框

(3) 结果和讨论。分析结果见表 11.1 ～ 表 11.4,下面进行讨论。

表 11.1　提取信息表

Communalities	Initial	Extraction
Educational Level (years)	1.000	.754
Current Salary	1.000	.896
Beginning Salary	1.000	.916
Months since Hire	1.000	.999
Previous Experience (months)	1.000	.968

Extraction Method: Principal Component Analysis.

表 11.1 给出了主成分分析从每个原始变量中提取的信息。可以看到除受教育程度信息

损失较大外，主成分几乎包含了各个原始变量至少 90% 的信息。

表 11.2 方差解释表

Total Variance Explained

Component	Initial Eigenvalues			Extraction Sums of Squared Loadings		
	Total	% of Variance	Cumulative %	Total	% of Variance	Cumulative %
1	2.477	49.541	49.541	2.477	49.541	49.541
2	1.052	21.046	70.587	1.052	21.046	70.587
3	1.003	20.070	90.656	1.003	20.070	90.656
4	.365	7.299	97.955			
5	.102	2.045	100.000			

Extraction Method: Principal Component Analysis.

表 11.2 则显示了各主成分解释原始变量总方差的情况。SPSS 默认保留特征根大于 1 的主成分，本例中保留 3 个主成分为宜，这 3 个主成分集中了原始 5 个变量信息的 90.656%，可见效果是比较好的。

表 11.3 原始变量的主成分构成系数表

Component Matrix^a

	Component		
	1	2	3
Educational Level (years)	.846	-.194	-1.40E-02
Current Salary	.940	.104	2.857E-02
Beginning Salary	.917	.264	-7.69E-02
Months since Hire	6.806E-02	-5.22E-02	.996
Previous Experience (months)	-.178	.965	6.901E-02

Extraction Method: Principal Component Analysis.

a. 3 components extracted.

表 11.3 给出了标准化原始变量用求得的主成分线性表示的近似表达式，如

$$\text{Current salary} \approx 0.940Y_1 + 0.104Y_2 + 0.02857Y_3$$

$$\text{Beginning Salary} \approx 0.917Y_1 + 0.264Y_2 - 0.0769Y_3$$

表 11.4 主成分的原始变量构成系数表

Component Score Coefficient Matrix

	Component		
	1	2	3
Educational Level (years)	.342	-.184	-.014
Current Salary	.380	.099	.028
Beginning Salary	.370	.250	-.077
Months since Hire	.027	-.050	.992
Previous Experience (months)	-.072	.917	.069

Extraction Method: Principal Component Analysis.

表 11.4 给出了用原始变量表示主成分的系数信息,如

$$Y_1 = 0.342X_1 + 0.380X_2 + 0.370X_3 + 0.027X_4 - 0.072X_5$$

其中,$Y_1, X_1, X_2, X_3, X_4, X_5$ 均为标准化值。

2. SAS 中的操作步骤

(1) 研究问题。对 24 个龟壳化石的长、宽、高进行测量,数据见表 11.5,试用主成分方法研究龟壳化石的形态变异性。

表 11.5　龟壳化石数据表　　（单位:cm）

变量 样号	x_1(长度)	x_2(宽度)	x_3(高度)
1	93	74	37
2	94	78	35
3	96	80	35
4	101	84	39
5	102	85	38
6	103	81	37
7	104	83	39
8	106	83	39
9	107	82	38
10	112	89	40
11	113	88	40
12	114	86	40
13	116	90	43
14	117	90	41
15	117	91	41
16	119	93	41
17	120	89	40
18	120	93	44
19	121	95	42
20	125	93	45
21	127	96	45
22	128	95	45
23	131	95	46
24	135	106	47

(2) 操作步骤。利用 SAS 软件进行主成分分析的操作与计算的步骤如下:

1) 启动 SAS 8.0 软件,鼠标点击 Solutions → Analysis → Analyst,启动分析员。

2) 在弹出的表中输入数据,其中变量和数据与表 11.5 相同。

3) 在主菜单中点击 Statistics → Multivariate → Principal Components…,弹出图 11.4 所示的主成分分析对话框。

4) 在该对话框中,将左边框中的变量 x1,x2,x3 移入"Variables"框中。为进行有关参数选择,点击"Statistics",弹出图 11.5 所示的主成分分析的参数选择对话框。

5) 在该对话框中,点击"Analyze"对应的下拉箭头,选择"Covariancer",表示选择样本的协方差阵进行主成分分析。在"of components"文本框中输入主成分的个数,这里输入 3,可以得到所有的主成分。然后点击"OK",回到上一级对话框。

6) 点击"OK",得到计算结果。

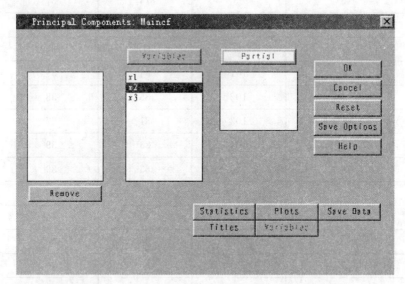

图 11.4 主成分分析对话框

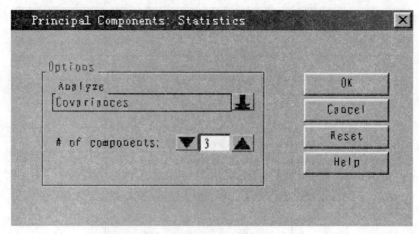

图 11.5 主成分分析的参数选择对话框

(3) 结果和讨论。分析结果如下:

The PRINCOMP Procedure

Observations　　　24（样本个数）
Variables　　　　 3（变量个数）

Simple Statistics

	x1	x2	x3
Mean(均值)	113.3750000	88.29166667	40.70833333
StD(标准差)	11.7799111	7.07401348	3.35545198

Covariance Matrix(协方差阵)

	x1	x2	x3
x1	138.7663043	79.1467391	37.3750000
x2	79.1467391	50.0416667	21.6539855
x3	37.3750000	21.6539855	11.2590580

Total Variance(总方差)　　200.06702899

Eigenvalues of the Covariance Matrix(协方差阵的特征值)

	Eigenvalue	Difference	Proportion	Cumulative
1	195.274633	191.586069	0.9760	0.9760
2	3.688564	2.584731	0.0184	0.9945
3	1.103833		0.0055	1.0000

Eigenvectors(特征向量)

	Prin1	Prin2	Prin3
x1	0.840122	−.488105	−.236535
x2	0.491908	0.869384	−.046876
x3	0.228520	−.076972	0.970491

从分析结果可以看出，第一个特征值为 195.274 633，占总方差的 97.6%，对应主成分为 (0.840 122, 0.491 908, 0.228 520)，其系数全为正，可以看作龟壳尺寸的普遍度量，且包含变差的绝大部分；第二特征值为 3.688 564，占总方差的 1.84%，对应主成分为 (−0.488 105, 0.869 384, −0.076 972)，其两项系数为负，一个接近于 0，可以认为该成分主要由长度和宽度表示龟壳形状的特征；第三个特征值为 1.103 833，占总方差的 0.55%，对应主成分为 (−0.236 535, −0.046 876, 0.970 491)，该成分主要从长度和高度之间的差异来表现龟壳形状。

第 12 章 因子分析

12.1 引言

因子分析的基本思想是根据相关性大小把原始变量分组,使得同组内的变量之间相关性较高,而不同组的变量间的相关性则较低。因子分析认为每个变量既有特殊性又有公共性,变量的公共性指某个变量都受一些共同的因子的作用,因此变量之间存在相关性。变量的特殊性指某个变量除受一些共同的因子的作用外,还存在一些本身独有的、其他变量不能反映出来的信息。因子分析是由样本的资料将一组变量分解为一组潜在起支配作用的公共因子与特殊因子的线性组合。简单地说,因子分析的目的就是揭示观测变量之间的内在关联性,在尽可能保存原有资料信息的前提下,用较少的维度去表示原来的数据结构,简化数据(降维),便于发现规律或本质。

因子分析还可用于对变量或样本的分类处理,在得出因子的表达式后,就可以把原始变量的数据代入表达式得出因子得分值,根据因子得分在因子所构成的空间中把变量或样本点画出,形象直观地达到分类的目的。

12.2 理论方法介绍

假设 m 个可能存在相关关系的变量 $z_1, z_2, \cdots, z_m$ 含有 p 个独立的公共因子 $F_1, F_2, \cdots, F_p (m \geqslant p)$,每个变量 z_i 含有特殊因子 $U_i (i=1,2,\cdots,m)$,各特殊因子 U_i 间互不相关,且与 $F_j (j=1,2,\cdots,p)$ 也互不相关,每个 z_i 可由 p 个公共因子和自身对应的特殊因子 U_i 的线性组合来表示,因子分析的一般数学模型表达为

$$\begin{cases} Z_1 = a_{11}F_1 + a_{12}F_2 + \cdots + a_{1p}F_p + c_1 U_1 \\ Z_2 = a_{21}F_1 + a_{22}F_2 + \cdots + a_{2p}F_p + c_1 U_2 \\ \cdots\cdots \\ Z_m = a_{m1}F_1 + a_{m2}F_2 + \cdots + a_{mp}F_p + c_m U_m \end{cases}$$

简记为

$$Z = AF + CU$$

因子分析模型要求满足以下几个基本假设:

(1) $p \leqslant m$。

(2) $\mathrm{cov}(F, U) = 0$。

(3) $E(F) = 0, \mathrm{cov}(F, F) = I_p$,即 $F_1, F_2, \cdots, F_p$ 不相关,且方差均为 1,均值均为 0。

(4) $E(U) = 0, \mathrm{cov}(U, U) = I_m$,即 $U_1, U_2, \cdots, U_p$ 不相关,且都是标准化的变量,假定 $z_1, z_2, \cdots, z_m$ 也是标准化的,但并不相互独立。

其中,F 为因子变量或公共因子,可以把它们理解为在高维空间中互相垂直的 p 个坐标轴。A 为因子载荷矩阵,a_{ij} 为因子载荷,是第 i 个原有变量在第 j 个因子变量上的负荷。如果把变量 Z_i 看成是 p 维因子空间中的一个向量,则 a_{ij} 为在 Z_i 坐标轴 F_j 上的投影,相当于多元回归中的标准回归系数。U 为特殊因子,表示了原有变量不能被因子变量所解释的部分,相当于多元回归分析中的残差部分。

因子分析中的统计量如下:

(1) 因子载荷。因子载荷指因子分析模型中各公共因子对观测变量的加权系数 a_{ij}。一般情况下,称公共因子的系数为因子载荷,即因子分析模型中的系数。将所有的因子以矩阵的形式表示,即因子载荷矩阵。

因子载荷 a_{ij} 的一个性质是原变量 Z_i 与公共因子 F_j 的相关系数,c_i 是 Z_i 与 U_i 的相关系数。

(2) 公共因子方差。公共因子方差又称为公共度或公共性,是指被公共因子所决定的方差在观测变量总方差中所占的比例或指各公共因子对观测变量的加权系数。原有变量 Z_i 的共同度为因子载荷矩阵 A 中第 i 行元素的平方和,即

$$h_i^2 = \sum_{k=1}^{p} a_{ik}^2 = 1 - c_i^2$$

其中,c_i^2 为测试变量 Z_i 的特殊度,它表示 Z_i 所含独特因子 U_i 对 Z_i 方差所做的贡献。h_i^2 越接近 1,说明 Z_i 的原始信息被所选 p 个公共因子解释得越好;反之,当 h_i^2 靠近 0 时,说明公共因子对 Z_i 的解释很少,公共信息主要由其独特因子 U_i 描述。通过该值可以掌握变量的信息有多少被丢失了。如果大部分变量的共同度高于 0.8,则说明提取出的公共因子已经基本反映了原始变量 80% 以上的信息,仅有较少的信息丢失,因子分析效果较好。可以说,各个变量的共同度是衡量因子分析效果的一个指标。

(3) 方差贡献。公共因子 F_j 的方差贡献定义为因子载荷矩阵 A 中第 j 列各元素的平方和,即

$$S_j^2 = \sum_{k=1}^{m} a_{kj}^2$$

S_j^2 代表公共因子 F_j 对所有原始变量 $Z_1, Z_2, \cdots, Z_m$ 提供的方差贡献率总和。百分比 $S_j^2 / \sum_{i=1}^{m} D(Z_i) = \dfrac{S_j^2}{m} \times 100\%$ 表示 F_j 对所有测试变量的方差贡献率,该百分比越大,F_j 就越重要。一般选择几个公共因子,就看选择的公共因子的方差贡献率之和(称为累积方差贡献率)要达到预想的百分比时,需要有几个公共因子。

(4) 特征根(Eigenvalue)。代表因素的变异程度,通常在因素抽取时,特征值最大的共同因素被最先抽取。每个因素的特征值以变量总数为该因素可以解释的变异量。经标准化变换后,每个变量的方差为 1,因此,取特征值大于 1 作为因子提取的标准,其逻辑是说每个保留下来的因子至少能解释一个变量的方差,否则达不到精简的目的。

每一个公共因子的载荷系数的平方和等于对应的特征根,即该公共因子的方差:

$$\lambda_j = \sum_{k=1}^{m} a_{kj}^2$$

求出主因子解后的进一步分析——因子旋转。因子旋转的根本目的是使初始因子载荷

阵经一系列旋转后结构简化,即达到以下原则:

(1) 每个公共因子只在少数几个观测变量上具有高载荷,其余载荷很小或至多中等大。

(2) 每个观测变量仅在一个公共因子上有较大载荷,而在其余公共因子上的载荷较小或至多是中等大小。

12.3 软件实现

1. SPSS 中的实现过程

(1) 研究问题。利用表 12.1 的数据对我国 31 个省市自治区的经济发展状况作因子分析。

表 12.1 31 个省市自治区的经济发展状况表　　　单位:元

地区	地区生产总值/亿元	居民消费水平/元	基本建设投资/亿元	职工平均水平/元	居民消费价格指数/(%)	商品零售价格指数/(%)	货物周转量/万吨	工业总产值/亿元
北京	3 663.1	10 584	558.780 1	25 312	100.2	98.225 1	462.5	1 032.03
天津	2 447.66	7 836	501.369 8	18 648	101	97.354 6	6 521.1	1 136.24
河北	7 098.56	3 452	845.899 7	11 189	102.2	100.241 5	3 223.2	3 212.96
山西	2 456.59	2 934	498.247 3	10 729	101.8	100.349 5	1 259.1	1 192.74
内蒙古	2 150.415	3 742	750.729 3	11 279	102.2	99.630 5	1 160.3	721.59
辽宁	6 002.54	5 159	683.155 3	13 008	101.7	98.895 4	2 385.2	2 556.82
吉林	2 522.62	4 557	433.881 8	11 081	101.2	100.534 5	531	929.28
黑龙江	4 430	4 645	593.076 9	11 038	100.9	99.705 6	991.4	2 248.59
上海	6 250.81	15 866	899.268 7	27 304	100.1	99.040 7	8 492.3	2 865.85
江苏	12 460.83	5 274	1 918.111	15 712	101	99.781	1 772.6	6 004.65
浙江	9 395	6 451	1 643.922	21 367	101.9	99.618 1	2 047.2	4 381
安徽	3 972.38	3 312	549.994 9	10 581	101.7	101.287 9	1 328.5	1 445.6
福建	5 232.17	5 324	471.842 1	14 310	100.8	99.070 7	1 222.9	2 147
江西	2 830.46	2 739	566.846 8	10 521	100.8	100.095 5	768.6	849.32
山东	12 435.93	4 385	1 795.07	12 567	101.1	100.150 5	3 908.9	5 860.63
河南	7 048.59	3 129	971.561 7	10 749	101.6	101.293 1	1 891.6	3 034.14
湖北	5 401.71	3 985	828.534 4	10 692	102.2	101.187 3	1 212.6	2 254.5
湖南	4 638.73	3 284	599.746 8	12 221	102.4	100.591 7	1 350.6	1 452.86
广东	13 625.87	6 190	1 828.39	19 986	100.6	100.026 1	3 158	6 532.98
广西	2 735.13	2 567	460.907 8	11 953	101.1	100.197 5	863.4	813.81
海南	670.93	3 275	179.658 1	10 397	101.1	100.441 5	250.7	102.52
重庆	2 250.56	3 217	568.577 5	12 425	100.6	99.452 2	367.7	768.37

续 表

地区	地区生产总值/亿元	居民消费水平/元	基本建设投资/亿元	职工平均水平/元	居民消费价格指数/(%)	商品零售价格指数/(%)	货物周转量/万吨	工业总产值/亿元
四川	5 456.32	2 839	949.537 5	12 441	101.7	100.107 5	768.3	1 771.41
贵州	1 356.11	1 770	380.076 9	11 037	101.2	99.954 3	547	457.12
云南	2 465.29	2 495	493.122 8	12 870	101.2	99.912 1	612.2	872.14
西藏	184.5	2 825	118.309 9	26 931	100.9	99.409 1	27.1	13.77
陕西	2 398.58	2 548	627.132 8	11 461	101.650 6	100.466 5	849.1	834.76
甘肃	1 304.6	2 171	307.262 9	12 307	101.066 1	100.206 8	738.7	449.81
青海	390.21	2 895	164.772 6	15 356	102.002 2	100.818 1	124.2	120.77
宁夏	385.34	2 927	162.667 7	12 981	101.654 7	99.500 3	244.5	143.31
新疆	1 877.61	3 237	621.587 8	13 255	101.411 3	99.235 5	636.6	571

(2) 实现步骤。

1) 启动 SPSS 10.0 软件，读入表 12.1 中数据。

2) 单击 Analyze → Data Reduction → Factor...，进入因子分析（Factor Analysis）对话框（见图 12.1），选择参与因子分析的变量。将所有变量选入"Variables"窗口，在"Rotation"对话框中选择正交旋转（Varimax），在"Extraction"对话框中选择主成分法（系统默认方法），选择变量的相关系数矩阵（Correlation matrix）进行因子提取。单击"OK"按钮得到计算结果。

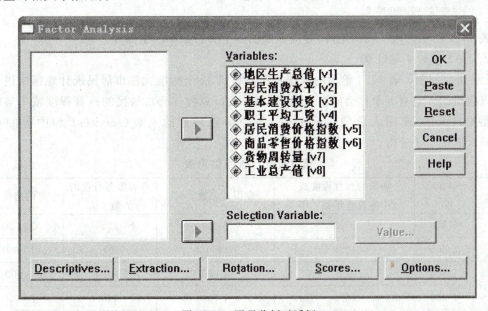

图 12.1　因子分析对话框

(3) 结果和讨论。分析结果见表 12.2 和表 12.3，现在进行讨论。

表 12.2　因子分析方差表

Component	Initial Eigenvalues			Extraction Sums of Squared Loadings			Rotation Sums of Squared Loadings		
	Total	% of Variance	Cumulative %	Total	% of Variance	Cumulative %	Total	% of Variance	Cumulative %
1	3.763	47.035	47.035	3.763	47.035	47.035	2.981	37.258	37.258
2	2.380	29.744	76.779	2.380	29.744	76.779	1.304	16.295	53.553
3	.719	8.985	85.764	.719	8.985	85.764	1.232	15.397	68.950
4	.493	6.162	91.926	.493	6.162	91.926	1.080	13.505	82.455
5	.439	5.485	97.411	.439	5.485	97.411	1.028	12.853	95.308
6	.142	1.776	99.186	.142	1.776	99.186	.309	3.866	99.174
7	5.792E-02	.724	99.910	5.792E-02	.724	99.910	5.884E-02	.736	99.910
8	7.169E-03	8.961E-02	100.000	7.169E-03	8.961E-02	100.000	7.235E-03	9.044E-02	100.000

Extraction Method: Principal Component Analysis.

由表12.2可知,前3个因子的贡献率占总方差的85.764%,说明提取前3个公因子是比较合适的。旋转以后前3个因子解释方差所占的百分比反而下降,原因是做因子分析时选择提取全部8个公因子。

表 12.3　主成分表

Component Matrix[a]

	Component							
	1	2	3	4	5	6	7	8
地区生产总值	.808	.565	-.108	4.358E-02	-3.11E-02	2.301E-02	-9.38E-02	-6.07E-02
居民消费水平	.772	-.490	.165	-.147	.179	.287	-1.00E-03	5.579E-03
基本建设投资	.777	.574	-.102	.128	-5.53E-02	2.169E-02	.193	2.939E-03
职工平均工资	.610	-.569	-1.40E-02	.349	.401	-.147	-2.16E-03	-2.34E-03
居民消费价格指数	-.358	.577	.668	.295	5.767E-02	5.044E-02	-1.43E-02	1.539E-03
商品零售价格指数	-.400	.708	-7.42E-02	-.321	.479	-2.27E-02	1.449E-02	4.431E-04
货物周转量	.762	-.178	.454	-.374	-8.90E-02	-.182	1.970E-02	-4.14E-03
工业总产值	.818	.549	-.108	3.500E-02	-4.20E-02	-2.46E-02	-.105	5.845E-02

Extraction Method: Principal Component Analysis.
a. 8 components extracted.

表12.3所示为因子载荷矩阵,对应前面的因子分析数学模型部分。

2. SAS 中的实现过程

(1)研究问题。表12.4给出的数据是在洛杉矶12个标准大都市居民统计地区中进行人口调查获得的。它有5个社会经济变量,分别是人口总数(pop)、居民的教育程度或中等教育的年数(school)、雇用人总数(employ)、各种服务行业的人数(services)和中等的房价(house),试做因子分析。

表 12.4　居民信息表

编号	人口总数/人	居民的教育程度或中等教育年数/年	雇用人总数/人	各种服务行业的人数/人	中等的房价/元
1	5 700	12.8	2 500	270	25 000
2	1 000	10.9	600	10	10 000
3	3 400	8.8	1 000	10	9 000
4	3 800	13.6	1 700	140	25 000
5	4 000	12.8	1 600	140	25 000
6	8 200	8.3	2 600	60	12 000

续表

编号	人口总数/人	居民的教育程度或中等教育年数/年	雇用人总数/人	各种服务行业的人数/人	中等的房价/元
7	1 200	11.4	400	10	16 000
8	9 100	11.5	3 300	60	14 000
9	9 900	12.5	3 400	180	18 000
10	9 600	13.7	3 600	390	25 000
11	9 600	9.6	3 300	80	12 000
12	9 400	11.4	4 000	100	13 000

(2) 实现步骤。采用 proc factor 过程进行因子分析，调入 SAS 程序 socecon.sas。

```
data socecon;
input obs pop school employ services house @@;
cards;
1    5700   12.8   2500   270   25000
2    1000   10.9   600    10    10000
3    3400   8.8    1000   10    9000
4    3800   13.6   1700   140   25000
5    4000   12.8   1600   140   25000
6    8200   8.3    2600   60    12000
7    1200   11.4   400    10    16000
8    9100   11.5   3300   60    14000
9    9900   12.5   3400   180   18000
10   9600   13.7   3600   390   25000
11   9600   9.6    3300   80    12000
12   9400   11.4   4000   100   13000
;
proc factor data = socecon outstat = factout method = prin rotate = varimax score;
    var pop school employ services house;
proc print data = factout;
proc score data = socecon score = factout out = fscore;
proc print data = fscore;
run;
```

(3) 结果和讨论。分析结果见表12.5和表12.6，现在进行讨论。

主成分分析结果表明有两个较大的特征值且都大于1，分别为0.873 313 59 和 1.796 660 09，能解释数据标准变异的93.4%，因而这两个主成分能基本概括和解释整个数据的信息。Factor 过程依据特征值大于1的原则选择了前两个主成分因子，含有两个公因子的初始因子模型为

$$pop = 0.580\,96 F_1 + 0.806\,42 F_2$$
$$school = 0.767\,04 F_1 - 0.544\,76 F_2$$

$$\text{employ} = 0.672\,43F_1 + 0.726\,05F_2$$
$$\text{services} = 0.932\,39F_1 - 0.104\,31F_2$$
$$\text{house} = 0.791\,16F_1 - 0.558\,18F_2$$

第 1 和第 2 公因子能解释的方差分别为 2.873 314 和 1.796 660，5 个标准化变量最后的共性估计值之和为

$$4.669\,974 = 2.873\,314 + 1.796\,660 = 0.987\,826 + 0.885\,106 + $$
$$0.979\,306 + 0.880\,236 + 0.937\,500$$

表 12.5 SAS 因子分析特征值表

```
Eigenvalues of the Correlation Matrix: Total = 5    Average = 1

      Eigenvalue    Difference    Proportion    Cumulative
1     2.87331359    1.07665350    0.5747        0.5747
2     1.79666009    1.58182321    0.3593        0.9340
3     0.21483689    0.11490283    0.0430        0.9770
4     0.09993405    0.08467868    0.0200        0.9969
5     0.01525537                  0.0031        1.0000

2 factors will be retained by the MINEIGEN criterion.


                        Factor Pattern

                     Factor1      Factor2
        pop          0.58096      0.80642
        school       0.76704     -0.54476
        employ       0.67243      0.72605
        services     0.93239     -0.10431
        house        0.79116     -0.55818


            Variance Explained by Each Factor

               Factor1        Factor2
              2.8733136      1.7966601


         Final Communality Estimates: Total = 4.669974

     pop          school        employ        services       house
  0.98782629    0.88510555    0.97930583    0.88023562    0.93750041
```

表 12.6 SAS 因子分析标准得分表

```
           Standardized Scoring Coefficients

                      Factor1      Factor2
        pop          -0.09052      0.48389
        school        0.39233     -0.09631
        employ       -0.03883      0.46536
        services      0.29949      0.13776
        house         0.40349     -0.09764
```

因子得分模型为

$$F_1 = -0.090\,52\text{pop} + 0.392\,33\text{school} - 0.038\,83\text{employ} + $$
$$0.299\,49\text{services} + 0.403\,49\text{house}$$
$$F_2 = 0.483\,89\text{pop} - 0.096\,31\text{school} + 0.465\,36\text{employ} + $$
$$0.137\,76\text{services} - 0.097\,64\text{house}$$

MATLAB 程序

%原始数据,各行为样本,列为变量

```
x=[5700      12.8      2500      270      25000
   1000      10.9       600       10      10000
   3400       8.8      1000       10       9000
   3800      13.6      1700      140      25000
   4000      12.8      1600      140      25000
   8200       8.3      2600       60      12000
   1200      11.4       400       10      16000
   9100      11.5      3300       60      14000
   9900      12.5      3400      180      18000
   9600      13.7      3600      390      25000
   9600       9.6      3300       80      12000
   9400      11.4      4000      100      13000];
```

%数据标准化
```
[p,n]=size(x);
aver=zeros(1,n);
sig=zeros(1,n);
PX=zeros(p,n);
aver=mean(x);%平均值
sig=sqrt(var(x));%标准差
for j=1:n
    for i=1:p
        PX(i,j)=(x(i,j)-aver(j))/sig(j);
    end
end    %数据标准化

R=corrcoef(x);%相关系数矩阵
[U,V]=eig(R);
   %n,原始特征数
m=2;%选取成分数
B=zeros(n,m);
for i=1:m
L(i)=V(n+1-i,n+1-i);
end

for i=1:n
    for j=1:m
        B(i,j)=U(i,n+1-j);
    end
end
```

```
Z=zeros(n,m);
for j=1:m
    for i=1:n
        A(i,j)=sqrt(L(j))*B(i,j);
    end
end
%A 为因子载荷矩阵
%方差最大法旋转
%n,原始特征数
%m,成分数
%载荷阵各行平方和
%1)求初始各列方差和
B1=A;
h=zeros(1,n);
BT=zeros(n,m);

for i=1:n
    h(i)=0;
    for j=1:m
    h(i)=h(i)+B1(i,j)^2;
    end
    h(i)=sqrt(h(i));
end

    for i=1:n
        for j=1:m
    BT(i,j)=B1(i,j)^2/(h(i)^2);
        end
    end

    var0=0;
    for j=1:m
    s1=0;
        for i=1:n
    s1=s1+BT(i,j)^2;
        end

    s2=0;
    for i=1:n
        s2=s2+BT(i,j);
    end

        s2=s2^2;
```

第12章 因子分析

```
    sum1=(n*s1-s2)/n/n;
    var0=var0+sum1;   %加第j列方差
    end  %end for j
    %var0 为初始各列方差和
%2)以下进行旋转 m*(m-1)/2 次
    times=0;   %记录旋转轮数
    flag=1;
    while(flag==1)
for i=1:n
    h(i)=0;
    for j=1:m
    h(i)=h(i)+B1(i,j)^2;
    end
    h(i)=sqrt(h(i));
end

    u=zeros(1,n);
    v=zeros(1,n);
    for k=1:m-1
    for e=k+1:m
    for i=1:n
    u(i)=B1(i,k)^2/h(i)^2-B1(i,e)^2/h(i)^2;
    v(i)=2*(B1(i,k)/h(i))*(B1(i,e)/h(i));
    end

    E=0;
    F=0;
    C=0;
    D=0;
for i=1:n
    E=E+u(i);
    F=F+v(i);
    C=C+(u(i)^2-v(i)^2);
    D=D+2*u(i)*v(i);
    end

    %求旋转角度 ct
    vy=D-2*E*F/n;
    vx=C-(E^2-F^2)/n;
if(vx>0&&vy>=0) ct=atan(vy/vx)/4; end  %(0,pi/8)
    if(vx>0&&vy<0) ct=atan(vy/vx)/4; end   %(-pi/8,0)
    if(vx<0&&vy>=0) ct=(pi+atan(vy/vx))/4; end  %(pi/8,pi/4)
    if(vx<0&&vy<0) ct=(-pi+atan(vy/vx))/4; end  %(-pi/4,-pi/8)
```

```
% fprintf('(%5.2f,%5.2f) ct=%5.2f\n',vx,vy,4*57.3*ct);
T=eye(m,m);    %计算旋转矩阵 T
T(k,k)=cos(ct);    T(k,e)=-sin(ct);
T(e,k)=sin(ct);    T(e,e)=cos(ct);

B1=B1*T;
    end   %end for k
end      %end for e

%3)旋转后总的方差和
for i=1:n
   h(i)=0;
    for j=1:m
   h(i)=h(i)+B1(i,j)^2;
    end
      h(i)=sqrt(h(i));
end

  BT=zeros(n,m);
   for i=1:n
   for j=1:m
      BT(i,j)=B1(i,j)^2/h(i)^2;
     end
    end

  var1=0;
   for j=1:m

   s1=0;
   for i=1:n
   s1=s1+BT(i,j)^2;
   end

   s2=0;
   for i=1:n
   s2=s2+BT(i,j);
    end

   s2=s2^2;
   sum1=(n*s1-s2)/n/n;
   var1=var1+sum1;    %加第 j 列方差
   end
```

```
%var1 为各列方差和
  times=times+1;
  error=abs(var1-var0);
  fprintf('times=%2d var0=%10.8f var1=%10.8f \n',times,var0,var1);
  if(error>1e-8&&times<25)   var0=var1;
  else flag=0; end
end    %end while

F=B1'*inv(R);
fprintf('\n\n 特征值:');
  for i=1:m
    fprintf('%6.3f',L(i));
  end
fprintf('\n\n 因子载荷矩阵:\n');
for i=1:n
  for j=1:m
      fprintf('%6.4f    ',A(i,j));
  end
  fprintf('\n');
end

fprintf('\n\n 方差最大化正交旋转后矩阵:\n');
for i=1:n
  for j=1:m
    fprintf('%6.4f    ',B1(i,j));
  end
  fprintf('\n');
end

fprintf('\n\n 因子对变量的回归系数:\n');
  for j=1:m
    for i=1:n
    fprintf('%6.4f    ',F(j,i));
    end
  fprintf('\n');
  end

%计算各样本因子得分,各行代表样本
  PF=zeros(p,m);
  PF=PX*F;
  fprintf('\n\n 各样本因子得分:\n');
  for i=1:p
    for j=1:m
```

```
        fprintf('%6.4f   ',PF(i,j));
    end
    fprintf('\n');
end
```

输出结果：

times= 1 var0=0.09673660 var1=0.41527700
times= 2 var0=0.41527700 var1=0.41527700

特征值：2.873   1.797
因子载荷矩阵：
0.5810   −0.8064
0.7670   0.5448
0.6724   −0.7260
0.9324   0.1043
0.7912   0.5582

方差最大化正交旋转后矩阵：
0.0160   −0.9938
0.9408   0.0088
0.1370   −0.9801
0.8248   −0.4471
0.9682   0.0061

因子对变量的回归系数：
−0.0905   0.3923   −0.0388   0.2995   0.4035
−0.4839   0.0963   −0.4654   −0.1378   0.0976

各样本因子得分：
 1.2030   0.0308
−0.6592   1.3835
−1.2594   0.7674
 1.1149   0.7970
 0.9371   0.7632
−1.2251   −0.5486
−0.1682   1.5493
−0.4413   −0.7344
 0.3203   −0.9131
 1.5763   −1.0255
−0.9463   −0.9618
−0.4522   −1.1078

该结果与 SAS 计算结果相同。这里还计算出了各样本因子得分。

第13章 典型相关分析

13.1 引言

某康复俱乐部对20名中年人测量了体重(weight)、腰围(waist)、脉搏(pulse)3项生理指标；引体向上次数(chins)、仰卧起坐次数(situps)、跳跃次数(jumps)3项训练指标。其数据见表13.1，要研究人的生理指标和训练指标的相关性。

表13.1　20人的生理指标与训练指标数据表

编号	体重 b*	腰围 cm	脉搏 次数·min^{-1}	引体向上 次数·min^{-1}	仰卧起坐 次数·min^{-1}	跳跃次数 次数·min^{-1}
1	191	36	50	5	162	60
2	189	37	52	2	110	60
3	193	38	58	12	101	101
4	162	35	62	12	105	37
5	189	35	46	13	155	58
6	182	36	56	4	101	42
7	211	38	56	8	101	38
8	167	34	60	6	125	40
9	176	31	74	15	200	40
10	154	33	56	17	251	250
11	169	34	50	17	120	38
12	166	33	52	13	210	115
13	154	34	64	14	215	105
14	247	46	50	1	50	50
15	193	36	46	6	70	31
16	202	37	62	12	210	120
17	176	37	54	4	60	25
18	157	32	52	11	230	80
19	156	33	54	15	225	73
20	138	33	68	2	110	43

*1b ≈ 0.45 kg。

这里发现要考察的不是两个变量之间的相关性,而是两组变量之间的相关性。生理指标是通过一组指标来体现的,训练指标又是通过另一组指标来体现的。这种研究两组变量之间的相关性的方法就称为典型相关分析。

13.2　理论方法介绍

1. 典型相关分析的基本思想

典型相关分析是研究两组变量间的一种多元统计分析方法,其目的是寻找一组变量的线性组合与另一变量的线性组合,使两者之间的相关程度达到最大(即两组典型变量的相关程度达到最大值)。

典型相关分析是借助于主成分分析的思想,对每一组变量分别寻找线性组合,使生成的新的综合变量能代表原始变量大部分的信息,同时,与由另一组变量生成的综合变量的相关程度最大,这样一组新的综合变量称为第一对典型相关变量。同样的方法可以找到第二对、第三对使得各对典型相关变量之间互不相关。典型相关变量之间的简单相关系数称为典型相关系数。典型相关分析就是用典型相关系数衡量两组变量之间的相关性。

2. 典型相关分析的基本理论及方法

设随机向量 $x=(X_1,X_2,\cdots,X_p)^T$,$y=(X_1,X_2,\cdots,X_q)^T$,x,y 的协方差矩阵为

$$\begin{bmatrix} x \\ y \end{bmatrix} = \Sigma = \begin{pmatrix} \Sigma_{11} & \Sigma_{12} \\ \Sigma_{21} & \Sigma_{22} \end{pmatrix}$$

不失一般性,设 $p<q$,Σ_{11} 是 $p\times p$ 阶矩阵,它是第一组变量的协方差阵;Σ_{22} 是 $q\times q$ 阶矩阵,它是第二组变量的协方差阵。而 $\Sigma_{12}=\Sigma_{21}^T$ 是两组变量之间的协方差阵。且当 Σ 是正定阵时,Σ_{12} 与 Σ_{21} 也是正定的。

为了研究两组变量之间的相关关系,考虑它们的线性组合:

$$\begin{cases} U_1 = \boldsymbol{a}^T\boldsymbol{x} = a_{11}X_1 + a_{12}X_2 + \cdots + a_{1p}X_p \\ V_1 = \boldsymbol{b}^T\boldsymbol{y} = b_{11}Y_1 + b_{12}Y_2 + \cdots + b_{1q}Y_q \end{cases}$$

希望在 x,y 及 Σ 给定的条件下,选取 a,b 使 U_1 与 V_1 之间的相关系数

$$\rho = \frac{\text{cov}(U_1,V_1)}{\sqrt{\text{var}(U_1)\text{var}(V_1)}} = \frac{\text{cov}(\boldsymbol{a}^T\boldsymbol{x},\boldsymbol{b}^T\boldsymbol{y})}{\sqrt{\text{var}(\boldsymbol{a}^T\boldsymbol{x})\text{var}(\boldsymbol{b}^T\boldsymbol{y})}}$$

达到最大。

由于随机变量 U_1,V_1 乘任意常数并不改变它们之间的相关关系,不妨限定 U_1 与 V_1 为标准化的随机变量,即规定 U_1 及 V_1 的方差为1,然后求 a,b,使得 $\rho=\text{cov}(\boldsymbol{a}^T\boldsymbol{x},\boldsymbol{b}^T\boldsymbol{y})=\boldsymbol{a}^T\text{cov}(\boldsymbol{x},\boldsymbol{y})\boldsymbol{b}=\boldsymbol{a}^T\Sigma_{12}\boldsymbol{b}$ 达到最大。

在一切使方差为1的线性组合 $\boldsymbol{a}^T\boldsymbol{x}$ 与 $\boldsymbol{b}^T\boldsymbol{y}$ 中,相关系数最大的 $U_1=\boldsymbol{a}^T\boldsymbol{x}$ 与 $V_1=\boldsymbol{b}^T\boldsymbol{y}$ 称为第一对典型相关变量,它们的相关系数为 λ_1。一般地,在定义了 $i-1$ 对典型相关变量后,在一切使方差为1且与前 $i-1$ 对典型相关变量都不相关的线性组合 $U_i=\boldsymbol{a}_i^T\boldsymbol{x}$ 与 $V_i=\boldsymbol{b}_i^T\boldsymbol{y}$,其两者相关系数最大者称为第 i 对典型相关变量,其相关系数称为第 i 对典型相关系数。

13.3 软件实现

1. SAS 中的实现过程

（1）启动 SAS 8.0 统计软件，鼠标单击 SolutionsAnalysisAnalyst，进入分析员窗口，在数据窗口中输入如图 13.1 所示数据（或从文本文件中读入数据）。

obs	weight	waist	pulse	chins	situps	jumps
1	1	191	36	50	5	162	60
2	2	189	37	52	2	110	60
3	3	193	38	58	12	101	101
4	4	162	35	62	12	105	37
5	5	189	35	46	13	155	58
6	6	182	36	56	4	101	42
7	7	211	38	56	8	101	38
8	8	167	34	60	6	125	40
9	9	176	31	74	15	200	40
10	10	154	33	56	17	251	250
11	11	169	34	50	17	120	38
12	12	166	33	52	13	210	115
13	13	154	34	64	14	215	105
14	14	247	46	50	1	50	50
15	15	193	36	46	6	70	31
16	16	202	37	62	12	210	120
17	17	176	37	54	4	60	25
18	18	157	32	52	11	230	80
19	19	156	33	54	15	225	73
20	20	138	33	68	2	110	43

图 13.1 SAS 数据输入图

（2）单击 Statistics → Multivariate → Canonical → Correlation...，将 weight, waist, pulse 3 个变量选入"set1"窗口，将 chins, situps, jumps 3 个变量选入"set2"窗口，如图 13.2 所示。

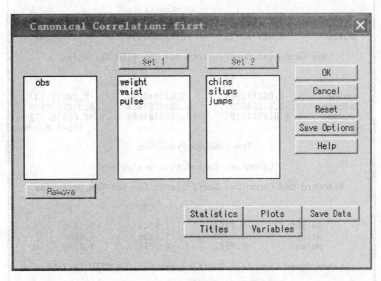

图 13.2 SAS 典型相关对话框

（3）点击"OK"按钮，得到的结果见表 13.2 ～ 表 13.4。

表 13.2　典型变量相关系数与检验结果表

```
                          Canonical Correlation Analysis

                                    Adjusted      Approximate        Squared
                       Canonical    Canonical      Standard         Canonical
                      Correlation  Correlation       Error         Correlation

              1         0.795608     0.754056       0.084197        0.632992
              2         0.200556    -0.076399       0.220188        0.040223
              3         0.072570        .           0.228208        0.005266

                                                       Test of H0: The canonical correlations in the
                  Eigenvalues of Inv(E)*H               current row and all that follow are zero
                      = CanRsq/(1-CanRsq)
                                                         Likelihood   Approximate
         Eigenvalue  Difference  Proportion  Cumulative     Ratio       F Value   Num DF  Den DF   Pr > F

      1    1.7247      1.6828      0.9734      0.9734     0.35039053     2.05       9    34.223   0.0635
      2    0.0419      0.0366      0.0237      0.9970     0.95472266     0.18       4      30     0.9491
      3    0.0053                  0.0030      1.0000     0.99473355     0.08       1      16     0.7748


                       Multivariate Statistics and F Approximations
                              S=3       M=-0.5      N=6

    Statistic                          Value      F Value    Num DF    Den DF    Pr > F

    Wilks' Lambda                    0.35039053     2.05        9       34.223    0.0635
    Pillai's Trace                   0.67848151     1.56        9         48      0.1551
    Hotelling-Lawley Trace           1.77194146     2.64        9       19.053    0.0357
    Roy's Greatest Root              1.72473874     9.20        3         16      0.0009

         NOTE: F Statistic for Roy's Greatest Root is an upper bound.
```

表 13.3　典型变量与原变量构成系数表

```
                       Canonical Correlation Analysis
                  Raw Canonical Coefficients for the VAR Variables

                             V1                V2                V3

          weight      -0.031404688     -0.076319506     -0.007735047
          waist        0.4932416756     0.3687229894     0.1580336471
          pulse       -0.008199315     -0.032051994      0.1457322421

                  Raw Canonical Coefficients for the WITH Variables

                             W1                W2                W3

          chins       -0.066113986     -0.071041211     -0.245275347
          situps      -0.016846231      0.0019737454     0.0197676373
          jumps        0.0139715689     0.0207141063    -0.008167472
                                                               16:43 Monday,

                          The CANCORR Procedure

                       Canonical Correlation Analysis

             Standardized Canonical Coefficients for the VAR Variables

                             V1                V2                V3

          weight          -0.7754          -1.8844          -0.1910
          waist            1.5793           1.1806           0.5060
          pulse           -0.0591          -0.2311           1.0508

             Standardized Canonical Coefficients for the WITH Variables

                             W1                W2                W3

          chins           -0.3495          -0.3755          -1.2966
          situps          -1.0540           0.1235           1.2368
          jumps            0.7164           1.0622          -0.4188
```

表 13.4　变量之间相关系数表

```
                        Canonical Structure
        Correlations Between the VAR Variables and Their Canonical Variables
                            V1           V2           V3
                weight    0.6206      -0.7724      -0.1350
                waist     0.9254      -0.3777      -0.0310
                pulse    -0.3328       0.0415       0.9421
        Correlations Between the WITH Variables and Their Canonical Variables
                            W1           W2           W3
                chins    -0.7276       0.2370      -0.6438
                situps   -0.8177       0.5730       0.0544
                jumps    -0.1622       0.9586      -0.2339
        Correlations Between the VAR Variables and the Canonical Variables of the WITH Variables
                            W1           W2           W3
                weight    0.4938      -0.1549      -0.0098
                waist     0.7363      -0.0757      -0.0022
                pulse    -0.2648       0.0083       0.0684
        Correlations Between the WITH Variables and the Canonical Variables of the VAR Variables
                            V1           V2           V3
                chins    -0.5789       0.0475      -0.0467
                situps   -0.6506       0.1149       0.0040
                jumps     0.1200       0.1823      -0.0170
```

表 13.2 的结果表明，第 1 对典型变量之间的典型相关系数为 0.795 608，校正值为 0.754 056。与典型相关系数的 2 次方相对应的 3 个特征值，依次为 1.724 7，0.041 9，0.005 3。用似然比法检验相关系数与零的差别是否显著，其零假设为小于此对的典型相关变量典型相关系数的所有典型相关系数都为 0，其 p 值依次为 0.063 5，0.949 1，0.774 8，说明第 1 对典型相关系数具有显著意义。用 wilks 统计量进行多元分析的结果是等价的，测试结果为 $\Lambda = 0.350\ 390\ 53, F = 2.048\ 2, p = 0.063\ 5$，未达 0.05 显著水平。其余典型相关系数更不显著。

表 13.3 的结果表明，用原变量线性表示典型变量的系数，有

$$V1 = -0.031\ 404\ 688 \text{weight} + 0.493\ 241\ 675\ 6 \text{waist} - 0.008\ 199\ 315 \text{pulse}$$
$$W1 = -0.066\ 113\ 986 \text{chins} - 0.016\ 846\ 231 \text{situps} + 0.013\ 971\ 568\ 9 \text{jumps}$$

用标准化变量线性表示典型变量的系数，即

$$V1 = -0.775\ 4 \text{weight} + 1.579\ 3 \text{waist} - 0.059\ 1 \text{pulse}$$
$$W1 = -0.349\ 5 \text{chins} - 1.054\ 0 \text{situps} + 0.716\ 4 \text{jumps}$$

表 13.4 说明，典型变量 V1 与腰围(waist)的相关性最大，为 0.925 4；典型变量 W1 与仰卧起坐(situps)的相关性最大，为 -0.817 7，不过是负相关。

以上分析结果说明生理指标与训练指标的最大相关性为 0.796，即生理指标与训练指标具有较大相关性。

第14章 时间序列分析

14.1 引言

2003年全国数模竞赛的A题"SARS的传播"的第3个问题是这样的:

收集SARS对经济某个方面影响的数据,建立相应的数学模型并进行预测。表14.1提供的数据供参考。

表14.1 北京市接待海外旅游人数 (单位:万人)

年份 \ 月份	1	2	3	4	5	6	7	8	9	10	11	12
1997	9.4	11.3	16.8	19.8	20.3	18.8	20.9	24.9	24.7	24.3	19.4	18.6
1998	9.6	11.7	15.8	19.9	19.5	17.8	17.8	23.3	21.4	24.5	20.1	15.9
1999	10.1	12.9	17.7	21.0	21.0	20.4	21.9	25.8	29.3	29.8	23.6	16.5
2000	11.4	26.0	19.6	25.9	27.6	24.3	23.0	27.8	27.3	28.5	32.8	18.5
2001	11.5	26.4	20.4	26.1	28.9	28.0	25.2	30.8	28.7	28.1	22.2	20.7
2002	13.7	29.7	23.1	28.9	29.0	27.4	26.0	32.2	31.4	32.6	29.2	22.9
2003	15.4	17.1	23.5	11.6	1.78	2.61	8.8	16.2				

对该问题,既然题目中给出了北京市接待海外旅游人数,可直接选取SARS对北京市海外旅游的影响为例进行考虑。利用表14.1数据建立模型,预测没有SRAS时北京市海外旅游的总人数,然后与有SARS时北京市海外旅游的总人数进行比较,就可以得出SARS对北京市海外旅游人数的影响。因此问题的关键是利用表14.1数据建立可预测未来的模型。该数据是随时间变化的序列,通常称为时间序列。对这种数据的处理,就要采用时间序列方法建立模型。

本章简要介绍时间建模的方法及软件实现方法。

14.2 时间序列方法

时间序列的方法很多,这里主要介绍常用的ARMA(p,q)模型、ARIMA(p,d,q)模型和含季节项的ARIMA模型。

1. ARMA(p,q)模型

定义1 若随机过程$\{X_t, t=0,1,2,\cdots\}$是平稳过程,且对任意的t有

$$X_t - \varphi_1 X_{t-1} - \cdots - \varphi_p X_{t-p} = Z_t + \theta_1 Z_{t-1} + \cdots + \theta_q Z_{t-q}$$

其中,$\{Z_t\} \sim WN(0,\sigma^2)$。则称$\{X_t\}$是均值为$\mu$的ARMA$(p,q)$过程。简记为

$$\phi(B)X_t = \theta(B)Z_t, \quad t=0,1,2,\cdots \tag{14.1}$$

其中,$\phi(.)$和$\theta(.)$分别为差分方程式(14.1)的p次自回归多项式和q次滑动平均多项式。

$$\phi(z) = 1 - \varphi_1 z - \varphi_2 z^2 - \cdots - \varphi_p z^p \tag{14.2}$$

$$\theta(z) = 1 + \theta_1 z + \theta_2 z^2 + \cdots + \theta_q z^q \tag{14.3}$$

B 是下式定义的延迟算子为

$$B^j X_t = X_{t-j}, \quad j = 0, 1, 2, \cdots \tag{14.4}$$

当 $\theta(z) = 1$ 时,则有

$$\phi(B) X_t = 1, \quad t = 0, 1, 2, 3, \cdots \tag{14.5}$$

称该过程为 p 阶自回归过程 AR(p)。

当 $\phi(z) = 1$ 时,则有

$$X_t = \theta(B) Z_t, \quad t = 0, 1, 2, 3, \cdots \tag{14.6}$$

称该过程为 q 阶滑动平均过程 MA(q)。

定义 2 如果存在常数序列 $\{\psi_j\}$ 满足 $\sum_{j=1}^{\infty} |\psi_j| < \infty$,使得

$$X_t = \sum_{j=0}^{\infty} \psi_j Z_{t-j}, \quad t = 0, 1, 2, 3, \cdots \tag{14.7}$$

则称差分方程 $\phi(B) X_t = \theta(B) Z_t$ 定义的 ARMA(p, q) 过程为因果的 ARMA(p, q) 过程。

定义 3 如果存在常数序列 $\{\pi_j\}$ 满足 $\sum_{j=1}^{\infty} |\pi_j| < \infty$,使得

$$Z_t = \sum_{j=0}^{\infty} \pi_j X_{t-j}, \quad t = 0, 1, 2, 3, \cdots \tag{14.8}$$

则称差分方程 $\phi(B) X_t = \theta(B) Z_t$ 定义的 ARMA(p, q) 过程为可逆的 ARMA(p, q) 过程。

定义 4 自协方差函数与自相关函数。

如果随机过程 $\{X_t\}$ 对每一个 $t \in T$ 有 $\mathrm{var}(X_t) < \infty$,则 $\{X_t\}$ 的自协方差函数 $\gamma(.,.)$ 定义为

$$\gamma(r, s) = \mathrm{cov}(X_r, X_s) = E[(X_r - EX_r)(X_t - EX_t)], \quad r, s \in T \tag{14.9}$$

如果 $\{X_t\}$ 是平稳过程,其自协方差函数是一元函数:

$$\gamma(h) = \gamma(h, 0) = \mathrm{cov}(X_{t+h}, X_t) \tag{14.10}$$

则 $\{X_t\}$ 的自相关(系数)函数(acf)$\rho(.)$ 定义为

$$\rho(h) = \frac{\gamma(h)}{\gamma(0)} = \mathrm{corr}(X_{t+h}, X_t) \tag{14.11}$$

定义 5 偏相关函数。

平稳时间序列的偏相关函数(pacf)$\alpha(.)$ 定义为

$$\alpha(1) = \mathrm{corr}(X_2, X_1) = \rho(1)$$

$$\alpha(k) = \mathrm{corr}(X_{k+1}, P_{\overline{SP}\{1, X_2, \cdots, X_k\}} X_{k+1}, X_1 - P_{\overline{SP}\{1, X_2, \cdots, X_k\}} X_1), \quad K \geq 2 \tag{14.12}$$

对 MA(q) 过程,其自相关函数是 q 步截尾的。对 AR(p) 过程,其偏相关函数是 p 步截尾的。可将这个性质用于对 ARMA(p, q) 过程的阶的确定。

2. ARIMA(p, d, q) 模型

对有的时间序列,往往不是平稳的,而具有趋势。这时如果进行差分,去掉趋势,可以将该序列重新变为平稳序列。因此,对有的非平稳序列,可以采用先将序列进行差分,然后将其变为 ARMA(p, q) 过程。由此引入经过有限次差分后的 ARMA(p, q) 过程的定义:

定义 6 设 d 是非负整数,随机过程 $\{X_t, t = 0, 1, 2, 3, \cdots\}$ 满足 $Y_t = (1 - B)^d X_t$,是因果

ARMA(p,q) 过程,则称$\{X_t\}$是 ARIMA(p,d,q) 过程。

这里 d 为差分阶数。

由该定义知$\{X_t\}$满足差分方程:

$$\phi^*(B)X_t = \phi(B)(1-B)^d X_t = \theta(B)Z_t, \quad t=0,1,2,3,\cdots \quad (14.13)$$

3. 季节 ARIMA 模型

定义 7 设 d 和 D 是非负整数,随机过程$\{X_t, t=0,1,2,3,\cdots\}$满足 $Y_t = (1-B)^d(1-B^s)^D X_t$,是因果 ARMA($p,q$) 过程

$$\phi(B)\Phi(B^s)Y_t = \theta(B)\Theta(B^s)Z_t, \quad \{Z_t\} \sim WN(0,\sigma^2) \quad (14.14)$$

则称$\{X_t\}$是周期为 S 的季节 ARIMA(p,d,q)×(P,D,Q) 过程。

其中,

$$\phi(z) = 1 - \varphi_1 z - \varphi_2 z^2 - \cdots - \varphi_p z^p, \quad \Phi(z) = 1 - \Phi_1 z - \Phi_2 z^2 - \cdots - \Phi_P z^P$$
$$\theta(z) = 1 + \theta_1 z + \theta_2 z^2 + \cdots + \theta_q z^q, \quad \Theta(z) = 1 + \Theta_1 z + \Theta_2 z^2 + \cdots + \Theta_Q z^Q$$

在实际应用中,D 很少大于 1,而 P 和 Q 一般小于 3。

14.3 软件实现

时间序列的求解可采用 SAS 来完成,该软件可以方便地进行时间序列求解。下面介绍 14.1 节中提到问题的 SAS 求解过程,其他问题求解相类似。

1. SAS 求解过程

(1) 启动 SAS 8.0 软件,鼠标点击 Solutions→Analysis→Analyst,启动分析员,在弹出的表中输入数据,如图 14.1 所示。数据只有一列,为 1997 年 1 月 ~ 2003 年 1 月共 73 个数据(数据也可从文本文件中导入)。然后将该数据在 SASUSER 下保存为成员名为 A2003 的文件。

	x
1	9.4
2	11.3
3	16.8
4	19.8
5	20.3
6	18.8
7	20.9
8	24.9
9	24.7
10	24.3
11	19.4
12	18.6
13	9.6
14	11.7
15	15.8
16	19.9
17	19.5
18	17.8
19	17.8
20	23.3
21	21.4
22	24.5
23	20.1
24	15.9

图 14.1 部分数据点

第 14 章 时间序列分析

(2) 启动 SAS 8.0 软件，鼠标点击 Solutions → Analysis → Time Series Forecasting System，启动时间序列预测系统，如图 14.2 所示。

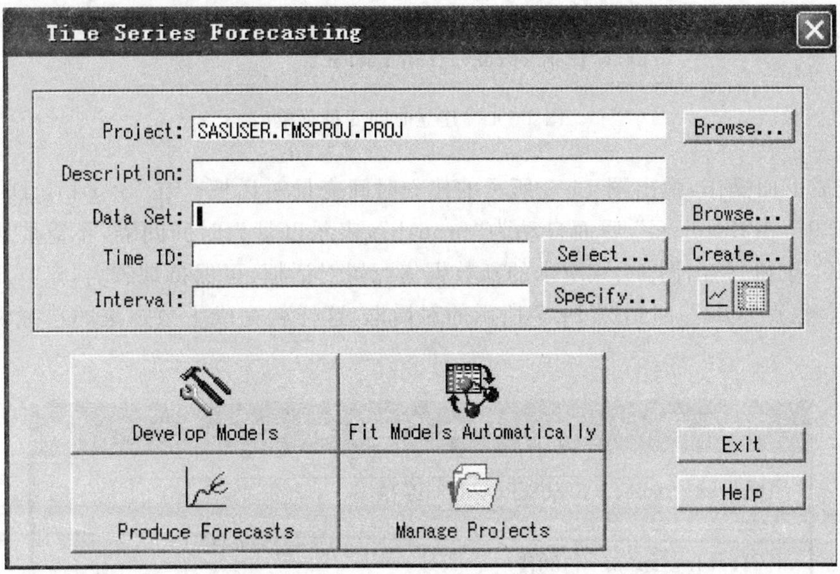

图 14.2 时间序列预测对话框

(3) 鼠标点击"Data Set"后面的"Browse"按钮，打开图 14.3 所示的的数据集选择对话框，选择"SASUSER"下的 A2003 数据集。

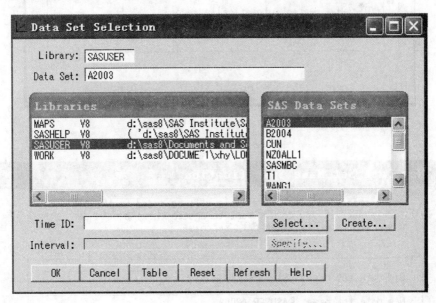

图 14.3 数据集选择对话框

(4) 由于还要引入时间变量，在上面对话框中"Time ID"后面点击"Creat"按钮，弹出图 14.4 所示的菜单，选择第一项"Create from starting date and frequency"，表示要新建立时间变量。

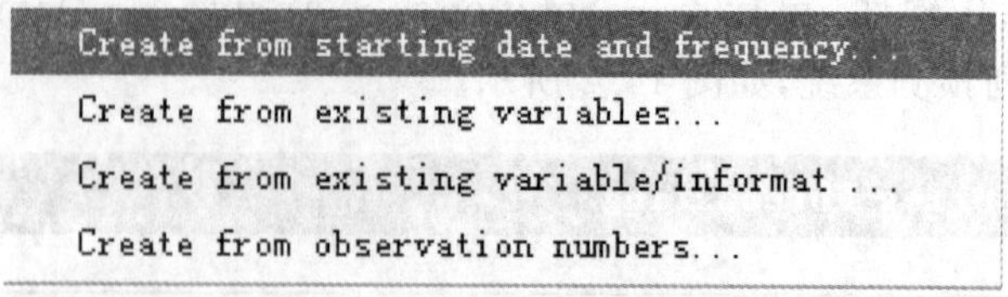

统计计算与软件应用

```
Create from starting date and frequency...
Create from existing variables...
Create from existing variable/informat...
Create from observation numbers...
```

图 14.4　建立时间变量菜单

（5）完成上面操作，弹出图 14.5 所示的建立时间变量对话框。在"Stsrting Date"后输入起始时间 1997；在"Interval"后面自动为"month"，表示以月为时间间隔，不需要再改变。然后点击"OK"按钮，弹出图 14.6 所示的新数据集配置对话框，可保持缺省名，点"OK"，回到上一级对话框，也点"OK"，回到图 14.7 所示的对话框，这样就完成了数据集的选择及时间变量的配置。

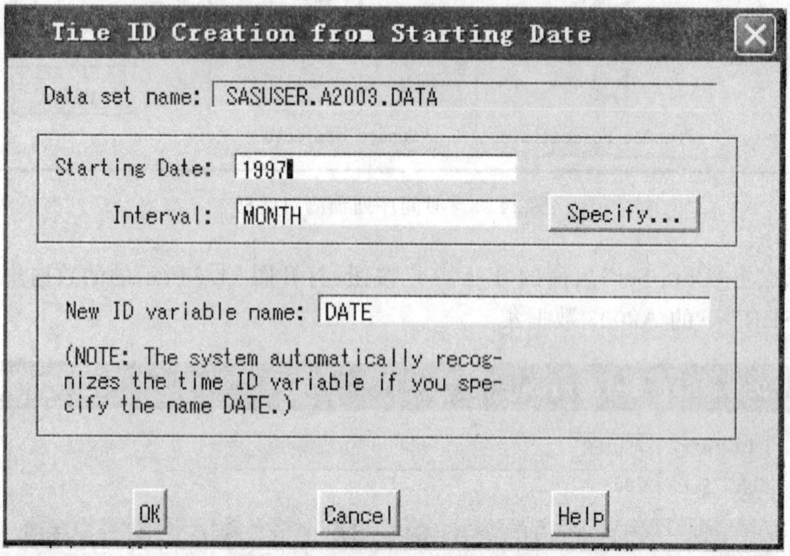

图 14.5　建立时间变量对话框

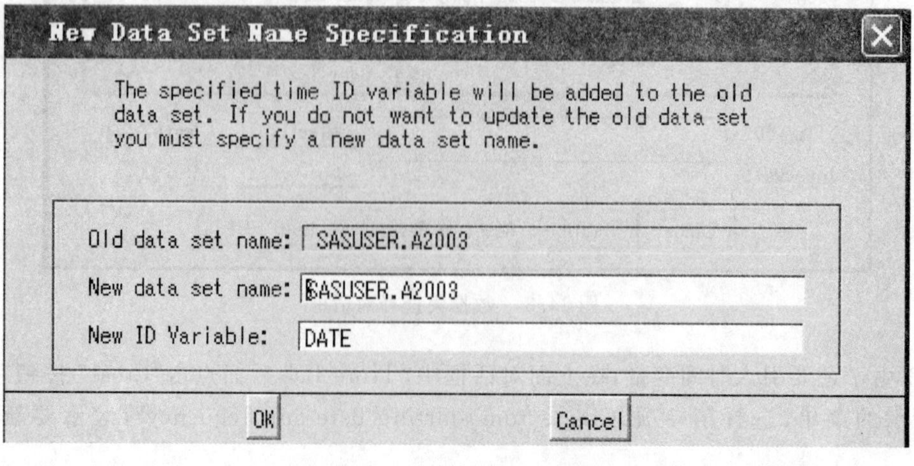

图 14.6　新数据集配置对话框

第 14 章　时间序列分析

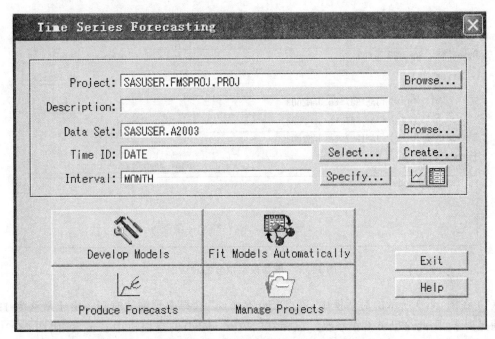

图 14.7　选好数据集及配置好时间变量的结果

（6）点"Develop Models"，出现图 14.8 所示的"Series Selection"对话框，选择"SASUSER"下的 A2003 数据，并点变量 x，将 x 选入"Variable"供下一步作模型分析。然后点"OK"按钮，出现图14.9所示对话框，在该对话框中，将准备模型拟合。

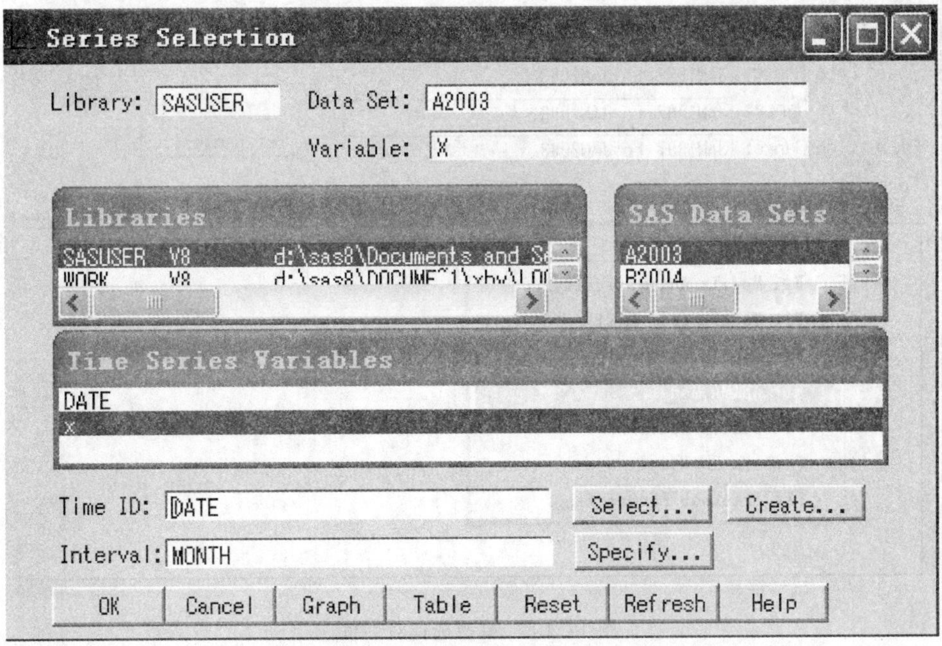

图 14.8　选择数据及变量的对话框

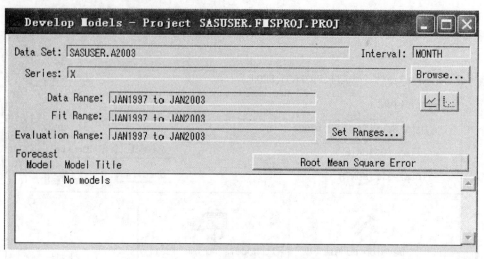

图 14.9　准备模型拟合的对话框

(7) 在图 14.9 所示的对话框中,可点"Set Range"选择要预测的时间。由于默认为 12 个月,满足要求,因此这里可不作修改。鼠标在"No models"的空白栏中右击,弹出图 14.10 所示的对话框,选择"Fit ARIMA Model",得到图 14.11 所示的对话框,准备选择 ARIMA 模型的参数进行拟合。

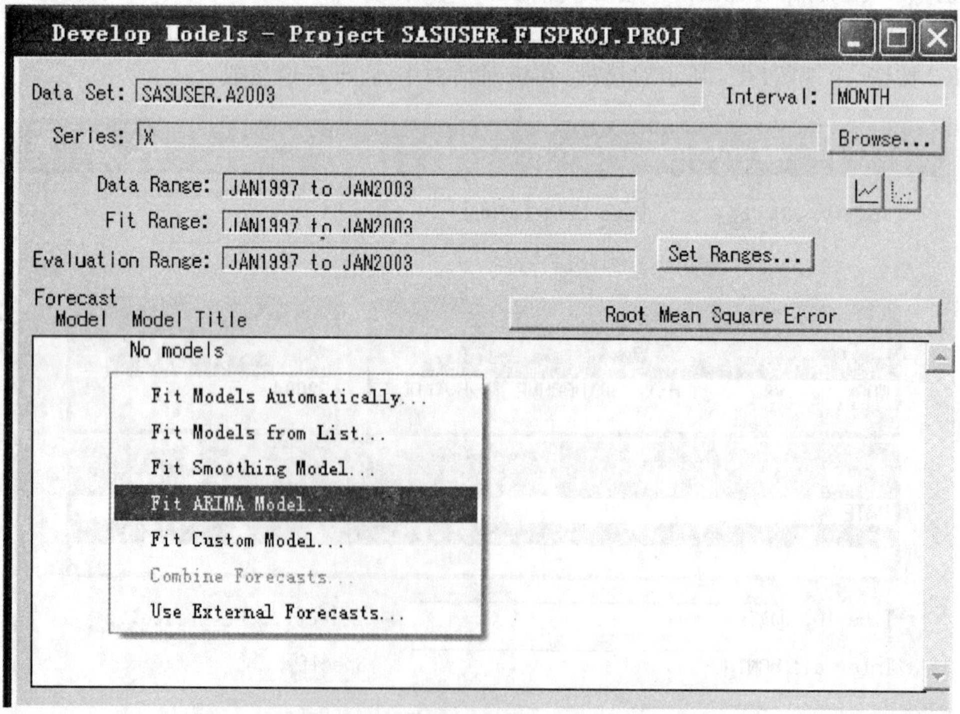

图 14.10　模型选择对话框

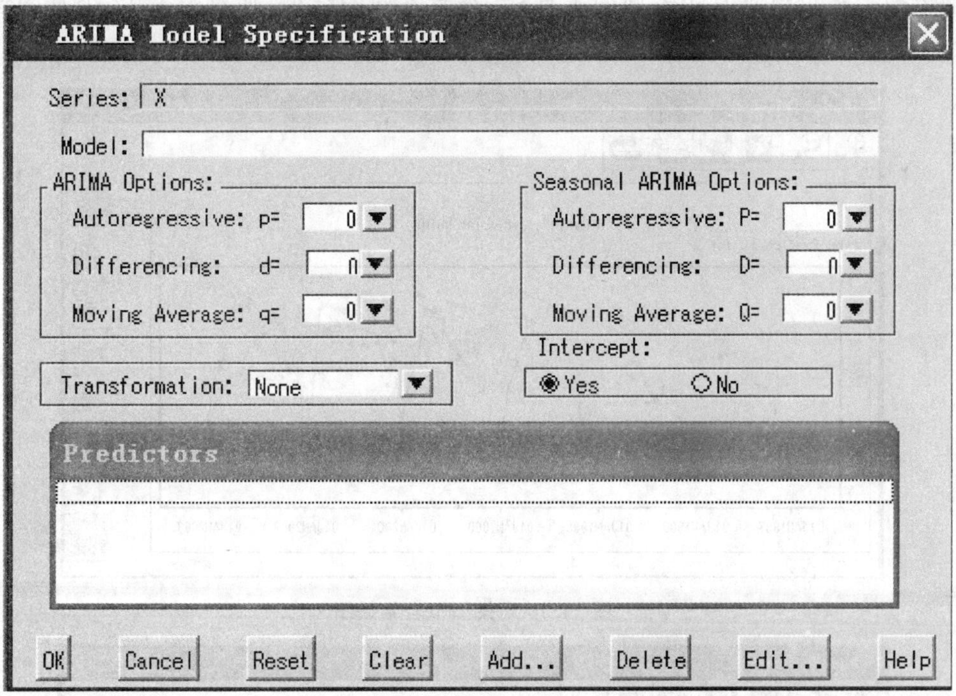

图 14.11 待选择模型对话框

(8) 在该对话框中进行参数选择,由于既要进行季节差分,又要进行数据前后差分,因此在左边和右边的"Differencing"中选择 d=1,D=1,表示进行一阶差分。对季节项和数据本身选择自回归参数和滑动参数,这里选择 q=1,Q=1。同时不使用常数项,故"Intercept"项选"No"。由于模型的选择会使用不同参数进行选择,因此可用别的参数进行选择。选好模型参数后,点"OK"按钮,得到图 14.12 所示的对话框。

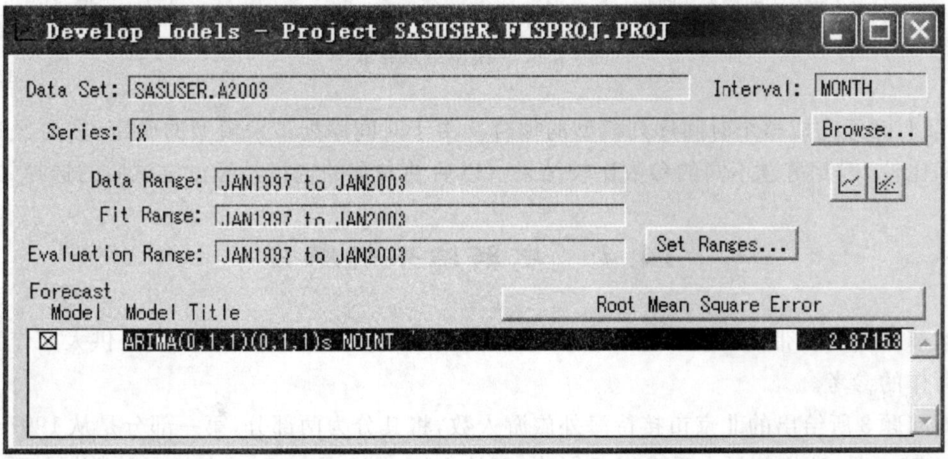

图 14.12 待显示模型参数的对话框

(9) 在图 14.12 中鼠标移到显示模型的空白处,单击右键弹出菜单,点第一项"View Model…",得到图 14.13 所示的对话框。在该对话框中,点右边工具栏 $\hat{\beta}$ 可得到图 14.14 所示的求解参数。还可以点右边不同的工具栏,查看不同的结果,如对未来 12 个月的预测等信息。

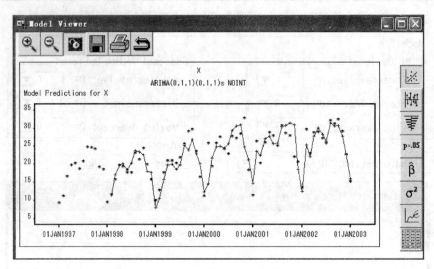

图 14.13　模型拟合结果图

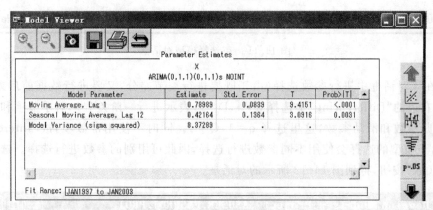

图 14.14　模型结果参数图

以上已经完成整个时间序列模型的拟合。由于时间序列最后模型的确定,需要经过反复尝试和比较,因此可选不同的参数比较结果。以后的参数的选择是经过尝试后的选择结果。

14.4　求解结果的解答

本节是笔者所带的组在 2003 年全国数模竞赛的 A 题中第 3 问的写作,可供大家作数模该方面写作的参考。

对问题 3 所给出的北京市接待海外旅游人数,将其分为两部分,第一部分是从 1997 年 1 月—2003 年 1 月,这期间没有受 SARS 影响;而从 2003 年 2 月—2003 年 8 月的数据是受 SARS 影响的数据。对这两部分数据,我们分别建立两种模型来估计 SARS 对旅游人数造成的影响。

(1) 时间序列的 SARIMA 模型。对前一部分数据,采用常见的 SARIMA 模型进行建模。

将1997年1月—2003年1月共73个数据分别标号为$X_1,X_2,\cdots,X_{73}$,对其作用算子$(1-B)(1-B^{12})$,产生新序列$\{Y_t\}$,如图14.15所示。

$$\{Y_t \mid Y_t = \nabla \nabla_{12} X_t, t=13,14,\cdots,73\}$$

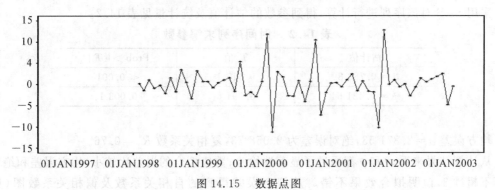

图14.15 数据点图

易见,差分后序列$\{Y_t\}$可作平稳序列处理,其样本自相关系数$\hat{\rho}(.)$和偏相关系数$\hat{\varphi}(.)$,如图14.16所示。

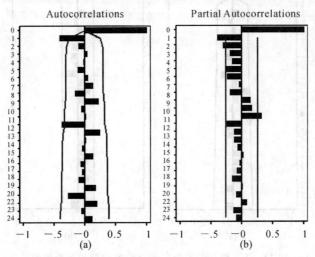

图14.16 差分后数据$\{\nabla \nabla_{12} x_T\}$的样本自相关系数和偏相关系数图
(a)自相关系数图; (b)偏相关系数图

其自相关系数为

$$\hat{\rho}(12) = -0.377, \quad \hat{\rho}(24) = 0.121$$

该数据表明,可用MA(1)模型作为年与年之间的模型,即$P=0,Q=1$。

再考查$\hat{\rho}(1),\hat{\rho}(2),\cdots,\hat{\rho}(11)$,其自相关系数为

$$\hat{\rho}(1) = -0.403, \quad \hat{\rho}(2) = -0.108$$

故选择用MA(1)模型作为月与月之间的模型,即$p=0,q=1$。且偏相关系数不具有截尾性,在$\hat{\varphi}(11)$处仍在界线之外,也说明年与年、月与月之间采用MA(1)模型是适合的。

因此选择的模型为

$$(1-B)(1-B^{12})X_t = a + (1-\theta B)(1-\psi B^{12})Z_t \tag{14.15}$$

其中
$$\{Z_t\} \sim WN(0, \sigma^2)$$
由于常数项 a 在计算中无法通过显著性检验,故去掉该项。

采用 SAS 对该序列进行计算,得到参数的估计值及统计量见表 14.2。

表 14.2 时间序列求解参数

估计值	T 值	Prob$>\mid T\mid$
$\theta = 0.789\ 89$	9.415 1	<0.001
$\psi = 0.421\ 64$	3.091 6	0.003 1

均方误差 $\sigma = 2.871\ 53$,绝对误差为 $2.058\ 73$,复相关系数 $R^2 = 0.76$。

从计算结果来看,θ 和 ψ 都通过了显著性检验;数值拟合的误差比较小,均方误差和绝对误差都不超过 3,说明拟合效果不错。从拟合误差得到的自相关系数及偏相关系数图(见图 14.17)来看,它们都是一步截尾,不再具有相关性,说明该模型是适合的。

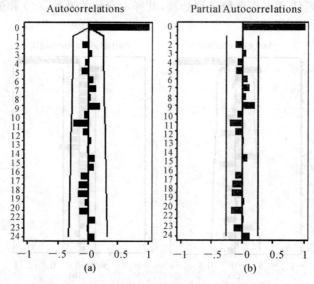

图 14.17 拟合误差数据的自相关与偏相关数据图
(a)自相关系数图; (b)偏相关系数图

因此最后得到的模型为
$$\nabla \nabla_{12} X_t = (1 - 0.789\ 89B)(1 - 0.421\ 64B^{12})Z_t \tag{14.16}$$
其中
$$Z_t \sim WN(0, 2.871\ 53^2)$$
该模型可化简为
$$X_t = X_{t-1} + X_{t-12} - X_{t-13} + Z_t - 0.789\ 89Z_{t-1} - 0.421\ 64Z_{t-12} + 0.333\ 05Z_{t-13}$$
$$\tag{14.17}$$
其中
$$Z_t \sim WN(0, 2.871\ 53^2)$$
用该模型对 2003 年 2 月—2004 年 1 月的数据进行预报,结果见表 14.3。

表 14.3 原始数据与预报数据 （单位：万人）

年份	月份	1	2	3	4	5	6	7	8	9	10	11	12
1997	原始	9.4	11.3	16.8	19.8	20.3	18.8	20.9	24.9	24.7	24.3	19.4	18.6
	预测												
1998	原始	9.6	11.7	15.8	19.9	19.5	17.8	17.8	23.3	21.4	24.5	20.1	15.9
	预测		11.5	17.1	19.63	20.21	18.53	20.45	23.85	23.53	22.66	18.16	17.77
1999	原始	10.1	12.9	17.7	21	21	20.4	21.9	25.8	29.3	29.8	23.6	16.5
	预测	8.101	10.66	15.81	19.95	20.1	18.67	19.79	25.21	24.04	27	23.01	20.15
2000	原始	11.4	26	19.6	25.9	27.6	24.3	23	27.8	27.3	28.5	32.8	18.5
	预测	12.42	14.68	21.84	24.83	25.02	24.55	25.69	29.46	30.64	30.99	24.93	21.18
2001	原始	11.5	26.4	20.4	26.1	28.9	28	25.2	30.8	28.7	28.1	22.2	20.7
	预测	14.79	23.61	22.46	27.14	27.89	25.76	25.98	30.42	30.85	31.54	30.99	18.57
2002	原始	13.7	29.7	23.1	28.9	29	27.4	26	32.2	31.4	32.6	29.2	22.9
	预测	12.52	25.4	22.1	27.76	30.03	28.31	26.39	31.49	30.57	30.88	27.9	22.85
2003	原始	15.4	17.1	23.5	11.6	1.78	2.61	8.8	16.2				
	预测	16.07	30.51	24.92	30.57	31.49	29.93	28.39	34.16	33.25	34	30.62	24.73
2004	原始												
	预测	17.53											

数据如图 14.18 所示，其中散点 * 为原始数据，实线上数据为拟合数据，虚线右边中间数据为预测数据(2003 年 2 月—2004 年 1 月)，虚线右边上面数据为 95% 的置信上限，下面数据为 95% 的置信下限。

图 14.18 原始数据及预测图

对 SARS 造成的旅游人数的影响，由于 2003 年 2 月—2003 年 8 月受 SARS 影响期间的旅游人数已经统计得到，只需要用预测的正常估计数值减去实际人数并求和，就可以得到该期间由于 SARS 造成的旅游减少人数 S_1，即

$$S_1 = \sum_{i=74}^{80}(\hat{X}_i - X_i) \tag{14.18}$$

其中，$\hat{X}_i$ 为预测值，X_i 为实际值，$i=74$ 代表 2003 年 2 月，……，$i=80$ 代表 2003 年 8 月。

容易计算得 $S_1 = 128.369$ 万人。

(2) SARS 期间旅游人数预测的函数拟合模型。考察 2003 年 2 月—2003 年 8 月期间的数据,发现 2 月—4 月期间的数据具有很大的振荡性,而 5 月跌入低谷,然后逐渐增长,向往年正常数据恢复。结合实际情况分析,2 月受广东 SARS 影响,旅游人数减少许多,3 月卫生部宣布北京不受 SARS 影响,从而旅游人数恢复正常,而 4 月下旬卫生部宣布北京发现 SARS,使旅游人数下降许多,因此从 4 月开始,旅游人数就一直受 SARS 影响,因此只取完全受 SARS 影响的数据,即从 2003 年 5 月~2003 年 8 月进行处理。

从 2003 年 5 月开始,旅游人数将逐渐增长,直至恢复正常,该问题与经济增长模型相类似,因此我们采用 S 型函数进行拟合并预测未来月份旅游人数。对 2003 年 5 月~8 月用 SIRAMA 模型预测数据作为无 SARS 影响的正常人数,以该期间各月实际人数比预测的正常人数定义为该月恢复率 ρ_i,即

$$\rho_i = \frac{X_i}{\hat{X}_i}, \quad i = 77, 78, \cdots, 80 \tag{14.19}$$

由此得到表 14.4 的数据,其中 1 代表 2003 年 5 月,……,4 代表 2003 年 8 月。

表 14.4 2003 年 5~8 月的恢复率

时间 t	1	2	3	4
恢复率 ρ	0.048 8	0.119 1	0.262 6	0.484 0

对恢复率 ρ 与时间 t 可采用以下 S 型函数拟合:

$$\rho = \frac{1}{1 + e^{a+bt}} \tag{14.20}$$

该函数采用倒数及对数变换可得到关于参数 a,b 的线性模型:

$$a + bt = \ln(1/\rho - 1) \tag{14.21}$$

将表 14.4 中数据代入可计算出参数为

$$a = 3.937\ 3, \quad b = -0.968\ 3$$

即该模型为

$$\rho = \frac{1}{1 + e^{3.937\ 3 - 0.968\ 3t}} \tag{14.22}$$

图形见图 14.19。

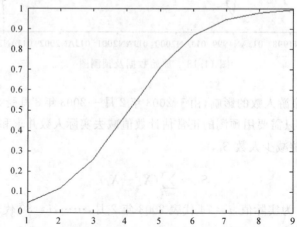

图 14.19 恢复率数据图(1 代表 2003 年 5 月,9 代表 2004 年 1 月)

由此可预测 2003 年 9 月～2004 年 1 月的旅游人数,数据见表 14.5。

表 14.5　2003 年 9 月到 2004 年 1 月的旅游人数预测　　　　（单位:万人）

时　　间	2003 年 9 月	2003 年 10 月	2003 年 11 月	2003 年 12 月	2004 年 1 月
无 SARS 预测值	33.245 2	33.995 1	30.619 7	24.732 6	17.531 5
有 SARS 预测值	23.665 1	29.465 7	28.931 0	24.196 3	17.385 2
恢复率 ρ	0.711 8	0.866 8	0.944 8	0.978 3	0.991 7

由上述可分析出到 2004 年 1 月海外旅游人数可恢复正常,因此可认为到 2004 年 1 月后 SARS 对海外旅客到北京旅游已无影响。SARS 从 2003 年 9 月～2004 年 1 月造成的旅游人数减少为 $S_2 = 16.480\ 8$ 万人。

从而可计算出 SARS 对旅游人数的影响时间段为 2003 年 2 月到 2004 年 1 月,其总共减少人数为 $S = S_1 + S_2 = 128.369 + 16.480\ 8 = 144.849\ 8$ 万人。

(3) 对 SARIMA 模型和 S 曲线模型的评价。对该问题采用的时间序列方法,在理论上已经非常成熟,可以对已有数据作很好的建模。对 SARS 影响期间建立的对恢复率估计的 S 型函数模型,具有很好的实际意义,并可以化为一个线性模型求解,其方法也是成熟的,因此采用这两个模型都有很强的理论依据。

凡是 SARS 对经济某一方面的影响,只要有无 SARS 影响的数据及有 SARS 影响的数据,都可以采用这种处理方法,即先对无 SARS 影响的数据采用时间序列上的 SARIMA 建模,预测 SARS 影响期间的数据,从而估计出 SARS 对已经过去时期的影响。对未来的影响,可以采用文中的恢复率概念,利用现有数据对恢复率进行估计,从而估计出 SARS 对未来的影响。

14.5　时间序列的典型分解模型

一个时间序列的典型分解式为
$$X_t = m_t + s_t + Y_t \tag{14.23}$$
其中,m_t 为趋势项,s_t 是已知周期为 d 的周期项(季节项);Y_t 是随机噪声项。

分析一个时间序列,可首先画出数据点图,观察其是否有趋势项,季节项。若有,则可分别提取。m_t 可根据数据趋势,采用一次、二次多项式或指数多项式提取。s_t 则首先确定周期 d,然后提取周期项。

设某周期性数据为 $X_{ij}(i=1,2,\cdots,n;m=1,2,\cdots,12)$,共有 n 年数据,每年有 12 个数据。现对未来 12 个月进行预测。

数据处理过程:

(1) 提取季节项。

求出第 i 年平均值为
$$\overline{X}_i = \frac{\sum_{j=1}^{12} X_{ij}}{12} \quad (i=1,2,\cdots,n) \tag{14.24}$$

对每个月数据零均值化,有
$$st_{ij} = X_{ij} - \overline{X}_i \quad (i=1,2,\cdots,n;j=1,2,\cdots,12) \tag{14.25}$$

则季节项为

$$S_j = \frac{\sum_{i=1}^{n} st_{ij}}{n} \quad (j=1,2,\cdots,12) \tag{14.26}$$

该 S_j 即为季节项,这里 $T=12$。显然满足

$$S_1 + S_2 + \cdots + S_{12} = 0 \tag{14.27}$$

(2) 获取去掉季节项后数据,有

$$Y_{ij} = X_{ij} - S_j \quad (i=1,2,\cdots,n; j=1,2,\cdots,12) \tag{14.28}$$

将该按行排列的数据按行拉直,设

$$Z = Y = (x_{1,1}, x_{1,2}, \cdots, x_{1,12}, x_{2,1}, x_{2,2}, \cdots, x_{2,12}, \cdots, x_{n,1}, x_{n,2}, \cdots, x_{n,12})$$

(3) 回归拟合。

对数据 $z_1, z_2, \cdots, z_{12 \times n}$ 采用多项式回归拟合,如一次或二次多项式。

如设回归结果为

$$z_t = a + bt \quad (t=1,2,\cdots,12 \times n) \tag{14.29}$$

(4) 预测。

对消除季节项后未来12个月预测值为 $\hat{z}_{12n+1}, \hat{z}_{12n+2}, \cdots, \hat{z}_{12n+12}$。即 $\hat{Y}_{n+1,1}, \hat{Y}_{n+1,2}, \cdots, \hat{Y}_{n+1,12}$,则原始数据中未来12个月预测值为

$$\hat{X}_{n+1,j} = \hat{Y}_{n+1,j} + S_j \quad (j=1,2,\cdots,12) \tag{14.30}$$

实例计算

根据某6年每年12个月的交通死亡数据(见表14.6和图14.20),预测未来一年每个月的交通死亡人数。

表 14.6 某地区交通死亡数据(1973年1月 ～ 1978年12月)   (单位:人)

月份	1973	1974	1975	1976	1977	1978
1	900 7	775 0	816 2	771 7	779 2	783 6
2	810 6	698 1	730 6	746 1	695 7	689 2
3	892 8	803 8	812 0	777 6	772 6	779 1
4	913 7	842 2	787 0	792 5	810 6	812 9
5	100 17	871 4	938 7	863 4	889 0	911 5
6	108 26	951 2	955 6	894 5	929 9	943 4
7	113 17	101 20	100 93	100 78	106 25	104 84
8	107 44	982 3	962 0	917 9	930 2	982 7
9	971 3	874 3	828 5	803 7	831 4	911 0
10	993 8	912 9	843 3	848 8	885 0	907 0
11	916 1	871 0	816 0	787 4	826 5	863 3
12	892 7	868 0	803 4	864 7	879 6	924 0

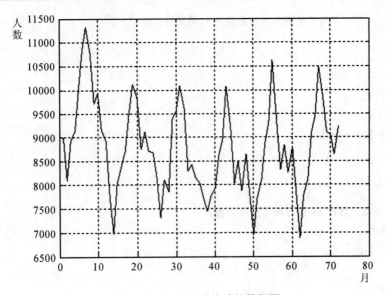

图 14.20 6 年按月统计的数据图

MATLAB 程序：

clear;
%交通事故数据
x=[9007,8106,8928,9137,10017,10826,11317,10744,9713,9938,9161,8927,...
    7750,6981,8038,8422,8714,9512,10120,9823,8743,9129,8710,8680,...
    8162,7306,8124,7870,9387,9556,10093,9620,8285,8433,8160,8034,...
    7717,7461,7776,7925,8634,8945,10078,9179,8037,8488,7874,8647,...
    7792,6957,7726,8106,8890,9299,10625,9302,8314,8850,8265,8796,...
    7836,6892,7791,8129,9115,9434,10484,9827,9110,9070,8633,9240];
%plot(x);

D=[9007,8106,8928,9137,10017,10826,11317,10744,9713,9938,9161,8927;
    7750,6981,8038,8422,8714,9512,10120,9823,8743,9129,8710,8680;
    8162,7306,8124,7870,9387,9556,10093,9620,8285,8433,8160,8034;
    7717,7461,7776,7925,8634,8945,10078,9179,8037,8488,7874,8647;
    7792,6957,7726,8106,8890,9299,10625,9302,8314,8850,8265,8796;
    7836,6892,7791,8129,9115,9434,10484,9827,9110,9070,8633,9240];
aver=mean(D);

st=zeros(6,12);
for i=1:6

    for j=1:12
    st(i,j)=D(i,j)-aver(i);
    end
end
    NST=zeros(1,12);

nst=sum(st)/6;％对 6 年各月平均后作为 st 的估计

```
nx=zeros(72,1);
for i=1:6
    for j=1:12
        k=(i-1)*12+j;
        nx(k)=x(k)-nst(j);
    end
end
```

％对消去季节项后数据 nx 进行线性拟合并预测
```
Y=zeros(72,1);
  A=zeros(72,2);
for i=1:72
    Y(i)=nx(i);
    A(i,1)=1; A(i,2)=i;
  end
coef=inv(A'*A)*A'*Y;
py=zeros(1,84);
  for i=1:84
py(i)=coef(1)+coef(2)*i;
  end
  subplot(2,1,1);
  plot(1:72,nx,1:72,py(1:72));

  xx=zeros(1,84);

  for i=1:7
    for j=1:12
      k=(i-1)*12+j;
      xx(k)=py(k)+nst(j); ％预测各月数值
    end
end
```

计算后得到图 14.21、图 14.22 所示的结果。

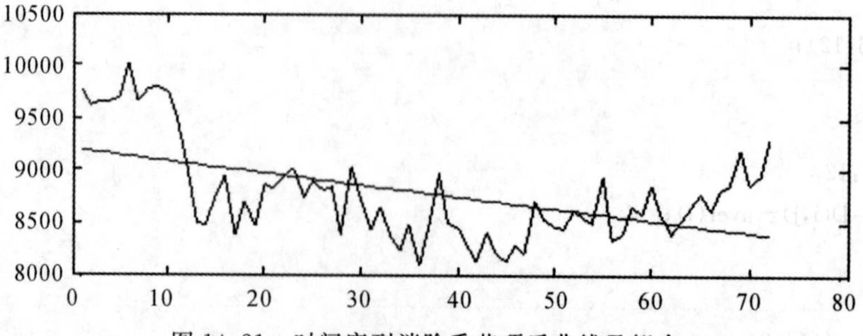

图 14.21 时间序列消除季节项后曲线及拟合

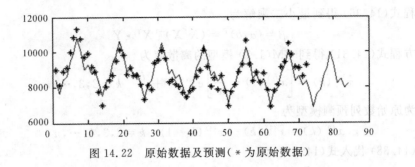

图 14.22 原始数据及预测(＊为原始数据)

14.6 时间序列的灰色模型及预测

灰色系统理论建模要求原始数据必须等时间间距. 首先对原始数据进行累加生成,目的是弱化原始时间序列数据的随机因素. 然后建立生成数的微分方程。GM(1,1)模型是灰色系统理论中的单序列一阶灰色微分方程,它所需信息较少,方法简便.

设已知序列为 $x^{(0)}(1), x^{(0)}(2), \cdots, x^{(0)}(n)$,做一次累加 AGO(Acumulated Generating Operation) 生成新序列,有

$$x^{(1)}(1), x^{(1)}(2), \cdots, x^{(1)}(n)$$

其中 $x^{(1)}(1) = x^{(0)}(1), x^{(0)}(2) = x^{(1)}(1) + x^{(0)}(2), \cdots, x^{(1)}(n) = x^{(1)}(n-1) + x^{(0)}(n)$
也即

$$x^{(1)}(k) = \sum_{i=1}^{k} x^{(0)}(i), \quad k=1,2,\cdots,n \tag{14.31}$$

生成均值序列,有

$$z^{(1)}(k) = \alpha x^{(1)}(k) + (1-\alpha) x^{(1)}(k-1), \quad k=2,3,\cdots,n \tag{14.32}$$

其中,$0 \leqslant \alpha \leqslant 1$。通常可取 $\alpha = 0.5$

建立灰微分方程,有

$$x^{(0)}(k) + az^{(1)}(k) = b, \quad k=2,3,\cdots,n \tag{14.33}$$

相应的 GM(1,1) 白化微分方程为

$$\frac{dx^{(1)}}{dt} + ax^{(1)}(t) = b \tag{14.34}$$

将方程式(14.32)变形为

$$-az^{(1)}(k) + b = x^{(0)}(k), \quad k=2,3,\cdots,n \tag{14.35}$$

其中,a,b 为待定模型参数。

将方程组式(14.34)采用矩阵形式表达为

$$\begin{bmatrix} -z^{(1)}(2) & 1 \\ -z^{(1)}(3) & 1 \\ \vdots & \vdots \\ -z^{(1)}(n) & 1 \end{bmatrix} \begin{pmatrix} a \\ b \end{pmatrix} = \begin{pmatrix} x^{(0)}(2) \\ x^{(0)}(3) \\ \vdots \\ x^{(0)}(n) \end{pmatrix} \tag{14.36}$$

即

$$X\beta = Y \tag{14.37}$$

其中

$$X = \begin{bmatrix} -z^{(1)}(2) & 1 \\ -z^{(1)}(3) & 1 \\ \vdots & \vdots \\ -z^{(1)}(n) & 1 \end{bmatrix}, \quad \beta = \begin{pmatrix} a \\ b \end{pmatrix}, \quad Y = \begin{pmatrix} x^{(0)}(2) \\ x^{(0)}(3) \\ \vdots \\ x^{(0)}(n) \end{pmatrix}$$

解方程式(14.36)得到最小二乘解为
$$\hat{\beta} = (a,b)^T = (X^T X)^{-1} X^T \cdot Y \quad (14.38)$$
求解微分方程式(14.31)得到 GM(1.1) 模型的离散解为
$$\hat{x}^{(1)}(k) = \left[x^{(0)}(1) - \frac{b}{a} \right] e^{-a(k-1)} + \frac{b}{a} \quad k=2,3,\cdots,n \quad (14.39)$$
还原为原始数列预测模型为
$$\hat{x}^{(0)}(k) = \hat{x}^{(1)}(k) - \hat{x}^{(1)}(k-1) \quad k=2,3,4,\cdots,n \quad (14.40)$$
将式(14.38)代入式(14.39),得
$$\hat{x}^{(0)}(k) = \left[x^{(0)}(1) - \frac{b}{a} \right] e^{-a(k-1)} (1 - e^a) \quad k=2,3,4,\cdots,n \quad (14.41)$$

GM(1,1)模型与统计模型相比,具有两个显著优点:一是灰色模型即使在少量数据情况下建立的模型,精度也会很高,而统计模型在少量数据情况下,精度会相对差一些;二是灰色模型从其机理上讲,越靠近当前时间点精度会越高,因此灰色模型的预测功能优于统计模型。灰色系统建模实际上是一种以数找数的方法,从系统的一个或几个离散数列中找出系统的变化关系,试图建立系统的连续变化模型。

实例1:

2003年的SARS疫情对中国部分行业的经济发展产生了一定的影响,特别是对部分疫情严重的省市的相关行业所造成的影响是明显的。经济影响分为直接经济影响和间接影响。很多方面难以进行定量评估。现就某市SARS疫情对商品零售业的影响进行定量的评估分析(见表14.7)。

表 14.7 商品零售额   (单位:亿元)

年代	1月	2月	3月	4月	5月	6月	7月	8月	9月	10月	11月	12月
1997	83.0	79.8	78.1	85.1	86.6	88.2	90.3	86.7	93.3	92.5	90.9	96.9
1998	101.7	85.1	87.8	91.6	93.4	94.5	97.4	99.5	104.2	102.3	101.0	123.5
1999	92.2	114.0	93.3	101.0	103.5	105.2	109.5	109.2	109.6	111.2	121.7	131.3
2000	105.0	125.7	106.6	116.0	117.6	118.0	121.7	118.7	120.2	127.8	121.8	121.9
2001	139.3	129.5	122.5	124.5	135.7	130.8	138.7	133.7	136.8	138.9	129.6	133.7
2002	137.5	135.3	133.0	133.4	142.8	141.6	142.9	147.3	159.6	162.1	153.5	155.9
2003	163.2	159.7	158.4	145.2	124	144.1	157.0	162.6	171.8	180.7	173.5	176.5

解答:

SARS发生在2003年4月。因此我们可根据1997年到2002年的数据,预测2003年的各月的零售额,并与实际的零售额进行。从而判断2003年倒底哪几个月受到SARS影响,并给出影响大小的评估。

将1997—2002年的数据记作矩阵 $A_{6 \times 12}$,代表6年72个数据。

计算各年平均值,有
$$x^{(0)}(i) = \frac{1}{12} \sum_{j=1}^{12} a_{ij} \quad i=1,2,\cdots,6$$

可得 $x^{(0)}$ = (87.616 7, 98.500 0, 108.475 0, 118.416 7, 132.808 3, 145.408 3)

计算累加序列,有

$$x^{(1)}(k)=\sum_{i=1}^{k}x^{(0)}(i) \quad k=1,2,\cdots,6$$

得到$x^{(1)}$ = (87.616 7, 186.116 7, 294.591 7, 413.008 3, 545.816 7, 691.225 0)
生成均值序列,有

$$z^{(1)}(k)=\alpha x^{(1)}(k)+(1-\alpha)x^{(1)}(k-1) \quad k=2,3,\cdots,n$$

这里取 $\alpha=0.4$。

$$z^{(1)}=(0, 127.016\ 7, 229.506\ 7, 341.958\ 3, 466.131\ 7, 603.980\ 0)$$

建立灰微分方程,有

$$x^{(0)}(k)+az^{(1)}(k)=b \quad k=2,3,\cdots,6$$

相应的 GM(1,1) 白化微分方程为

$$\frac{\mathrm{d}x^{(1)}}{\mathrm{d}t}+ax^{(1)}(t)=b$$

求解微分方程,可得

$$a=-0.099\ 3, \quad b=35.598\ 5$$

GM(1,1) 模型的离散解为

$$\hat{x}^{(1)}(k)=\left[x^{(0)}(1)-\frac{b}{a}\right]\mathrm{e}^{-a(k-1)}+\frac{b}{a} \quad k=2,3,\cdots,6$$

还原为原始数列预测模型为

$$\hat{x}^{(0)}(k)=\hat{x}^{(1)}(k)-\hat{x}^{(1)}(k-1) \quad k=2,3,4,5,6$$

则

$$\hat{x}^{(0)}(k)=\left[x^{(0)}(1)-\frac{b}{a}\right]\mathrm{e}^{-a(k-1)}(1-\mathrm{e}^{a}) \quad k=2,3,4,\cdots,6$$

取 $k=7$,得到 2003 年销售额平均值的预测值为 $\hat{x}^{(0)}(7)=162.879\ 3$。则全年总销售额为 $T=12\times\hat{x}^{(0)}(7)=1\ 954.55$。

现在估计 2003 年各月的销售额。

根据前 6 年数据估计各月销售额的比例 $r_1,r_2,\cdots,r_{12}$,其中

$$r_j=\frac{\sum_{i=1}^{6}a_{ij}}{\sum_{i=1}^{6}\sum_{j=1}^{12}a_{ij}}$$

计算可得

r = (0.079 4, 0.080 7, 0.074 9, 0.078 6, 0.081 9, 0.081 8, 0.084 5, 0.083 8, 0.087 2, 0.088 6, 0.086 6, 0.092 0)

从而 2003 年各月销售额预测为

155.2, 157.7, 146.4, 153.5, 160.1, 159.8, 165.1, 163.8, 170.5, 173.1, 169.3, 179.8

比较 2003 年实际销售额和预测值见表 14.8。

表 14.8 2003 年商品实际销售额和预测 （单位:亿元）

月 份	1月	2月	3月	4月	5月	6月	7月	8月	9月	10月	11月	12月
预测	155.2	157.7	146.4	153.5	160.1	159.8	165.1	163.8	170.5	173.1	169.3	179.8
实际	163.2	159.7	158.4	145.2	124	144.1	157.0	162.6	171.8	180.7	173.5	176.5

结果分析:2003 年 4,5,6 月实际销售额 145.2,124,144.1 亿元,统计部门这三个月受 SRAS 影响最严重,估计为 62 亿元。我们从数据的分析来看,这三个月预测值都大大高于实际销售额,这也与统计相符合。这三个月我们的预测值总和与实际值总和之差为 60.22 亿元。与统计基本吻合(见图 14.23),说明我们所建模型合理。

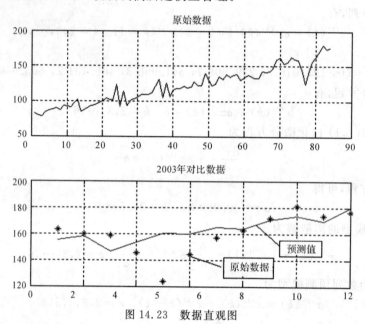

图 14.23 数据直观图

附 MATLAB 实现程序:

```
%1997--2003 年数据
A=[83.0   79.8   78.1   85.1   86.6   88.2   90.3   86.7   93.3   92.5   90.9   96.9
   101.7  85.1   87.8   91.6   93.4   94.5   97.4   99.5   104.2  102.3  101.0  123.5
   92.2   114.0  93.3   101.0  103.5  105.2  109.5  109.2  109.6  111.2  121.7  131.3
   105.0  125.7  106.6  116.0  117.6  118.0  121.7  118.7  120.2  127.8  121.8  121.9
   139.3  129.5  122.5  124.5  135.7  130.8  138.7  133.7  136.8  138.9  129.6  133.7
   137.5  135.3  133.0  133.4  142.8  141.6  142.9  147.3  159.6  162.1  153.5  155.9
   163.2  159.7  158.4  145.2  124    144.1  157.0  162.6  171.8  180.7  173.5  176.5];
T=A(1:6,1:12);
x0=mean(T);%对前 6 年求平均

x1=zeros(size(x0));
n=length(x0);
x1(1)=x0(1);
  for i=2:n
      x1(i)=x1(i-1)+x0(i); %累积求和
  end
z=zeros(size(x0));
af=0.4;  %参数
  for i=2:n
      z(i)=af*x1(i)+(1-af)*x1(i-1);
```

```
end

Y=zeros(n-1,1);
B=zeros(n-1,2);
for i=2:n
    Y(i-1,1)=x0(i);
    B(i-1,1)=-z(i);
    B(i-1,2)=1;
end
Para=inv(B'*B)*B'*Y;  %计算参数
a=Para(1);
b=Para(2);
Pred=(x0(1)-b/a)*exp(-a*n)*(1-exp(a));   %预测第 n+1 年数值(2003 年)
Total=12*Pred;%2003 年总平均值

r=sum(T)/sum(sum(T));    %估计各月所占比重;
%预测 2003 年各月销售量
Px=Total*r;
fprintf('输出 2003 年预测值与实际值.\n');
for i=1:12
fprintf('%5d ',i);
end
fprintf('\n');
for i=1:12
fprintf('%6.1f ',Px(i));%输出 2003 年预测值
end
fprintf('\n');
for i=1:12
fprintf('%6.1f ',A(7,i));%输出 2003 年实际值
end
fprintf('\n');
Error=sum(Px(4:6))-sum(A(7,4:6));
fprintf('2003 年 4,5,6 月 SARS 导致减少销售额%6.2f 亿元\n',Error);

%作图
subplot(2,1,1);
PA=[A(1,:),A(2,:),A(3,:),A(4,:),A(5,:),A(6,:),A(7,:)];
plot(PA);grid on
title('原始数据');
subplot(2,1,2);
plot(1:12,A(7,:),'b*',1:12,Px,'r');
title('2003 年对比数据');
grid on
```

参 考 文 献

[1] 田铮. 时间序列的理论与方法[M]. 2版. 北京:高等教育出版社,2001.
[2] 施锡铨,范正绮. 数据分析方法[M]. 上海:上海财经大学出版社,1997.
[3] 谭浩强. C程序设计[M]. 北京:清华大学出版社,2005.
[4] 高惠璇. 统计计算[M]. 北京:北京大学出版社,1995.
[5] 田铮,肖华勇. 随机数学基础[M]. 北京:高等教育出版社,2005.
[6] 赵选民,徐伟,等. 数理统计[M]. 北京:科学出版社,2002.
[7] 袁志发,周静芋. 多元统计分析[M]. 北京:科学出版社,2002.
[8] 史代敏,谢小燕. 应用时间序列分析[M]. 北京:高等教育出版社,2011.
[9] 韩中庚. 数学建模方法及其应用[M]. 4版. 北京:高等教育出版社,2009.
[10] 肖化勇. 实用数学建模与软件应用(修订版)[M]. 西安:西北工业大学出版社,2014.